北京物资学院青年博士精品学术专著出版资助项目

中国股指期货套期保值比率及效率研究——基于投资者情绪视角

刘　晨　著

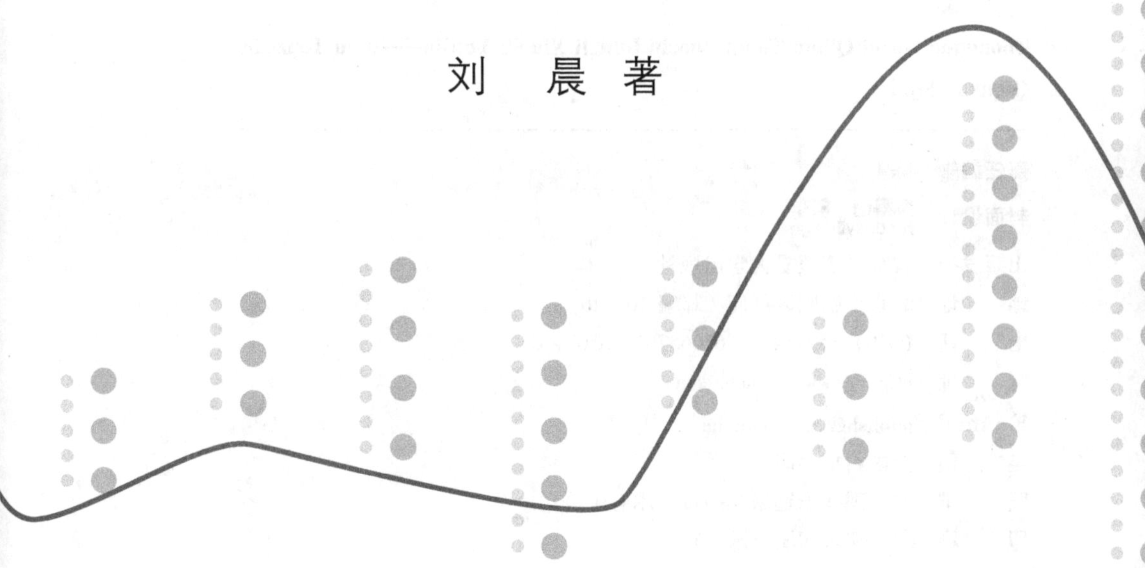

首都经济贸易大学出版社
Capital University of Economics and Business Press
·北 京·

图书在版编目（CIP）数据

中国股指期货套期保值比率及效率研究 ：基于投资者情绪视角/刘晨著. —北京：首都经济贸易大学出版社，2020. 10

ISBN 978-7-5638-3140-1

Ⅰ. ①中…　Ⅱ. ①刘…　Ⅲ. ①股票指数期货—期货交易—研究—中国　Ⅳ. ①F832. 5

中国版本图书馆 CIP 数据核字（2020）第 192172 号

中国股指期货套期保值比率及效率研究——基于投资者情绪视角

刘晨　著

Zhongguo Guzhi Qihuo Taoqi Baozhi Bilü Ji Xiaolü Yanjiu——Jiyu Touzizhe Qingxu Shijiao

---

责任编辑　陈雪莲

封面设计　风得信·阿东 FondesyDesign

出版发行　首都经济贸易大学出版社

地　　址　北京市朝阳区红庙（邮编 100026）

电　　话　（010）65976483　65065761　65071505（传真）

网　　址　http：//www. sjmcb. com

E - mail　publish@ cueb. edu. cn

经　　销　全国新华书店

照　　排　北京砚祥志远激光照排技术有限公司

印　　刷　北京建宏印刷有限公司

开　　本　710 毫米×1000 毫米　1/16

字　　数　246 千字

印　　张　14

版　　次　2020 年 10 月第 1 版　2020 年 10 月第 1 次印刷

书　　号　ISBN 978-7-5638-3140-1

定　　价　48. 00 元

图书印装若有质量问题，本社负责调换

前　　言

股指期货是以股票指数为标的物的期货合约，能将期货市场与现货市场紧密连接。股指期货不仅可以为投资者提供丰富的投资选择对象和风险管理策略，有助于提升我国资本市场的规模和结构，其套期保值功能还是我国资本市场运行效率的直接体现，对资本市场的深化具有重要的指示意义。

我国期货市场经过二十几年的发展，虽已具有一定的市场规模，但发展仍不成熟。股指期货在股票市场的发展进程中发挥着非常重要的作用，其套期保值效率也是衡量我国股指期货市场运行效率的体现。套期保值是指在现货市场和期货市场上进行价值相当、方向相反的交易，通过建立对冲机制满足投资者的避险需求，这一直是理论界和实务界反复强调的热点话题。进入21世纪后，我国股票市场和股指期货市场发展更为迅猛，机构投资者对套期保值的需求上升极快。处于快速成长期的中国期货市场，由于受到政策调整、投机因素等影响，期货、现货市场的联动性以及市场所处的波动状态会经常发生改变，因此套期保值的最优比率和效率也会不断发生动态变化。套期保值模型的有效性是国内资本市场关注的重要问题。然而，与西方资本市场不同的是，我国股票市场和期货市场更容易受到机构散户化、个人投资者噪声交易等因素的影响，在套期保值模型优化调整进程中，投资者情绪也就成为一个尤为重要的、需要考虑的要素。

根据中国金融期货交易所披露的2019年12月股指期货投资者的持仓数据，股指期货持仓量为125 583手，成交量为1 839 609手，可见投资者对沪深300股指期货套期保值需求量非常巨大。但我国股指期货市场在极端特殊条件下，可能会出现大幅贴水现象。我国资本市场个人投资者居多，且存在机构散户化现象，投资者交易行为容易受到情绪的影响，因此基差的大幅波动中蕴含了大量的非理性和投机因素。研究投资者情绪对期货市场效率的影响，并利用情绪因素优化套期保值模型，能够提高避险效率，更有效地发挥股指期货市场服务实体经济的效能。

本书力求把握投资者情绪与期货套期保值的最新动向，结合行为金融学理论推导投资者情绪对股指期货、现货市场的影响，理论与实证相结合地验证情绪能够影响套期保值最优比率及其效率，并进一步将情绪因素用于改进动态套期保值模型。

以沪深 300 股指期货和沪深 300 股票指数为研究对象，全书内容共分为九章。前两章总体介绍了本书的研究意义、研究方法及理论框架，并整理归纳了相关文献，作为本书进一步推演和创新的基础。第 3 章依据投资者情绪中的 DSSW 噪声交易理论推导出投资者情绪对股指期货动态套期保值比率的影响，为后文投资者情绪对套期保值效率影响的实证结果提供实践支持和理论依据。第 4 章选取了投资者情绪源指标并使用 PLS 方法合成了投资者情绪指数，并检验其稳健性。第 5 章基于 DSSW 模型就投资者情绪对股指现货与股指期货市场影响进行理论推导，借助第 4 章构建的投资者情绪指数，从实证角度分别考察投资者情绪对股指期货、现货市场收益率、波动率及期货、现货市场相关性的影响。第 6 章对基差、市场态势和投资者情绪之间的关系做出系统性研究，从套期保值模型优化角度总结套期保值模型的改进依据。第 7 章将投资者情绪因素合理引入动态套期保值模型，论证情绪对套期保值效率的影响，并进一步将投资者群体分为机构投资者和个人投资者，分析机构（个人）投资者情绪中的理性情绪和非理性情绪对套期保值效率的不同影响，以深入解读我国股指期货市场套期保值效率较低的原因。第 8 章基于市场态势变化的考虑，对引入投资者情绪的动态套期保值模型做进一步的优化和改进，充分证明基于情绪的套期保值模型优于传统套期保值模型。第 9 章结合前 8 章的论证分析做出总结并展望未来的研究方向。

本书的重点和特色在于将行为金融学与期货市场效率研究相结合，通过充分的论证说明在套期保值策略制定时不能忽视投资者情绪因素。在研究过程中，确实发现了投资者情绪与套期保值效率之间存在紧密关系，我国投资者情绪是影响套期保值效率的关键因素，这也是我国股指期货市场运行效率低、套期保值效果不佳的原因之一。合理利用情绪因素控制套期保值的基差风险，优化套期保值策略，能够提高避险效率，更有效地发挥股指期货套期保值功能。在写作过程中，因所使用的前沿模型需通过计算机编程实现，需充分利用文献资料进行拓展研究，因此本书具有一定的学术价值和研究意义。同时希望书中的内容能够起到抛砖引玉的作用，引起更多业界人士和相关学者关注，重视情绪因素对期货市场的影响，进一步推动期货市场更高效、更安全的发展，提高我国期货市场服务实体经济的能力。

目　录

1 绪论

1.1 选题背景与研究意义

1.1.1 研究背景

股票市场作为资本市场的核心，经过二十几年的发展已具备较大的市场规模。截至2019年12月，我国股票市价总值达到59.29万亿元。我国股市由于制度尚不完善、发展结构失衡且机构投资者账户数量较小，投机氛围较重，存在较高的市场风险。参与股票交易的投资者中，机构投资者占比虽小，持有股票总市值占比却高达90%以上。随着机构投资者多元化特征逐渐显现，在股指期货市场中以证券公司、基金公司、保险机构、信托公司、合格的境外机构投资者（QFII）及人民币合格境外机构投资者（RQFII）等为代表的机构投资者中，保险公司持股比例已逐渐超越公募基金。根据中国证券业协会2019年度全国股票投资者状况调查报告显示，62.8%的专业机构投资者使用过股指期货或股指期权等金融衍生品，超四成受调查专业机构投资者所在机构或所管理的产品中股票投资金额占比在80%以上。由于机构投资者所持有的股票市值逐年增加且数值庞大，股指期货的推出在股票市场的发展进程中发挥着非常重要的作用。根据中国金融期货交易所披露的2019年12月股指期货投资者的持仓数据，股指期货持仓量为125 583手，成交量为1 839 609手。同时，沪深300股指期货自推出以来，累计成交总额占全国股指期货成交额的份额也逐渐升高，在2015年1月达到最高，占比为75.28%，虽然在随后的几年里，股指期货的成交额大幅下跌，但在2019年12月，沪深300股指期货成交额仍占我国股指期货总成交额的44.86%，可见投资者对沪深300股指期货套期保值需求量非常巨大。

套期保值是指在现货市场和期货市场上进行价值相当、方向相反的交易。通过建立对冲机制满足投资者的避险需求，这一直是理论界和实务界关注的热点问题。处于快速成长期的中国期货市场，由于受到政策调整、投机因素等影响，期货、现货市场的联动性以及市场所处的波动状态会经常发生改变，因此套期保值的最优比率和效率也会随着市场态势的不同而发生变化。传统静态套期保值方法虽有助于规避价格风险，但期货、现货市场价格变动不一致所带来的基差风险，往往使投资者无法取得理想的套期保值效果。股指期货基差不仅对资本市场的信息传递具有重要的作用，也是衡量套期保值效率、管理套利和投资策略的关键因素。通常在市场有效的条件下，股指期货、现货之间的价差不存在系统性地大幅偏离现象，但在极端特殊的情形下，则可能会出现异常。例如，在 2015 年我国股市大跌过程中，就呈现出期指相对于股指大幅贴水、基差走强的现象。这种大幅贴水现象是资本市场出现的重大问题，与传统期货协整理论相悖，会改变最优套期保值比率，影响套期保值效率。

标准金融学研究均以理性人为假设，然而这种“理想模式”在现实世界中并不多见，投资者的交易行为处于理性和非理性之间，即有限理性。世界上许多国家的资本市场上都存在非理性与投机因素，当市场情绪极度狂热或悲观时，股指现货市场与期货市场双双呈现的“单边市”现象，会造成投资者疯狂买进或恐慌抛压，使股指期货套期保值功能的发挥遭受阻碍。假设市场上不存在噪声交易者，市场需求的改变完全是理性的，套期保值行为仅仅是为了规避市场信息冲击的不确定性。而当噪声交易者受到非理性因素影响而产生过度反应时，理性的供需关系被打破，价格过度偏离基本面且价格波动率加大，对套期保值结果产生负面影响。

随着国内外学者对投资者情绪以及行为偏差研究的不断深入，一些文献开始逐渐关注投资者情绪对证券市场的影响，发现行为金融学理论研究能够成功解释更多的市场异象。我国资本市场个人投资者居多，且存在机构散户化现象，其交易行为容易受到情绪的影响。投资者情绪不仅会直接引起资本市场的定价偏差，投资者情绪产生的心理偏差也会影响资本市场波动率及套期保值行为。具体而言，投资者情绪反映的是投资者对市场未来的预期，会改变期货、现货市场的收益率、波动率水平以及期货、现货市场的相关性。与此同时，投资者情绪还可以通过供求关系、市场流动性和波动率来影响基差走势。当投资者情绪发生变化时，最优套期保值比率也会随之调整，套期保值风险加大，使得套期保值策略的有效性面临挑战。

1.1.2 研究意义

我国股指期货市场处于快速发展时期，股市运行中的政策风险、不利信息冲击、非理性投资者的过度投机行为，使尚不成熟的中国期货市场累积了更多的不确定性，套期保值交易风险增加。因此最优套期保值比率及套期保值效率成为学者们日益关注的问题。

大量国内外企业和金融机构利用期货市场进行套期保值的案例已充分说明，规避基差风险是套期保值得以顺利进行的关键因素。大多数期货的基差波动都非常剧烈，所以基差风险不亚于价格风险。我国资本市场投机氛围较重，基差中蕴含了大量投资者情绪因素，导致套期保值过程中存在着较高的基差风险，这无形中增加了最优套期保值比率确定的难度。

套期保值者在规避基差风险的同时，也需密切关注投资者情绪对资本市场产生的一系列系统性影响，情绪因素会直接或间接作用于套期保值功能和效果。在未来很长一段时期内，资本市场和理论界都应系统思考的是，投资者情绪对股指现货、期货市场产生了何种影响？投资者情绪对套期保值的影响主要体现在哪些方面？投资者情绪用于改进套期保值模型是否合理？如何将投资者情绪引入套期保值模型？基于投资者情绪因素的动态套期保值模型是否能够提高套期保值效率？通过对这一系列问题的深入研究，可以全面分析投资者情绪因素对股指期货、现货市场的联动关系及套期保值效率的影响，充分揭示我国股指期货市场的套期保值和定价效率。本书的理论意义是：推进了动态套期保值模型的发展，提出动态套期保值改进的新方向，即将马尔科夫转换方法与 DCC - GARCH 模型相结合，并证明基于投资者情绪的 Sentiment-MRS-DCC-GARCH 模型能够提高套期保值效率。本书的实践意义是：说明基于投资者情绪因素是未来优化动态套期保值比率的新方向，优化后的套期保值模型能够提高套期保值效率，有利于投资者规避价格风险的同时，对市场投资策略制定及监管层的决策调整具有重要的参考意义。

1.2 研究目标与方法

1.2.1 对研究主题的思考与总结

在提出研究假设和研究目标之前，首先对研究主题进行思考，具体应从哪些方面着手，待解决的关键内容有哪些，现总结如下。

第一，如何合理利用投资者情绪源指标构建投资者情绪指数。国内资本市场中常直接采用央视看盘、好淡指数以及一些宏观经济指标（企业景气指数、消费者信心指数和经济学家信心指数等）。但这些指标数据的连续性和一致性较差，且数据编制的合理性有待进一步通过实践检验。参考以往学者采用的间接情绪指标，需合理选取适合我国资本市场现状的情绪源指标构建投资者情绪指数（复合情绪指标）。2015 年国外学者的一篇论文使用偏最小二乘法（PLS），令投资者情绪复合指标是源指标的线性组合，这种做法相比于大多数学者使用的主成分分析法，包含更全面的信息，精确度更高，预测的能力更强。

第二，深入推导投资者情绪对套期保值的影响机制。以往学者的研究表明，投资者情绪会引起资本资产定价偏差，对市场波动率也会产生影响。关于投资者情绪对价格和波动率的影响的研究较多，而关于投资者情绪对套期保值效率的影响的研究较少。对套期保值效率的研究集中于投资者情绪对期货、现货市场相关性和波动性溢出效应的研究，或从基差角度、市场态势角度对动态套期保值模型加以改进。然而关于投资者情绪对套期保值效率的影响尚未做出系统研究。因此本书不仅需要从理论层面，利用 DSSW 模型给出投资者情绪对套期保值效率的影响做出系统性推导，还需进一步结合我国沪深 300 股指期货市场，通过实证研究分析投资者情绪对套期保值效率的影响机制。

第三，全面探究投资者情绪对套期保值模型改进的合理性。投资者情绪以什么样的方式引入套期保值模型，以及投资者情绪改进套期保值模型的合理性需要得到进一步的证明。基于以往动态套期保值模型改进的基本因素（基差与市场态势），不难发现两者都能对股指期货、现货市场间的条件方差、协方差产生影响，而且这两个因素（基差与市场态势）都对股指期货基差具有调整作用。鉴于基差是影响套期保值的关键因素，因此需探讨基差、市场态势与投资者情绪之间的影响关系，进而推断投资者情绪是否也能对股指期货、现货市场间的条件方差、协方差产生影响，是否对基差也具有调整作用，从而可以依据前人对动态套期保值模型的改进方式将投资者情绪因素合理引入。

第四，论证利用投资者情绪对套期保值模型进行改进的具体效果。使用 GARCH 模型实施动态套期保值更符合我国资本市场实际，其中 VECM-DCC-GARCH 模型中参数的经济意义明显，将投资者情绪因素引入条件方差-协方差矩阵中，有效反映期货、现货间的动态相关性。通过改进动态套期保值模型进一步证明投资者情绪能够对股指期货、现货市场间的条件方差、协方差产生影响，并且改进后模型的套期保值更有效。

第五，基于投资者情绪对动态套期保值模型进行全面改进。随着套期保值模型的深入发展，考虑市场态势对套期保值效率的影响，国外学者提出将马尔科夫转换方法与 GARCH 模型相结合，能够得到更稳定的套期保值比，并提高套期保值效率。那么基于投资者情绪的 VECM-DCC-GARCH 套期保值模型是否能与马尔科夫转换方法模型相结合，需做出进一步的改进，其能否用于提高套期保值效率是本书做出的进一步拓展性研究。

考虑到国内资本市场不成熟，投资者情绪因素作用很大，如果直接照搬国外模型不一定会得到最优的套期保值比率。所以，应从利用投资者情绪因素优化套期保值策略角度，根据前面提出的具体思路，提出研究目标。

1.2.2 总目标和子目标

根据对研究主题的思考和所提假设，本书设计的研究目标框架如下。

总目标：从期货、现货市场收益率，波动率及相关性角度，以行为金融学角度分析投资者情绪对套期保值效率产生的影响。将投资者情绪因素合理引入动态套期保值模型中，进一步优化套期保值比率，达到提高套期保值效率的目的。

为实现总目标，需分别完成以下几个子目标。

子目标 1：根据国内资本市场现状，在选取合适的投资者情绪源指标构建情绪指数的基础上，从理论层面借鉴以往学者的 DSSW 噪声交易模型，并结合实证结果分别分析投资者情绪对股指期货、现货市场波动率及相关性的影响，建立投资者情绪对套期保值效率影响的理论框架。

子目标 2：结合投资者情绪、基差与市场态势之间的关系，将情绪引入动态套期保值模型中，从整体上分析投资者情绪确实对股指期货、现货市场的条件方差、协方差产生了影响，其能够影响套期保值效率。

子目标 3：结合不同市场态势下情绪对基差的不同影响，将动态套期保值模型与马尔科夫转换模型相结合。证明考虑市场态势转换后，情绪对套期保值效率的影响不同。与此同时，结合现有套期保值模型样本内、外效率的比较，验证投资者情绪是否有助于套期保值的策略制定和效率提升。

1.2.3 研究方法

基于以上研究目标，本书采用理论分析与实证相结合的方法展开研究。首先，在文献综述整理基础上，结合 DSSW 模型进行理论推导，说明情绪对套期保值效率能够产生影响。其次，在实证分析情绪对套期保值效率影响前，使用主成分分析法和偏最小二乘回归法利用情绪源指标构建情绪指数。再次，在实证分析情绪对套期保值效率的影响过程中使用了多种方法和模型，具体包括：使用 OLS 回归、GARCH-M、DCC-GARCH 和分位数回归方法说明情绪能够影响股指期货、现货市场，从而影响套期保值效率；使用 VAR 模型和 QVAR（分位向量自回归模型）和分位数回归方法说明情绪引入动态套期保值模型的合理性。最后，结合基于情绪改进后的套期保值模型 DCC-GARCH 和 MRS-DCC-GARCH 模型，分析情绪对套期保值效率产生的具体影响，进一步解读我国套期保值效果不佳的原因。

（1）数据处理方面。需要说明的是，书中所使用的投资者情绪指标在前人研究的基础上，增加了中国期权波动率指数这一至关重要的指标。鉴于投资者情绪指标的可得性和数据频率，选择日度数据作为投资者情绪源指标。除市盈率、交易量、换手率和期末新增 A 股参与交易的投资者数量等指标的日度数据较容易处理外，中国期权波动指数、主买率和封闭式基金折溢价率均需要做复杂的处理。例如，中国期权波动指数需利用当日的平值期权合约的看涨看跌价格结合 B-S 模型得到，封闭式基金价格也是随着时间发生变化的，且同一时刻需要考虑多个封闭式基金的折溢价率，因此在对投资者情绪源指标计算时需要进行必要的加权平均。由于数据庞杂、处理过程烦琐，因此不能简单通过 excel 在 wind 数据库下载，需借助 MATLAB 编程软件实现数据的快速处理和下载。例如，在计算中国期权波动指数时，每日上证 50ETF 期权是根据十多个行权价档位来判断实值期权、虚值期权或平值期权的，使用 MATLAB 自带工具箱中的 blsimpv 函数可以直接通过 wind 数据库得到期权隐含波动率指数。

在分析情绪与股指期货基差关系，以及分位数回归控制变量的选择与处理过程中，使用上海银行间同业拆放利率（Shibor）周度利率作为无风险利率。套利成本分为直接成本和间接成本。其中，股票市场的直接成本包括佣金和印花税，期货市场的直接成本只有佣金。间接成本主要包括冲击成本和等待成本，使用非流动性测度指标作为冲击成本的代理变量，等待成本用指数收益率的波动率（rsigma）和期货收益率的波动率（frsigma）表示。均值回复特征可参考 O-U 均值回复模型，使用基差与均值之差再除以股指期货与现货指数的相对波动率进行解释。这些指标数据均可以使用 wind 数据库下载，并通过进一步处理获取。

（2）方法改进与实现方面。本书创新之处在于对套期保值模型进行系统的优化与深入改进，因此除需在 DSSW 模型基础上进行理论推导外，还需要借助计量模型进行实证研究。本书的第 5 章到第 8 章内容所使用的含有投资者情绪的 Sentiment-VECM-DCC-GARCH 模型、QVAR 模型、Quantile-IS 模型和 Sentiment-MRS-DCC-GARCH 模型都是较为前沿的计量模型，对于模型设定和估计都需要反复修改程序与编译，不断根据错误提示修改和调试。整个研究翻阅了大量的 R 语言相关书籍，模型程序修改过程反反复复，工作量较大。

1.3 研究内容与技术路线

本书围绕着投资者情绪对套期保值效率的影响展开，全书共分为 9 章，主要的内容如下。

第一，在总结前人研究成果的基础上，基于行为金融学理论，总结投资者情绪的定义、度量及理论内容。依据投资者情绪中的 DSSW 噪声交易理论推导出投资者情绪对股指期货动态套期保值比率的影响。核心内容有：基于噪声交易理论中的 DSSW 模型，在以往学者分析投资者情绪对资产价格影响的基础上，对 DSSW 模型加以拓展并分析投资者情绪对股指期货、现货市场的收益率，波动率及动态相关性产生的影响。此外，还将投资者群体分为机构与个人，以区分不同类型的投资者情绪（理性/非理性）对股指期货套期保值效率的不同影响。从理论模型推导的角度验证了以往学者在研究投资者情绪对资本市场收益率、波动率影响存在方向上的差异，同时也为本书投资者情绪对套期保值效率影响的实证结果提供实践支持和理论依据。

第二，在选取投资者情绪源指标和构建情绪指数方面，详细阐释了投资者情绪的含义，以及投资者情绪对股票市场和期货市场的影响。从多个角度回顾以往学者对投资者情绪指标体系的构建，经过深入思考，最终选取了期末新增 A 股参与交易的投资者数量（num），以及封闭式基金折溢价率（prem）、市场换手率（turnover）、A 股平均市盈率（PE）和现货市场主买率（buyrate）、中国波指（iVIX）、期货市场成交量（TV）和融资融券余额占比（MTR）8 个指标作为投资者情绪复合指数的源指标。根据上述所选的投资者情绪源指标体系，分别使用 PLS 回归方法和主成分分析方法合理构建投资者情绪复合指标，并进行稳健性检验，考察哪一种方法得出的投资者情绪指数更优，更能真实反映我国资本市场的投资者情绪，包含更全面的情绪信息，且预测能力更强。因此，在本书的研究中均使用复合效果最好的投资者情绪指数。

第三，基于 DSSW 模型就投资者情绪对股指现货与股指期货市场影响进行理论推导。从实证角度分别考察投资者情绪对股指期货、现货市场收益率，波动率及期货、现货市场相关性的影响，以进一步论证投资者情绪对套期保值效率的影响。通过分析情绪对期货、现货市场的具体影响，总体得出投资者情绪对我国股指期货套期保值的影响机制。具体地，借助第 4 章构建的投资者情绪指数，论证投资者情绪对套期保值行为及效果带来的影响。之后的研究内容均在该结论的基础上，给出投资者情绪改进动态套期保值模型的方式，以全面分析情绪对套期保值效率产生的具体影响，并进一步分析基于投资者情绪改进动态套期保值模型的效果。

第四，为了具体分析基于情绪的套期保值模型能否提高避险效率，本书从套期保值模型优化角度总结套期保值模型的改进依据。根据现有对套期保值模型的改进方向，即基差角度和市场态势角度，总结改进套期保值的根源；利用影响股指期货、现货市场的方差-协方差矩阵的因素，提高套期保值效率。第6章对基差、市场态势和投资者情绪之间的关系做出系统性研究，主要分成两个部分，分别为第7章、第8章的模型引入情绪因素提供理论依据。其中，第一部分首先利用VAR模型和Granger因果关系分析三者之间的简单关系；然后利用QVAR模型进一步总结出基差、市场态势与投资者情绪之间的非对称影响，以说明利用投资者情绪改进套期保值模型的合理性。此外，第二部分内容则借鉴以往学者对股市态势的划分准则，把市场态势分为股市平稳阶段和股市动荡阶段，以研究市场态势发生变化时，投资者情绪与基差之间的非对称影响。从理论上给出基于投资者情绪的套期保值模型的进一步改进方向，即分析在不同态势下，投资者情绪对最优套期保值比率及效率存在的影响，为情绪引入套期保值模型做铺垫，从而分析情绪对套期保值效率产生的具体影响。

第五，结合前6章的分析，根据以往学者对动态套期保值模型的改进方式，将投资者情绪因素合理引入动态套期保值模型。在传统套期保值方法的基础上，比较基于情绪的套期保值的有效性及优势，同时给出样本外的稳健性检验。其中分别利用国内股指期货、现货相关的样本内、外数据得到套期保值最优比率，但动态套期保值每一期调整头寸与否，取决于投资者调整头寸的成本及其效用。每个投资者都会依据自己的风险偏好、价格预期比较动态套期保值成本与其效用，只有当效用大于成本时才会进行头寸调整。本书中会对某大类投资者依据套期保值效率衡量方法评价其套期保值效率，进而评价改进后模型的有效性。进一步地，将投资者群体分为机构投资者和个人投资者，并对机构投资者情绪与个人投资者情绪的理性部分和非理性部分进行分解，用来分析机构（个人）投资者情绪中的理性情绪和非理性情绪对套期保值效率的不同影响，以深入解读我国股指期货市场套期保值效率较低的原因。

第六，在理论模型的推导和包含情绪因素的动态套期保值模型基础上，尝试在市场态势变化时，对引入投资者情绪的动态套期保值模型做进一步的优化和改进。根据第6章的结论，不同市场态势下，投资者情绪与基差的关系发生变化，那么在不同的市场态势下，投资者情绪对期货、现货市场相关性和波动率的影响也会出现差别，因此将投资者情绪引入套期保值模型时需从两方面入手。其一是将其引入 VECM-DCC-GARCH 模型的波动率方程和方差-协方差矩阵中；其二是同时考虑市场态势转换对套期保值绩效的影响，即将 DCC-GARCH 做进一步地扩展与创新。前者是第 7 章的内容，后者则需将市场态势分为两个基本态势，即平稳态势和动荡态势，利用 MRS-DCC-GARCH 分别估计出市场平稳与动荡时，基于投资者情绪的最优套期保值比率，再通过适当的方法得到加权最优套期保值比率。通过样本外的稳健性检验及传统套期保值模型给出的套期保值绩效对比，以充分证明基于情绪的套期保值模型优于传统套期保值模型。

综上所述，考虑到我国资本市场尚不成熟，投资者结构中散户占绝大多数，而机构投资者也存在散户化现象，因而投资者情绪因素使得噪声交易者的非理性行为对资本市场产生较大的影响。例如，直接照搬国外模型不一定会得到最优的套期保值比率。经过实证分析以证明投资者情绪与套期保值效率之间存在紧密关系，即利用情绪因素提高动态套期效率是合理的，改进的套期保值模型能够有效规避基差风险，提高套期保值效率，更有效地发挥股指期货套期保值功能。

最后通过层层递进以深入分析投资者情绪对套期保值效率的影响，具体推演过程可参见图 1.1（S 表示投资者情绪）。

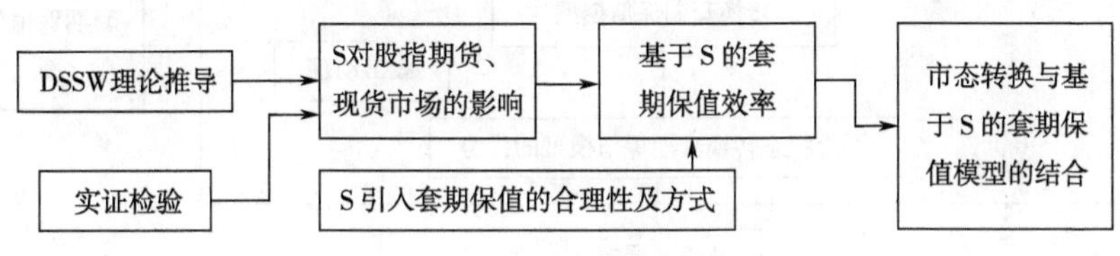

图 1.1 研究内容的推演过程

根据研究内容与推演过程，给出本书研究的技术路线图，如图 1.2 所示。

1.4 创新与不足

本书将投资者情绪和股指期货套期保值结合起来，具有以下三个创新点。

第一，相对于同类文献，本书从理论推导与实证分析两个角度系统得出投资者情绪对股指期货、现货市场收益率，波动率及期货、现货市场相关性的影响。理论与实践相结合地说明投资者情绪对套期保值最优比率及效率存在影响，从行为金融学角度阐释股指期货套期保值模型尚有改进空间，使更多的投资者和政策制定者认识到投资者情绪对资本市场具有不可忽视的影响。

第二，从基于以往文献改进套期保值模型的角度，分析改进套期保值模

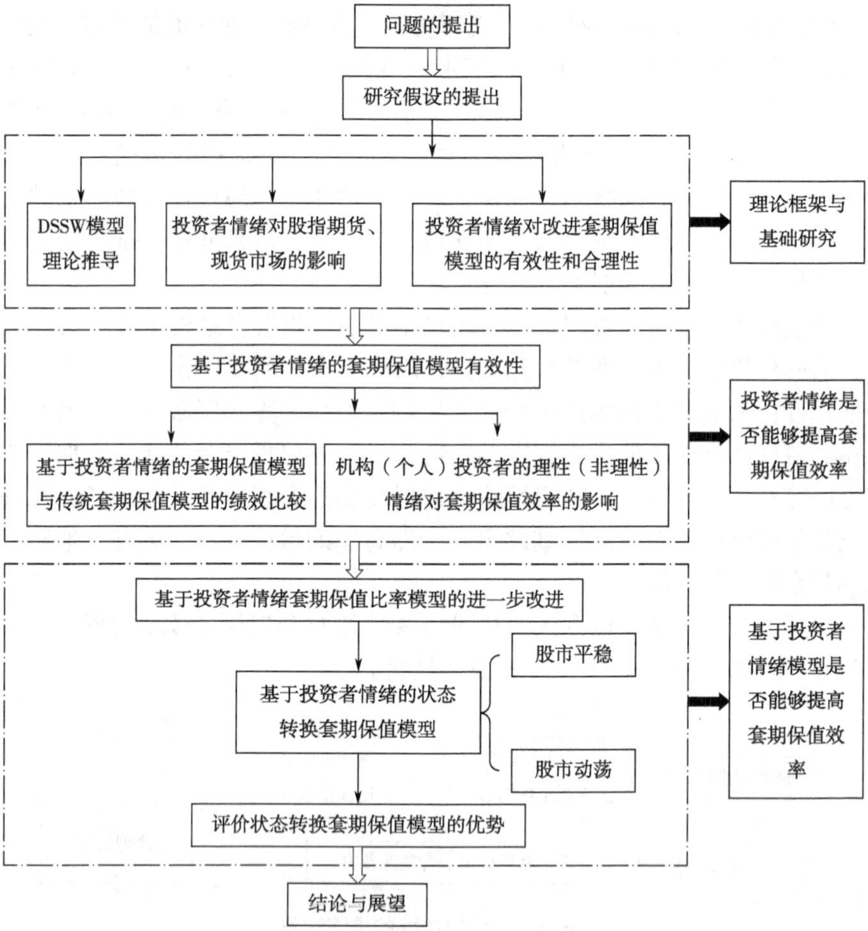

问题的提出

研究假设的提出

DSSW模型理论推导

投资者情绪对股指期货、现货市场的影响

投资者情绪对改进套期保值模型的有效性和合理性

理论框架与基础研究

基于投资者情绪的套期保值模型有效性

基于投资者情绪的套期保值模型与传统套期保值模型的绩效比较

机构（个人）投资者的理性（非理性）情绪对套期保值效率的影响

投资者情绪是否能够提高套期保值效率

基于投资者情绪套期保值比率模型的进一步改进

基于投资者情绪的状态转换套期保值模型

股市平稳

股市动荡

评价状态转换套期保值模型的优势

基于投资者情绪模型是否能够提高套期保值效率

结论与展望

图 1.2　技术路线

型的根本原因，即改进套期保值模型的因素（基差、市场态势）可通过改变股指期货、现货市场的条件方差、协方差，而对动态套期保值比率产生影响。为证明引入投资者情绪改进动态套期保值模型的合理性，除证明投资者情绪具有改变条件方差、协方差的作用外，还尝试使用分位向量自回归模型说明基差、市场态势与投资者情绪之间内在的非对称影响关系，为基于投资者情绪的套期保值模型的合理性提供更多、更有力的证明和支持。

第三，我国将马尔科夫转移模型与 GARCH 模型相结合并应用于套期保值研究的进展滞后于国外。本书的第三个创新点是在马尔科夫转移模型与 DCC-GARCH 模型结合的基础上，将投资者情绪作为条件信息变量引入方差-协方差矩阵中。一方面，可以使基于投资者情绪的套期保值模型得到进一步改进；

另一方面，期望利用投资者情绪因素控制套期保值的基差风险，将市场信息全面包含在模型中，从而得到更稳定的动态套期保值比率，提高套期保值效率。

总之，将理论创新和方法创新相结合是本书的一大特色。例如，从理论与实证结合角度分析投资者情绪对套期保值效率的影响时，将投资者情绪与套期保值理论相结合，并且利用 DSSW 模型做进一步的拓展属于理论创新；使用分位向量自回归模型研究投资者情绪、基差及市场态势之间的潜在关系属于方法创新。再如基于投资者情绪因素的套期保值模型做进一步改进时，即在考虑市场态势变化下，分析投资者情绪对动态套期保值效率的影响是理论创新；而在马尔科夫转移方法与 DCC-GARCH 模型相结合基础上，将投资者情绪作为条件信息变量引入期货、现货市场的方差-协方差矩阵中则属于方法创新。

最后需要说明的是，本书中避免采用重复和陈旧的研究方法，应使用较为流行与前沿的方法。在本书写作的较长过程中，需要大量广泛地阅读国内外文献做支撑，及时学习和掌握与研究内容相关的科研进展与动态，调整研究思路与方法。对文献的整理与探究新的科学方法是一个长期的过程，可能会出现各种各样的难题。虽然利用理论推导及实证检验的方式对基于投资者情绪的套期保值模型给出了一系列较为严谨的分析，但由于数据的获取及样本量规模的局限性，基于投资者情绪的套期保值模型尚有很多值得进一步研究的地方。例如，投资者情绪指标体系构建受到样本量的限制，不能尽善尽美；实证样本受到中国期权波动率指数的限制，只能最大限度地获取样本。从 2019 年开始，因我国央行宽松的货币政策，释放了较多的流动性，在 2 月和 3 月股市形成了一波“闪电牛市”；从 2019 年 5 月起市场处于小幅震荡态势，又因为受到中美贸易摩擦的影响，从股指期货、现货市场的交易数据中较难分离出投资者情绪因素。同时考虑到我国股市态势波动频繁，利用时间序列模型研究时不宜使用较长的样本区间，因此最终选择的样本区间为 2015 年 3 月 2 日—2018 年 12 月 31 日；限于研究对象，只能选取沪深 300 股指期货合约，未来随着新品种的不断涌现以及旧品种的不断成熟发展，应将更多的品种囊括进来共同研究，以进一步验证所得结论。

2 文献综述

2.1 投资者情绪及其对资本市场的影响

随着国内外学者对投资者情绪以及行为偏差研究的不断深入，一些文献开始逐渐关注投资者情绪对股票市场和股指期货市场的影响。投资者作为资本市场的参与主体，其情绪反映了投资者对市场未来的预期，因此情绪变化会引导投资意愿及投资决策的改变，进一步通过交易行为改变股指期货、现货市场收益率，波动率以及期货与现货市场间的联动关系和套期保值效率。

2.1.1 投资者情绪指标构建

由于投资者情绪难以直接度量，研究者通常利用单一或多个情绪因子构建投资者情绪指标。因为国外有专门用于衡量投资者情绪的指标，所以通常选取现有的单一指标直接用于学术研究，例如，库罗夫（Kurov，2008）使用投资者智能指数和美国个人投资者协会指数直接进行相关研究。关于情绪直接指标的选取，国内资本市场中常直接采用央视看盘、好淡指数以及一些宏观经济指标（如企业景气指数、消费者信心指数和经济学家信心指数等）。但这些指标数据的连续性和一致性较差，且数据编制的合理性有待进一步通过实践检验。

国外除使用直接情绪指标外，贝克和斯坦（Baker & Stein，2004）还发现，在具有卖空约束的市场中，流动性可以作为投资者情绪代理指标。噪声交易者在情绪高涨时，更多地表现为非理性的买入行为，情绪作用下导致的大规模的需求冲击会提高证券市场的流动性。国内大部分学者在有关投资者情绪的相关研究中，往往使用情绪代理变量进行研究，如封闭式基金折溢价率、市盈率、新增开户数、IPO 发行数量、IPO 首日收益率（俞红海，2015）以及一些市场流动性指标，如波动率指标、换手率、持仓量和交易量等指标（Simons & Wiggins，2001；Wang，2001；伍燕然和韩立岩，2007；李凤宇，2014）。

参考以往文献有关情绪指标的构建，我们需对这些情绪变量进行重新甄别和梳理。利用投资者情绪源指标构造复合情绪指标时，国内外学者对于源指标的选取没有统一定论。一方面，增加了投资者情绪代理指标的筛选难度；另一方面，投资者情绪衡量投资者的投资意愿或预期，代表投资者心理对未来多空形态的主观判断。在不同时期，情绪代理指标间接反映投资者情绪的程度不同，甚至与投资者情绪出现相反的走势，进一步增大了复合投资者情绪指标计算的难度。因此需在大量文献的基础上，根据我国股票市场特征选取投资者情绪指标，并给出充分的理由。考虑到以沪深 300 股指期货作为研究对象，应使用国内间接情绪指标，原因在于：其一，IPO 的发行数量与首日收益率受人为因素影响较多且企业增加 IPO 发行数量是一个较为长期的过程，用来反映投资者情绪不甚合适（黄少安和刘达，2005）。其二，我国于 2015 年 4 月开始全面放开 A 股市场“一人一户”限制，新增开户数作为投资者情绪指标也不再具有代表性，因此政策调整前后的新增开户数指标需进一步处理。其三，鉴于库玛和李（Kumar & Lee，2006）使用股票买卖额之差与总交易额的比率作为投资者情绪指标，实证表明这个指标比封闭式基金折溢价率更能代表投资者情绪对股价变化的解释力度，因此使用买方发起的交易额与卖方发起的交易额之差与总交易额的比率作为现货市场的主买率指标。其四，交易量和换手率可以反映投资者情绪的变化，并进一步影响期货、现货市场的流动性，因此可将一些流动性指标作为投资者情绪的代理指标。其五，VIX 称为“恐慌指数”，但国外的恐慌指数并不适用于我国投资者情绪相关研究。我国 50ETF 期权已上市五年多，期权波动率指数也已经发布，胡明柱等（2018）发现我国 50ETF 期权指数（iVIX）与 50ETF 收益率具有相关关系，因此可以将期权波动率指数作为投资者情绪代理指标。投资者情绪指标较多且在国内尚没有成形的指标体系和已成熟的情绪指数，因此国内学者选取的投资者情绪指标各不相同。但所选取的投资者情绪指标应符合实证研究的数据特点，并对其进行相关检验以保证其稳健性和有效性。

确定选取的投资者情绪代理源指标后，需构建相应的复合情绪指数。国内外学者通常采用主成分分析法构建投资者情绪的复合指标（刘莉亚等，2010；Stambaugh et al.，2012；Baker et al.，2012；杨墨竹，2013），但是主成分分析法得到的代理指标可能与真实情绪存在较大的偏差，为提高投资者情绪指数构建的精确度，黄等（Huang et al.，2015）提出的偏最小二乘法（PLS）得到的复合情绪指数比其他方法构建的复合情绪指数精确度更高，预测的能力更强。国内已有学者参考该方法构建复合情绪指数（刘丽文和王镇，2016）。

2.1.2 投资者情绪对资产价格的影响

国内外学者已从行为金融的角度对资产价格的影响做了非常全面和深入的研究，但他们并没有得出统一的结论。国外学者们发现，当投资者情绪高涨时，由投资者情绪所导致的投资者非理性交易行为，不能理性地反映真实的股票理论价格，由此产生的错误交易行为虽然降低了股票收益率，但对股价却有抬高的作用。这种挤出效应表现为投资者情绪降低时，股票价格反而有所上涨（Delong，1990）。舒（Shu，2010）的研究表明资产价格与情绪呈现正相关关系。而与之相反的是，投资者情绪越高涨，资产回报率越低。由于投资者情绪变动时，对资本市场价格的影响要大于对票据市场的影响，因而建议在资本资产定价模型中引入投资者情绪因素，这得到了大多数学者的认可，可见资产价格受到投资者情绪的影响这一现象是不容忽视的。与此同时，投资者情绪对资本价格的影响也可能与其他调节变量有关，例如：贝克和乌格勒（Baker & Wurgler，2007）使用“自底而上”方法对投资者心理偏差（过度自信，代表性偏好，保守主义等）进行度量，并通过“自顶而下”分析法得出资本市场上的限制套利政策，会使资本市场价格更容易受到投资者情绪的影响。

我国学者杨强和杨淑娥（2009）也得到了类似的结论，他们在威尔曼等（Willman et al.，2006）噪声交易理论的基础上，使用因子分析法构造投资者情绪指数，运用回归分析的方法得出股价会随着投资者情绪的上涨（下降）而上涨（下跌），并且投资者情绪对股价的影响是非对称的。杨春鹏和闫伟（2012）将市场上的投资者分成正向和负向情绪投资者，认为交易者的乐观情绪会伴随着正向情绪投资者的增加而上涨，并会在情绪的引导下导致股票价格升高。与舒（Shu，2010）的结论相同，曾燕等（2016）通过构建并求解动态资产定价模型发现，投资者乐观情绪和悲观情绪的上涨都会使股票横截面收益率上涨，作者同时研究了投资者情绪对横截面股价波动率的影响，发现投资者情绪与股价波动率之间呈现负相关关系。也有学者研究了投资者情绪对分级基金收益波动率的影响，并认为投资者情绪是影响分级基金 A 类份额期权价值的重要因素，研究分级 A（资本市场）定价时应考虑投资者情绪因素（刘晨和安毅，2016）。

根据以往学者的文献研究，可以得出投资者情绪会导致资本市场定价偏差的结论，并逐步提出与其相关的资本资产定价模型。杨和李（Yang & Li，2013）将投资者情绪变化产生的情绪冲击引入定价模型中，构建了动态资本定价模型，在一定程度上解释了资产泡沫、较高的价格波动、动量反应和过度反应。国内学者也在这方面做了相关研究，韩立岩和伍燕然（2007）间接证明了新股首日收益率可以作为间接投资者情绪指标，解释了IPO上市首日超额收益较高的谜团，间接论证了投资者情绪对资产定价的重要性。王宜峰和王燕鸣（2014）则从直观的角度，表明股市所处阶段、情绪水平大小不同，情绪对市场收益和市场风险的影响程度也不同，考虑投资者情绪因素可以完善资产定价模型。

学者们在研究资产定价的影响因素时也存在分歧和冲突，有一些学者肯定了投资者情绪对资产价格产生的作用，他们从多个角度解释了其中的原因。当投资者受到情绪的影响时，虽然他们都会增加股票的购买率，但选择的股票类型是有差异的，贝克和乌格勒（Baker & Wurgler，2007）总结归纳了容易受到投资者情绪影响的股票类型，如高成长、初上市不久的小盘股的价格更容易受到影响。非蓝筹股，如盈利能力差等财务指标表现不佳的企业更容易在情绪的作用下产生投机行为，造成股票的异常波动。贝克和乌克勒在2012年的文献中同样发现了股价的变化与情绪的影响并非是一致的，存在非对称效应。中国学者也有类似的结论（杨阳与万迪舫，2010），即情绪对资产价格的影响是非对称的，杨阴和万迪舫将市场的状态分成牛市和熊市后，证实了情绪对股价影响的非对称性。

与前面学者的发现不同的是，他们提出了异质性投资者情绪对资产价格的作用不同的假设，通常是将投资者分成个人和机构来区别研究，这一点国内外学者的结论较为一致。例如，张强、杨淑娥和杨红（2007）发现股票价格更容易在机构交易者的行为下发生变化。他们也得出了情绪对股价影响存在非对称的结论（张强和杨淑娥，2009）。同样对机构投资者情绪集中分析的学者还有克林和高（Kling & Gao，2008），他们的研究同样肯定了机构投资者的作用，但其交易行为主要在短期内对股票市场收益率产生影响，长期关系不明显。尽管从长期看，情绪对收益率的作用并不显著，但却能带来股市的异常波动，尤其是投资者情绪较为悲观的时期。李昊洋、程小可和郑立东（2017）发现投资者情绪能够对股票价格产生同步影响，并且机构投资者更容易造成股市崩盘的风险。

2.1.3 投资者情绪对资本市场波动率的影响

国内外学者也发现投资者情绪与市场波动率有显著关系，但大部分文献都集中于研究投资者情绪与股票市场波动率之间的关系，结论通常为投资者情绪水平越高，股市波动性越大（Lee et al.，2002；Tetlock，2007；Verma & Verma，2007），然而在资本市场不发达的地区，投资者情绪的提高意味着预期市场乐观，有利于市场稳定，与发达的资本市场得到的结论相反，如穆斯塔法和哈米德（Mustafa & Hamid，2015）的研究。也有学者研究了投资者情绪与期权波动率之间的关系，当投资者情绪较为悲观时，S & P500 期权的波动率微笑曲线斜率更陡峭（张宗新和王海亮，2013；Han，2008）。然而尚未有学者研究投资者情绪与期货市场波动率之间的关系，学者们通常关注投资者情绪对期货、现货市场关系或投资者情绪对期货市场收益率的影响。龙瑞等（2011）使用 TGARCH 模型进行实证分析，发现股指期货上市初期出现了剧烈的波动现象，投资者情绪与股指期货收益波动率之间呈正相关关系。有关投资者情绪与期货、现货市场关系的研究表明，当投资者情绪较高时，现货市场与期货市场的信息传递效率降低，波动性溢出效应会减弱（王美军和孙建军，2004；Corredor et al.，2015）。表 2.1 给出了投资者情绪对资本市场影响的相关文献梳理，可以看出，投资者情绪对资本市场价格与波动率的影响研究已非常成熟。在肯定情绪因素对资本市场具有显著作用的同时，也需格外注意，当市场所处态势和实证样本选取区间发生变化时，投资者情绪对资本市场价格、波动率的作用也是不断变化的。

表 2.1　投资者情绪对资本市场价格及波动率的影响

文献	研究对象	方法	研究变量	结论	样本区间
贝克和乌格勒（Baker & Wurgler，2007）	芝加哥证券交易所上市的股票	“自底而上”、“自顶而下”分析法	股票收益率	情绪与股票收益率负相关；情绪会增加套利交易和股票估值的难度	1990 年 1 月—2005 年 10 月
舒（Shu，2010）	资本市场	一般均衡模型	资产价格 资产回报率	情绪与资产价格正相关；与资产回报率负相关，投资者情绪对资本价格的影响也受到其他调节变量的影响	无样本
杨强和杨淑娥（2009）	上证综合指数 深证成分指数	OLS 回归分析	股票价格	股价会随着投资者情绪的上涨（下降）而上涨（下跌）；投资者情绪对股价的影响是非对称的	1998 年 5 月—2006 年 12 月

续表

文献	研究对象	方法	研究变量	结论	样本区间
杨春鹏和闫伟（2012）	上证综合指数	BSV 模型和 DSSW 模型	上证综指价格	正向情绪投资者数量的增加导致资产价格升高	2008 年 5 月 9 日—2010 年 5 月 7 日
曾燕等（2016）	股票市场	包含投资者异质性的动态资产定价模型	股票横截面收益率 股价波动率	随着乐观情绪和悲观情绪的上涨，股票横截面收益率都会上涨；投资者情绪与股价波动率之间呈现负相关关系	无样本
刘晨和安毅（2016）	分级基金	ARIMA – GJR – GARCH 模型	分级基金价格	投资者情绪与分级基金价格负相关	2013 年 8 月—2015 年 7 月
维玛和维玛（Verma & Verma，2007）	DJIA S & P500	多元 EGRACH 模型	股票市场波动率	情绪与股市波动正相关	1988 年 10 月—2004 年 7 月
穆斯塔法和哈米德（Mustafa & Hamid，2015）	土耳其股票市场（Turkish Stock Market）	VAR 模型	股票市场波动率	投资者情绪的提高意味着预期市场乐观，有利于市场稳定	2004 年—2010 年
科雷多等（Corredor et al.，2015）	S & P500 CAC40 DAX30 FTSE100 IBEX35 EuroStoxx50	GJR-GARCH	期货、现货市场信息传递效率 期货、现货市场波动率溢出效应	投资者情绪提高，期货、现货市场波动性溢出效应会减弱	2001 年 2 月—2011 年 10 月
张宗新和王海亮（2013）	沪深 300 指数	回归分析	股票市场收益率 股票市场波动率	投资者情绪对股票市场波动率和收益率存在正向影响	2006 年 6 月—2011 年 11 月
韩(Han，2008)	S & P500	Granger 因果检验 VAR 模型	期权波动率	投资者情绪较为悲观时，S & P500 期权的波动率微笑斜率更陡峭	1998 年 1 月—2007 年 7 月

续表

文献	研究对象	方法	研究变量	结论	样本区间
杨和高(Yang & Gao,2016)	沪深 300 指数	OLS 回归分析	股指期货收益率	投资者情绪与股指期货收益率正相关，且短期影响更明显	2010 年 7 月—2012 年 3 月

2.1.4 投资者情绪对套期保值行为的影响研究

国外学者从行为金融学角度分析资本市场效率影响的同时，也非常关注投资者情绪对套期保值行为的研究。其中大部分文献都是基于投资者风险偏好等异质性的视角，莫诺伊奥斯（Monoyios，2004）在考虑套期保值的基差风险时，从套期保值者行为偏差的角度，给出满足投资者效应最大化的套期保值策略，并通过实证分析得出优化后的套期保值比率能够提高套期保值效率的结论。但科特和汉利（Cotter & Hanly，2015）则认为风险偏好的不同导致投资者在利用套期保值工具规避风险时采取的策略的效果也不相同。作者还使用原油数据对最小方差和基于投资者效应的套期保值结果进行对比，发现两种套期保值效果没有太大的区别。相比之下，投资者情绪对套期保值效率影响的研究并不多见，杨等（Yang et al.，2016）使用期权波动率指数（VIX，恐慌指数）和看涨看跌比率（PCO）作为投资者情绪的代理变量，研究表明投资者情绪、天气和自然灾害对期权波动率有显著影响，对套期保值策略制定具有重要的参考价值。

2.2 套期保值模型发展及其优化脉络

套期保值是指在现货市场和期货市场上进行价值相当、方向相反的交易，通过建立对冲机制满足投资者的避险需求。国内外学者们所研究的套期保值模型不断得到优化和改进，并从静态发展成为动态，以期望得到最优比率，提高套期保值效率。随着套期保值理论与实践的不断发展，套期保值模型也逐步得到优化与完善。充分解析复杂的套期保值模型特征及其有效性对股指期货投资交易具有十分重要的意义。在对套期保值模型发展和复杂动态模型有效性等文献梳理的基础上，从基差影响因素的视角，引出投资者情绪对套期保值有效性的相关评述。现有研究中，复杂动态套期保值模型的有效性始终存在争议，运算复杂和模型风险是其主要的弊端，具体使用何种模型应视具体的市场环境而定。实际应用中，复杂动态套期保值模型忽略了基差影响因素对套期保值效率的影响，尤其是不成熟资本市场上情绪投资者对策略有效性的干扰。应全面从理论上解释动态套期保值模型的有效性，为投资者制定套期保值策略、选择合适的模型提供参考与建议。

2.2.1 套期保值策略

（1）传统套期保值策略。传统套期保值可以通过在期货、现货市场上分别持有方向相反但是市值对等的头寸，从而实现在一个市场亏损，而在另一个市场盈利的行为。投资者并不特别在意从套期保值中是否获得收益，其主要目的是利用期货市场规避现货市场可能带来的损失。该理论基于现货与期货市场价格收敛的假设（基差为0），提出最优套期保值的比率为1。但由于期货、现货市场交易规则以及预期都会改变投资者交易行为，难以使期货、现货市场的价格方向与波幅趋同，如果使用的套期保值比率为1，将不能有效地规避系统性风险。

（2）选择性套期保值策略。选择性套期保值理论最大的贡献是提出以基差的视角构建套期保值策略（Working，1962），由于规避基差风险是套期保值成功与否的关键，因此提出了利用基差逐利的策略。选择性套期保值策略包含了投资者预期的思想在里面，即通过对未来的基差进行预期，只有面临基差风险时才制定套期保值策略。因此，选择性套期保值策略的目的并非在于规避风险，而是通过预测现货和期货价格的变化来进行套利并获取套保利润。

（3）基于 Delta 套期保值理论。Delta 套期保值方法在国内外的研究文献中较为普遍，迈耶（Meyer，2003）在考虑交易成本和保证金的情况下，分别使用 Delta 中性、多元-希腊值（Multiple-Greek）的套期保值方法，且与其他套期保值方法进行了比较。结论表明，Delta 中性和多元希腊值套期保值方式与其他方法相比更为有效，其中 Delta 中性法适用于期货套期保值，多元-希腊值法适用于期权的套期保值。我国学者基于 Delta 中性的套期保值方法研究多见于对股指期货、股指期权组合套期保值，如郑浩（2003）和魏洁（2011）均将 Delta、Delta-Gamma 套期保值等不同的指数期权投资策略应用于我国市场，说明期权基于 Delta-Gamma 动态套期保值起到了更好的避险效果。基于 Delta 中性的套期保值与传统套期保值的理论基础一致，即当期货与现货市场存在协整关系并且波动一致时，才能够实现价格风险的完全规避，忽略了投资者期望报酬的需求。

（4）基于资产组合风险最小化的套期保值策略。很多国内外学者都是基于马科维兹（Markowitz）投资组合理论的套期保值理论框架不断发展模型，最早可以追溯到约翰逊（Johnson，1959）和斯坦（Stein，1961）的文献，他们强调了投资者进行套期保值时，要同时实现风险最小化与收益最大化的目标。通过构建期货市场的对冲头寸，将现货市场的风险演变为投资组合的风险，以追求最大化地降低未套期保值资产的风险。爱丁顿（Ederington，1979）在约翰逊（Johnson）和斯坦（Stein）的研究基础上，将商品套期保值扩展到金融期货。他们使用 JES（Johnson-Stein-Ederington）回归方法，通过回归系数和拟合优度得到最优套期保值比率，但 JES 回归方法对于评价复杂套期保值效率存在一些限制和问题。赫布斯特（Herbst，1989）等在 JSE 方法的基础上提出了著名的 HKM（Herbst-Kare-Marshall）方法，目的在于研究对于直接和交叉套期保值中套期保值头寸比的改进，HKM 模型相比于 JSE 回归法考虑了期货合约的期现效应和随时间变化的动态性，这体现了 HKM 法相比于 JSE 回归法的优势。根据 HKM 方法对套期保值进行分类，直接套期保值要求期货合约的标的资产在各方面都与需要保值的现货头寸完全一致，否则就是交叉套期保值。而戴晓凤和梁巨方（2010）则认为方差最小化是假设的前提条件（“资产回报服从正态分布”和“决策者的效用函数是二次函数”），但是这些假设的局限性不能很好地反映现实世界。使用时变 Copula 方法得到的套期保值组合有更小的下偏矩，但需要注意的是，边缘分布的选取直接影响 Copula 函数的拟合效果，进一步影响套期保值效率，如果选取不慎，这种方法不仅增加了计算的复杂度，还无益于套期保值效果。另外，这种方法的优势在于考察了现货及其衍生品间的相关系数的动态性，在静态套期保值条件下，这种方法是最优的，但在动态套期保值策略下，其优势并不明显。而二元向量自回归模型和向量误差修正模型（VECM）进一步描述期货序列和现货序列之间存在的协整关系，但往往无法体现金融资产收益率序列“波动汇聚”的特征，这些静态模型也无法满足随市场环境动态变化的套期保值需求。

（5）动态套期保值策略。很多学者开始使用 GARCH 动态套期保值模型，并在协整理论的基础上，综合分析了期货价格与现货价格的短期动态关系，提出一些动态套期保值比率估计模型，基于 GARCH 模型得到时变套期保值比率。王继莹（2014）在对期货市场效率研究中总结了套期保值比率模型，包括静态模型和动态模型；针对传统线性回归模型使用 OLS 估计最小方差套期保值比率具有残差无效性的缺点。利恩（Lien，1992）、戈什（Ghosh，1993）、瓦哈布和拉什加里（Wahab & Lashgari，1993）考虑了期货序列和现货序列之间存在的协整关系，提出了二元向量自回归模型和向量误差修正模型（VEC），但往往无法体现金融资产收益率序列“波动汇聚”的特征。由此，很多学者开始使用 BGARCH 模型（Kroner & Sultan，1993；Park &

Switzer，1995)，但这些模型并没有考虑到期货、现货间的协整关系。在协整理论的基础上，学者们又综合分析了期货、现货价格之间的短期动态关系并提出了一些用于估计动态套期保值比率的模型，例如，向量 GARCH 模型（Bollerslev et al.，1988)，又称 VECM－GARCH 模型；恩格尔和克朗尔（Engle & Kroner，1995）提出的 BEKK-GARCH 模型与 VECM-GARCH 模型都是建立在不变条件系数的基础上的。因此，有学者开始使用时变条件相关的 GARCH 模型（Engle，2002)，即 DBEKK-GARCH 模型及 DCC-GARCH 模型等（Lee et al.，2006)。以 GARCH 模型为基础发展的动态套期保值比率估计方法广泛地被学者们使用（如 GARCH－BEKK 模型、DCC－GARCH 模型及 Copula-GARCH 等)，用于得到时变套期保值比率（Lai，2018；Basher & Sadorsky，2016；Hsu & Chen，2014)。学者们通过大量的研究还发现，在不同时期和不同的市场上，使套期保值最有效的 GARCH 模型不是固定的（Yang & Allen，2005；Gregoriou et al.，2011；Qu et al.，2018)。大多数学者通过上述动态模型分析期货、现货市场间的波动溢出效应，利用资产回报率准确估计出真实联合协方差矩阵并计算动态套期保值比率，发现动态模型普遍优于常见的静态模型（Kenourgios et al.，2008；Olson et al.，2014；Khalfaoui et al.，2015)。上述模型的本质均是根据衍生品价格与现货价格相关性得到最优套期保值比率，并均认为动态套期保值效率高于静态套期保值效率。李（Lee，2009）尝试使用的基于状态转换的 Copula-GARCH 模型套期保值效率更优。然而，安达维等（Andavi et al.，2009）使用期货进行套期保值时，却认为动态套期保值需要经常调整套期保值头寸而支付相关成本，套期保值的有效性取决于资本市场的成熟度，而非套期保值方式。在不成熟的市场上，动态套期保值的效果更好；同时他还考虑了套期保值者的风险偏好（并不盲目的动态调整套期保值头寸)，即当套期保值者的效用大于套期保值成本时，才进行套期保值。只有基于风险偏好的角度才能体现动态套期保值的优越性，但在成熟市场上，这种优势并不高。

国内也有很多学者对套期保值功能进行了研究，如从神经网络的角度尝试预测期货行情走势，对动态套期保值决策具有一定的指导意义（陈晓红和朱霞，2001)。王骏和张宗成（2005）也证实了动态套期保值更优，他们综合比较多种套期保值模型，包括静态 OLS、ECM 和 BVAR 模型，以及动态 ECM-GARCH 模型，所选取的实证样本数据是中国硬麦和大豆期货套期数据。高辉和赵进文（2007）基于协整的方法给出沪深 300 股指标的动态组合投资策略，并对比最小二乘法、向量自回归模型、误差修正模型等方法的套期保值的有效性，发现不论哪种方法都肯定了动态套期保值的有效性。张龙斌等

(2009）使用两种方法对恒生指数套期保值进行研究：①利用二元 GARCH-SK 模型对期货、现货风险收益的条件高阶矩建立动态对冲模型；②通过期望效用函数的泰勒展开度量偏度对投资者目标函数的作用，在改进的动态套期保值模型中加入了偏度因素。

（6）复杂动态套期保值策略。总之，研究套期保值的文献很多，并且在现有动态模型的基础上，国外学者们也尝试引入其他影响因素。最早考虑基差对套期保值的影响的是沃金（Working，1962），他认为套期保值是对基差的投机行为，同时提出基于基差预测的套期保值思想。克朗尔和苏丹（Kroner & Sultan，1993）提出的 ECM-GARCH 模型中仅仅考虑了基差对条件均值的影响，没有考虑基差对期货、现货风险结构的影响。卡斯特利诺（Castelino，2003）认为规避基差风险是提高套期保值效率的关键因素，并实证得出考虑基差的套期保值会大大减少风险。也有学者利用基差构造随机系数自回归转换模型（RCARRS）与时变马尔科夫转换模型来计算最优套期保值比率（Lee et al.，2006）。利恩和杨（Lien & Yang，2008）使用 BGARCH 模型估计动态最小方差套期保值比率，研究结果表明基差具有非对称效应，并且考虑基差非对称影响的模型比其他套期保值策略的效率更高。

也有一些国内学者开始用定量的方式来研究基差对套期保值效果的影响，在研究国际主流的股指期货对冲策略的基础上，同时考虑期现货条件均值及条件方差、协方差的风险结构的非对称效应，得到了与利恩和杨（Lien & Yang，2008）相同的结果，即考虑基差效应的对冲策略能有效提高动态套期保值效率（张龙斌等，2008；陈冲等，2012）。进一步通过对比样本内和样本外套期保值效率，发现样本内的套期保值效率更优，说明基差风险中蕴含了大量的投机因素。虽然套期保值可以规避价格风险，但我国金融市场投机氛围重，套期保值过程中仍会存在较高的基差风险。为解决套期保值过程存在过大基差风险的难题，裴勇和刘晓雪（2015）通过引入基差的影响因素，将海运费、升贴水、汇率、基本面等作为影响基差的可解释因素，重新刻画基差并得到合成期货价格序列。利用 Copula-GARCH 模型对我国大豆动态套期保值比率加以优化，提高大豆期货的套期保值效率。除了市场所处发展阶段和不同市场的交易制度（In and Kim，2006）的差异外，套期保值效率还受到市场态势及市场流动性（Milonas，2010；Gupta & Kaur，2015）等其他因素的影响。可见，动态套期保值模型需要综合考虑多种因素才能加以优化和改进。

2.2.2 套期保值效率衡量方法

依据所估计的最优套期保值比率实施策略后，需对套期保值效率进行评估。国内外学者通常基于马科维茨（Markowitz，1952）提出的“资产组合选择的均值方差理论”框架，在此基础上开发出了一系列套期保值效率评估标准。

（1）HE 模型。利恩（Lien，2005）提出的最小方差法（HE 模型）使用广泛（Ederington，1979；Lien & Yang，2008；Andani et al.，2009），但这种套期保值风险评估标准已经暗含了使用 OLS 模型的优越性。

$$HE=\frac{\sigma_u^2-\sigma_h^2}{\sigma_u^2}=1-\frac{\sigma_h^2}{\sigma_u^2} \tag{2.1}$$

其中，$\sigma_u^2=\mathrm{Var}(\Delta S_t)$，为未经套期保值的资产组合收益率的方差，$\sigma_h^2=\mathrm{Var}(H_t)$，为实施套期保值的资产组合收益率的方差。

由 $H_t=\Delta S_t-h\Delta F_t$，可知：

$$\sigma_h^2=\mathrm{Var}(H_t)=\mathrm{Var}(\Delta S_t)+h^2\mathrm{Var}\Delta F_t-2h\mathrm{Cov}(\Delta S_t,\Delta F_t) \tag{2.2}$$

其中，S_t与F_t分别为现货与期货的价格，H_t为实施套期保值的投资组合，$\mathrm{Cov}(\Delta S_t,\Delta F_t)$ 为期货与现货收益率的协方差，h 为最优套期保值比率。最小方差法表明，*HE* 值越大，期货规避的风险越多，套期保值效果越好。

（2）HBS 模型。霍华德和达安东尼奥（Howard & D'Antonio，1987）使用夏普比率计算套期保值效率，同时使用两种评判标准。与 HE 评判标准不同，HBS 模型不仅用风险减少的多少来衡量，还使用超额收益指标衡量套期保值效率。

$$HBS=\frac{(i+\theta_{Port}\sigma_I-r_I)}{\sigma_I}=\theta_{Port}-\theta_I \tag{2.3}$$

其中，r_I是股指现货的收益；r_{Port}是套期保值组合的收益；σ_I是股指现货收益标准差；σ_{Port}是套期保值组合收益标准差；i 是无风险利率；θ_{Port}是投资组合的夏普比率，表示投资组合单位风险超额回报；θ_I是股指现货的夏普比率，表示股指期货单位风险超额回报。但是夏普比率之间的比较，存在一定的限制，且适用条件苛刻，要求现货收益必须大于无风险利率。

（3）Lindal'Mean-S. D 模型。琳达（Lindahl，1991）模型与 HBS 方法类似，同时用收益（M_L）和风险（σ_L）来衡量套期保值效率，其中M_L为套期保值后的组合收益减去无风险收益后得到的超额收益的均值，σ_L则为超额收益的方差。

$$M_L=\frac{1}{n}\sum_{1}^{n}(r_{Port}-i) \tag{2.4}$$

$$\sigma_L=\sqrt{\frac{1}{n}\sum_{1}^{n}((r_{Port}-i)-\mathrm{E}(r_{Port}-i))^2} \tag{2.5}$$

其中，r_{Port}为套期保值后投资组合的收益；σ_L为套期保值后投资组合的波动率，即风险；i 为无风险利率；n 为样本容量。Lindal'Mean-S. D 模型既能同时评价套期保值的收益和风险，而且适用条件宽泛，因此被较多的适用和推广。

（4）下偏矩风险测度模型（$\alpha-t$ 模型）。套期保值的有效性取决于投资者所采用的套期保值策略，以及策略中所构造的套期组合减少风险的程度，风险减少程度越高，套期保值效果越好。马科维茨（Markowitz，1952）提出的收益-方差分析框架，开创了风险度量的量化时代，但是由于均值-方差组合理论是基于“资产回报服从正态分布”或“决策者的效用函数是二次函数”的假设，这两者并不能很好地反映现实世界的实际情况。

下偏矩风险测度模型并不需要假设期货价格是未来现货价格的无偏估计，也不需要假设现货价格与期货价格收益率服从对称分布。它只需要把套期保值组合收益率低于 0 且预期收益或套期保值成本部分的概率加权值，作为风险值。这种处理方法回避了方差作为套期保值效率测度是双向测度（即上、下行波动率风险）、最小方差可能是对利润与损失同时最小的问题。风险测度的 $\alpha-t$ 模型又可以称为下偏矩风险测度。

具体计算最小下偏矩的套期保值参数法可以假设为一个均值-方差占优模型，风险由从下方偏离特定的目标回报 t 的概率加权函数来测度。在套期保值问题中，下偏矩测度的是套期保值组合收益的下偏矩。套期保值组合收益率的 n 阶下偏矩可以表示为：

$$l(c, n, m)=\int_{-\infty}^{\infty}\int_{-\infty}^{c-hr} f(c-r_s-hr_f)^n k(r_s, r_f)\,\mathrm{d}r_s\mathrm{d}r_f \tag{2.6}$$

这里，c 是套期保值的目标回报，$k(r_s, r_f)$ 是现货收益率r_s与期货收益率r_f联合分布密度函数，$m=r_s+h\,r_f$，$l(c, n, m)$ 是套期保值的效率测度。

从测量套期保值效率的公式来看，二重积分式中没有对超出 c 的回报收益进行讨论，且将低于 c 的回报值进行积分运算，从公式也可以看出套期保值主要计量的是下行风险。套期保值者对资产组合的回报态度比较悲观时，所设定的 c 值就越大。n 代表了投资者的风险厌恶程度，n 通常大于 0，$n=1$ 代表风险中性，介于风险厌恶和风险偏好之间。当 $0<n<1$ 时，表示投资者是风险偏好的，此时 n 越小，说明投资者有越强的风险偏好。$n=1$ 是风险中性者的风险测度。而当 $n>1$ 时，表示投资者是风险厌恶的，此时 n 越大表示交易者越厌恶风险。

使用 $\alpha-t$ 模型衡量套期保值效率时，需要考虑的参数有套期保值者的目标回报以及风险偏好程度。一般地，对 c 分别取值为-1.5%、-1%、-0.5%、0%、0.5%、1%、1.5%，n 分别取值为 1/2、1、2、3、4。对不同的投资者而言，不同情况下套期保值的下偏矩大小不同，当 c 与 n 的取值一定时，套期保值组合的下偏矩越小，投资者的套期保值策略效果越佳。通过计算比较，对于不同目标回报以及不同风险偏好的投资者而言，制定合适的套期保值策略所适用的最优套期保值比率也不尽相同。

2.2.3 股指期货套期保值效率的影响因素

国外学者更偏重于研究发达国家期货市场效率（Sheu & Lee，2014；Bessler et al.，2016；Lumengo & Ekerete，2016），因为其具有相对成熟的交易制度和较大的交易规模，具备稳定的市场交易环境。对于不同市场的股指期货，各个套期保值模型的策略的优势不同，所带来的套期保值效果也不同。这些学者大多关注套期保值策略差异下的套期保值效果比较，很少有学者分析套期保值效率的影响因素。除了文献综述第一部分提到的投资者情绪会对套期保值效率产生影响外，也有较少的文献分析了其他影响套期保值效率的因素。

随着动态套期保值模型的广泛应用，学者们发现在某些特定的市场条件下，静态套期保值效果往往更佳，因此合理选择模型策略是提高套期保值效率的有效途径。此外，套期保值效率还受到基差、期货合约流动性、期货合约到期日、投资者的风险偏好以及市场价格趋势的影响。例如，短期套期保值效率比长期套期保值效率高，因为套期保值采用的近期合约具有较高的流动性。

首先，套期保值策略持续时间长短是影响套期保值效率的因素，尹和金（In & Kim，2006）的研究表明，在套期保值结束日距离交割日时间相同的条件下，越临近交割日，最优套期保值效率就越高。其次，流动性是影响套期保值的主要因素（Rogers & Singh，2010），流动性会使短期市场的交易成本大幅度提高，交易量骤减，从而降低套期保值效率。最后，市场波动率溢出效应与动态套期保值之间存在双向反馈机制，而这方面的研究主要集中于原油期货和农产品期货的套期保值中（Arouri et al.，2012；Sadorsky，2014）。波动率溢出效应会改变市场间的相关性，这对最优资产组合的构建和套期保值策略的制定具有重要的参考意义。

国内学者在分析套期保值有效性时通常认为我国股指期货品种匮乏、参与者结构不完善以及监管体系不成熟等，因此我国期货市场较发达国家市场的套期保值绩效要低（邵永同和战雪丽，2014）。也有少数学者认为套期保值的有效性取决于所处市场的环境特征，贺鹏和杨招军（2012）认为套期保值效果与稳定性受环境的影响表现不同，他们指出沪深300股指期货比恒生指数期货的套期保值效果好，不过前者的稳定性较差，并且这两种指数所选取的最优套期保值模型也是不同的。因此，应根据所研究的市场特征制定合适的套期保值策略。

2.2.4 股指期货基差

股指期货基差是指股指期货的现货价格与期货价格的差值，可以反映其价格发现效率，在整个期货合约有效期间，基差波动产生的不确定性是影响套期保值的关键因素。只有在套期保值之初与结束时基差没有发生改变，才算是实现了完全的套期保值。否则，套期保值仍然存在基差风险。股指期货基差有以下几种定义。

莫诺伊奥斯和萨诺（Monoyios & Sarno，2002）给出了基差的几种定义形式，以下三种定义中，$b(t, T)$ 为理论基差，$F(t, T)$ 为 t 时刻的期货价格，$S(t)$ 为 t 时刻的现货价格。

定义 1，理论基差形式为：

$$b(t, T) = \ln F(t, T) - \ln S(t) \tag{2.7}$$

理论基差较为直观地反映了股指期货与现货之间的动态关系。

定义 2，广义基差形式为：

$$b(t, T) = \ln F(t, T) - \beta \ln S(t) \tag{2.8}$$

该定义形式 β 反映了股指期货与现货之间的协整关系，当 $\beta=1$ 时，定义 2 与定义 1 形式等价。

定义 3，修正基差形式为：

$$b(t, T) = \ln F(t, T) - \ln S(t) - (r_f - D)(T-t) \tag{2.9}$$

由于交易成本的存在，其中 r_f 为市场无风险利率，D 为现货资产所获得的红利率，$T-t$ 指 t 时刻距离期货合约到期的时间。股指期货实际交易价格与理论价格并不相等，修正基差考虑了交易成本因素，能够更好地体现股指期货与现货之间的均值回复特征。

在国内外很多学者有关基差的研究中，常常使用如下基差形式（Roll et al.，2007；Lien et al.，2013）：

$$BIS = \frac{F e^{r(T-t)} - S}{S} \tag{2.10}$$

其中，BIS 表示股指期货的基差，F 代表股指期货合约的收盘价，S 代表现货市场价格，r 代表市场无风险利率，$T-t$ 指 t 时刻距离期货合约到期的时间。该定义形式适用于金融期货，不考虑运输成本或贮存成本，国内学者通常也称之为定价偏差（乔高秀和刘强，2013；张本照等，2016）。

2.2.5 基差变化的影响因素研究

资本市场上存在诸多因素可以对基差走势产生影响，如市场流动性和波动性、无风险利率以及投资者结构等（Marcinkiewicz，2014）。通常，流动性充足的市场便于套利者进行交易，因此国外学者更多关注和研究的是流动性对基差的影响。房（Fung，2007）、方和于（Fung & Yu，2007）研究表明期货市场上的流动性主要是由套利者提供，且期现基差受到买卖盘价差（Order Imbalance）的影响。罗尔等（Roll et al.，2007）研究了纽约证券交易所（NYSE）的流动性及其成分股指数的期现基差，发现两者互为格兰杰因果关系，并通过双变量 VAR 模型的脉冲响应分析得出结论——流动性对于期现套利者的短期影响更大，他同时也发现股指期货基差具有均值回复特征。利恩等（Lien et al.，2013）则发现流动性与基差的关系随时间发生改变，流动性对基差的影响是非对称的，且在基差为 0 的附近具有持续性。基差对流动性存在非对称影响，说明流动性与基差之间存在因果关系。

国外学者也注意到波动率与定价偏差（基差）之间具有显著的正相关关系，波动率较高时，期货与现货市场对信息的反应速度差别更大，基差的绝对值会扩大（Draper & Fung，2003；Richie，2008）。

国内学者对于股指期货基差影响因素的研究范围较广，许自坚和史本山（2011）研究表明，股指期货的定价受到其剩余期限、持仓量、现货指数的波动率以及股息调整的影响。而考虑股指交易成本、冲击成本、借贷利率、融资融券等因素的无套利区间模型的定价模型效率最高（徐国祥和刘新姬，2012），因此可知交易成本、冲击成本、借贷利率、融资融券等因素都会对基差产生不同程度的影响。与国外学者研究不同的是，郑振龙和林璟（2015）发现流动性与沪深 300 股指期货定价偏差的关系并不显著，而投资者情绪才是我国沪深 300 股指期货定价偏差的主要作用因素。

已有国外学者研究表明，投资者情绪可以影响期货、现货市场的信息传递效率以及波动率溢出效应（Corredor et al.，2015），并且当期货、现货市场关系因情绪发生变化时，会对期货市场的套期保值效率与定价偏差产生影响，因此投资者情绪可以通过影响流动性和波动率间接影响期货、现货市场基差走势，应对套期保值比率模型进行优化改进。总体上，国内外学者关于投资者情绪对基差的影响研究较为少见。此外，邹和孙（Zou & Sun，2012）的一项成果值得运用于投资者情绪与基差关系的研究。他们发现，投资者在不同的市场态势下，交易行为受情绪的影响程度亦不同，不同市场态势下投资者情绪对股市收益及其波动存在不同的影响。国内学者杨阳和万迪昉（2010）

也考虑了不同市场态势下投资者情绪与股票收益的关系，在参考了佩根和索苏诺夫（Pagan & Sossounov，2003）关于牛市、熊市的判别方法的基础上，发现两者在牛市中呈现正相关关系，而在熊市中呈现负相关关系，以此提出新的研究问题：在不同市场态势下，投资者情绪对基差的影响是否也会发生变化。

基差同时也受到国际大环境的影响，其一，如中美贸易摩擦，随着 2018 年、2019 年中美贸易摩擦的不断深入加剧，基差受到美国对中国的贸易壁垒的影响。美国会有较少的资金流入中国市场，同时中国也会减少国内投资资金进入美国市场。这促使我国与其他国家的商品贸易增加，贸易量的扩张使得相关贸易机构面临贸易商品价格剧烈波动。为规避价格波动的风险，我国期货市场需迫切寻求定价权和价格风险管理，提升我国期货市场套期保值效率。其二，美联储货币政策，如降息或加息都会影响期货市场运行效率。随着美联储降息，美元汇率会走低，从而影响我国期货市场的方方面面，最直观的是随着美国降息，在市场预期的作用下，美国经济增长速度会有所加快，对各种商品的需求上升，必将导致商品价格上涨。美元期货市场上涨为我国商品期货上涨营造了良好的外部环境，美国期货价格往往更具备价格发现功能，这会引导我国期货市场价格随之上扬，价格波动增加；而从美联储加息角度分析，美联储加息会提高美元汇率，美元上涨可期，这将吸引更多资金流向美元，国内的利率水平也会随之调整。汇率以及利率的波动将影响投资者对股票的购买，从而带来股票市场价格波动。从中国期货市场与美国期货紧密相连，具有联动关系来看，美联储货币政策调整也会牵动国内股票市场调整。期货的价格发现功能会更快地将信息反映在期货市场，因此基差也会受到国际大环境的影响。

国外对基差变化和相关影响因素的关系常用的分析方法是 VAR 模型及 Granger 因果检验法，在国内，关于噪声交易者对股票市场及期货市场套期保值效率的研究较为广泛，基于流动性或投资者情绪对基差非对称性影响的研究则十分罕见，且使用的方法常见于设定虚拟变量、利用非对称 GARCH 模型或分段回归模型。这些方法具有损失样本的缺点，无法有效衡量多个影响因素对基差调整的非对称影响。

2.3 引入影响因素的动态套期保值模型优化及效率

通过对 2.1 与 2.2 部分的有关投资者情绪与套期保值相关文献的梳理，发现投资者情绪对资本市场的影响以及套期保值方法等相关文献众多，但尚未有文献将两者结合，系统地研究投资者情绪对套期保值效率的影响，也没有基于投资者情绪的角度对动态套期保值模型加以改进，并就情绪对套期保值效率的影响进行量化分析。接下来我们将对以往学者对动态套期保值模型的改进方式加以总结，并提出将投资者情绪引入动态套期保值模型的构想。

2.3.1 基于基差角度的动态套期保值模型改进

从有效性的套期保值模型优化脉络来看，考虑到套期保值效率受到多种因素的影响，动态套期保值模型需要综合考虑多种因素才能加以优化和改进。下面将分别就基差、市场态势转换与投资者情绪对现有的动态套期保值模型改进方法及其有效性进行分析。随着基差不断地出现动态变化，套期保值比率和效率都会发生变化。因此有学者提出使用马尔科夫转换方法优化套期保值比率（赵华等，2013），通过实证得出当基差波动较大时，使用马尔科夫状态转换模型比单一状态马尔科夫模型（MGARCH）可以得到更稳定的动态套期保值比。

基于基差与市场态势转换改进的套期保值模型得到了较为广泛的应用，因此首先对基于基差的动态套期保值模型改进的有效性进行评价，并给出具体的改进方法。学者们普遍认为基差（即现货与期货价格之差）在套期保值风险和效果的衡量中至关重要，多数有关股指期货套期保值策略方面的文献也是研究基于基差效应对动态套期保值比率的影响。最早考察基差对套期保值影响的是国外学者沃金。他不仅认为套期保值是对基差的投机行为，同时还提出了基于基差预测的套期保值思想。进入 21 世纪后，部分学者继承和发展了沃金的理论。卡斯泰利诺（Castelino，2000）认为规避基差风险是提高套期保值效率的关键因素，并实证发现考虑基差的套期保值会大大减少风险。更进一步的分析研究（Lien & Yang，2008；Chen et al.，2016）表明，基差的非对称效应能够影响期货、现货市场的收益率及其方差-协方差矩阵，改变期货、现货市场存在的长期均衡关系，考虑基差非对称影响的模型比其他套期保值策略的效率更高。国内一些学者（张龙斌等，2008；陈冲等，2012；周亮，2016）也得到了类似的结论，他们研究发现，样本内的套期保值效率更优，表明基差风险中蕴含了大量的投机因素，我国资本市场投机氛围较重，套期保值过程中存在着较高的基差风险。

综合以上分析，在估计动态套期保值模型时应同时考虑基差对期货、现货市场收益率，波动率以及两个市场间动态相关系数的影响。考虑到期货、现货市场的长期均衡与短期偏离，尤其是短期偏离较大时，需引入基差作为纠正机制，调节期货、现货市场的短期偏离对最优套期保值比率的影响，从而达到优化动态套期保值模型的目的。从上述研究学者的实证结论中也容易得出，将基差因素合理引入套期保值模型后会明显提高套期保值效率。当模型考虑基差因素后，套期保值者可以根据基差出现的重大不利变化及时调整套期保值头寸，有利于控制基差风险，因此鉴于基差对套期保值效率的影响，基于基差的动态套期保值模型改进后是有效的。

2.3.2 基于市场态势转换的动态套期保值模型改进

基于基差及市场态势转换的角度是学者们对动态套期保值模型改进较为常见的两种方式。随着套期保值策略由静态向动态转换，模型也由简单GARCH模型发展到复合GARCH模型。然而，这些套期保值模型均是基于期货、现货市场处于稳定的环境中，即期货、现货市场协整关系或基差的波动程度不会随市场状态的改变而改变，这明显与事实不相符。实践表明，套期保值效率在不同市场状态下往往会有所不同：在牛市中套期保值往往具有更好的效果，因为牛市相比于熊市具有较低的波动率；刘晨等（2020）对中美玉米期货市场效率进行对比发现，中美贸易摩擦前后，期货、现货市场间的引导关系、期货市场套期保值效率都会发生改变。因此，在动态套期保值模型中需要考虑加入市场态势转换等市场环境因素。国外学者的研究成果要领先于国内学者，李（Lee，2009）进一步发展的基于状态转换的Copula-GARCH模型，充分考虑了市场状态的转换、基差变化的持续性等因素。另外，还有学者证实了MRS-BEKK模型从理论上优于静态或线性模型（Salvador & Aragó，2014）。也有国内学者（赵华等，2013；Wang，2017）提出可以使用马尔科夫转换方法优化套期保值比率，并实证发现：当基差波动较大时，使用马尔科夫状态转换模型比单一状态马尔科夫模型可以得到更稳定的动态套期保值比。

从以往学者的研究成果来看，市场态势转换会影响投资者对股票市场和期货市场的供求关系，影响股指期货与现货价格的波动性及其间的动态关系。例如，在估计套期保值比率时对市场态势转换因素加以考量，则会大幅提升套期保值效果。但总体上看，国内将MRS模型与GARCH结合进行套期保值的相关研究尚滞后于国外，相关研究仅集中于对状态转换套期保值模型介绍，或将马尔科夫状态转换与OLS相结合，并没有从理论角度或实证层面深入解释和研究MRS-GARCH模型的有效性。

已有学者通过对马尔科夫状态转换的套期保值模型（Lee，2009；Philip & Shi，2016；Wang，2017）的详细分析与描述，证明改进股指期货动态套期保值模型，但仅仅将马尔科夫转换方法与静态套期保值相结合。当考虑市场态势转换对套期保值效率的影响时，需要将马尔科夫状态转换方法与 DCC-GARCH 相结合。使用 DCC-GARCH 模型来求解套期保值比率的文献较多，这种算法已经具有一定的复杂性，但若在该模型的基础上与马尔科夫状态转换方法相结合则是更加复杂的求解过程。从以往的研究文献看，国外用此类方法的研究文献寥寥无几，大部分也局限于使用 MS-GARCH 和 MRS-CCC-GARCH 相结合的模型（Chen，2009），且尚未应用于国内股指期货市场。由此可见，基于市场态势转换的动态套期保值方法还没有得到广泛的应用，可归因于该方法在具体实证中的应用难度较高，因此该模型的有效性还需得到进一步的实证检验。

2.3.3 基于情绪的动态套期保值模型改进

基于基差和市场态势转换角度是改进动态套期保值的常见方式。然而，随着国内外学者对投资者情绪以及行为偏差研究的不断深入，一些文献逐渐开始关注投资者情绪对资本市场的影响。资本市场和理论界都应系统思考的是：套期保值效率是否会受到投资者情绪的影响？基于情绪因素改进后的套期保值模型能否减少投资组合风险，成为改进套期保值模型的新方式？

基于基差角度与市场态势转换的套期保值模型的有效性研究尚有较多文献，然而基于情绪的动态套期保值模型改进的相关文献却非常稀缺，基于投资者情绪对动态套期保值模型改进的文章相对较少，基于基差角度或市场态势角度的研究不具有更成熟的研究结论。因此需列出仅有的相关国外文献来详细说明，如杨等（Yang et al.，2016）使用期权波动率指数（VIX，恐慌指数）和看涨看跌比率（PCO）作为投资者情绪的代理变量，研究表明投资者情绪、天气和自然灾害对期权波动率有显著影响，对套期保值的策略制定具有重要的参考价值。科雷多等（Corredor et al.，2015）则发现投资者情绪可以影响期货、现货市场关系，能够对期货市场的套期保值效率与定价偏差产生影响。综上所述，投资者情绪会通过改变期货、现货市场价格及其协整关系而改变股指期货基差，从而增加套期保值的基差风险，进一步影响套期保值模型的有效性。以上学者的研究不仅说明投资者情绪确实能够用来对动态套期保值模型加以改进，也通过实证研究表明参考投资者情绪后制定的套期保值策略能够提高套期保值效率。考虑到我国股指现货及期货市场较高的波动率及投机情绪较重，投资者情绪从理论上会对套期保值模型有较高的修正作用。

对基于情绪的动态套期保值模型进行了改进，这与基于基差角度的套期保值模型是非常类似的，这种改进方法尚未得到广泛的应用，属于较新颖的改进方法。但根据噪声交易理论之“价格压力效应”（price pressure effect）和“空间创造效应”（create space effect）不难推断投资者情绪会对期货、现货市场价格及其间的动态关系产生影响。这种影响从套期保值理论和模型两个角度都能证明动态套期保值模型引入情绪因素的合理性。相比于国外的情绪指数或是通过直接调查取得数据，或是用数理方法量化情绪指数，我国投资者情绪衡量缺乏官方权威的指标或数据，情绪指标数据发展还不成熟。如果采取构建投资者情绪指标的方式，难免会在合成指标的过程中产生误差，导致套期保值效率衡量出现误差，这也是基于情绪的动态套期保值改进模型应用于我国股指期货市场的困难之处。

2.3.4 动态套期保值模型的进一步改进方向

在前面的讨论中，在动态套期保值模型中引入基差、市场态势转换和投资者情绪都能有效提升套期保值效果，不妨将这三种改进后的模型统称为复杂动态套期保值模型，现有的文献中尚未对这三种复杂动态套期保值模型的有效性进行对比分析，究竟哪一种复杂动态套期保值模型更有效尚无定论。刘晨与安毅（2018）在关于对动态套期保值模型进一步改进的一篇文献综述中提到，复杂动态套期保值模型在运用中往往是单纯引入某一类因素，没有考虑到当其中某个因素作为调节因素时，另一个因素会不会因为调节变量的动态变化对套期保值效果产生不同的作用。尤其对于我国资本市场而言，散户投资者多且存在的机构散户化现象使得期货、现货市场经常出现较大的价格波动，并可能存在期货、现货市场价格的短期较大偏离现象。再加之投资者情绪，期货市场基差与市场态势间本身的复杂关系，套期保值面临的基差风险控制需要更加细致和全面。

值得注意的是，投资者在不同市场态势下，交易行为受情绪的影响程度亦不同，不同市场态势下投资者情绪对股市收益及其波动存在不同的影响（Zou & Sun，2012），即在不同市场态势下，投资者情绪直接作用于投资者的交易行为，影响投资者对股指期货、现货的需求，对期货、现货市场间的方差-协方差矩阵的影响也可能发生变化。因此当把市场态势转换因素作为调节变量时，投资者情绪对套期保值效果的影响受该调节变量的影响。通过以上综述，可以发现包含情绪、市场态势转换因素的复杂动态套期保值模型仍有进一步的改进空间。降低基差（现货价格-期货价格）风险始终是提高套期保值效率的有效途径，而准确地刻画股指期货、现货市场价格波动及其间的动态关系是最大程度降低基差风险的关键。如果能进一步结合市场态势变化，量化投资者情绪对股指期货、现货市场价格的收益率、波动率及其间的动态相关系数的影响，将是复杂动态套期保值模型进一步改进的新方向。类似地，也可以尝试结合市场态势变化与基差对复杂动态套期保值模型加以改进。

这种将市场态势转换与投资者情绪相结合的改进方式不仅适用于成熟市场，更适用于新兴市场投资主体的风险管理过程优化。投资者情绪对套期保值效率的影响也会随着市场态势转换发生改变，特别是，考虑到我国资本市场不成熟、交易者结构和交易者行为散户化的现状，发展基于情绪因素的动态套期保值模型也就更成为理论界和实务界需要长期探索的基本方向。

为使文献综述的脉络更加清晰，给出文献综述的技术路线，如图 2.1 所示。

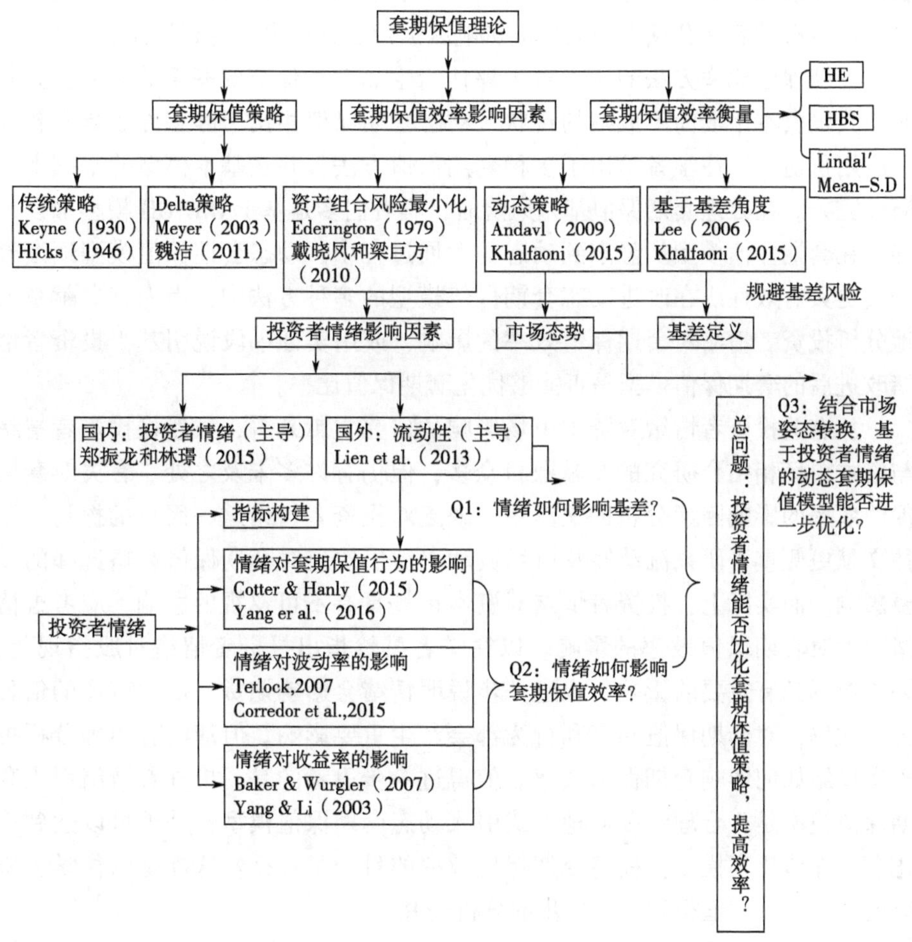

图 2.1　文献综述的技术路线

2.4 文献评述

综合以上文献可知，国内外学者通常基于“资产组合选择的均值方差理论”框架开发出一系列套期保值效率评估标准来评估套期保值效率。有关套期保值效率的研究主要集中在以下几个方面：

首先，国外学者更偏重于研究发达国家期货市场的套期保值效率，因为其具有相对成熟的交易制度和较大的交易规模，具备稳定的市场交易环境。但对于不同市场的股指期货，各个套期保值模型的策略优势不同，所带来的套期保值效果也不同。这些学者大多关注于不同套期保值模型带来的效果差异，很少有学者从套期保值效率的影响因素角度分析模型的有效性。

套期保值比率方法的选择对于评估衍生品套期保值效率至关重要，尤其对于我国资本市场尚不成熟的现状，动态套期保值相比于静态方法具有较高的应用价值。以往学者给出了多种套期保值方法，并在基本模型的基础上不断地完善。在处理套期保值基差风险时，学者们多是基于 GARCH 模型加以延伸，在套期保值模型从静态到动态的发展过程中，动态套期保值模型逐渐被证实更具有效性。在改进动态套期保值模型的多种方法中，尚未有文献系统地分析投资者情绪对套期保值效率的影响，或用实证手段说明基于投资者情绪改进后的套期保值模型是否能够优化套期保值比率。

从有关投资者情绪对资本市场影响的研究文献来看，虽然将投资者情绪与资本市场相结合研究的文献数目众多，但仍有许多未及之处。有关对套期保值效率的影响因素分析的文献中，缺乏对投资者情绪这一因素的探讨。以往文献更侧重于研究流动性及市场波动率溢出效应对套期保值策略选择的重要影响。而实际上，投资者情绪对资本市场具有不可忽视的影响，应考虑情绪因素对套期保值效率的影响。以往学者虽然指出投资者情绪对股指现货、期货市场都有重要的影响，也进一步说明情绪会影响期货、现货市场的信息传递效率，对套期保值和套利行为都会产生重要影响。但却没有明确分析投资者情绪如何影响套期保值效率。值得进一步思考的是，投资者情绪引入套期保值模型是否合理？以何种方式引入动态套期保值模型？是否可以达到优化套期保值比率模型？提高套期保值效率的目的是什么？这都是以往学者研究的未及之处，值得做出进一步的分析研究。

基于投资者情绪对动态套期保值模型的改进需结合以往学者的研究成果，为了更好地实现投资者套期保值风险最小化，套期保值模型被不断地研究、改进。随着动态套期保值法在实践中的广泛应用，学者们将动态套期保值模型进一步改进为复杂动态套期保值模型。复杂动态套期保值模型主要基于基差和市场态势转换两个角度加以改进，其中基于基差的动态套期保值模型改进理论得到了广泛的论证，证明其在实践中是有效的。基于市场态势转换的静态套期保值模型改进的论证较多（MRS-GARCH 模型），而将动态套期保值模型与马尔科夫状态转换方法相结合（MRS-DCC-GARCH 模型），则由于其复杂的求解过程，尚未进一步得到其有效性的论证。

尽管从理论上，通过不同角度（基差、市场态势转换和情绪角度）改进后的复杂动态套期保值模型是有效的，但还需进一步的实证分析。但在肯定其优势的同时，也需注意复杂动态套期保值模型本身的劣势：其一，在复杂动态模型中，由于包含更多参数，复杂计量模型是否优于简单的静态模型仍存在很大的争议，有不少学者认为复杂的动态模型并不能带来套期保值效果的改善，因为其包含更多的参数，反而会增加运算的难度与模型风险。尽管复杂模型因考虑了更全面的市场信息而降低了套期保值风险，但参数估计的风险要比简单模型更大，对于能否提高套期保值效率存在不确定性。与此同时，基差的频繁波动会增加运算的难度与模型风险，因此复杂动态套期保值模型的有效性存在较大争议，合理引入基差因素或情绪因素是改进套期保值模型的关键。其二，国外学者更偏重于研究发达成熟期货市场的套期保值效率（Sheu & Lee，2014；Bessler et al.，2016；Umoetok，2016），由于所选取的样本区间不同，由复杂动态套期保值模型所得的结论也会有所不同，因此各类套期保值模型均不具有普适性。其三，尽管国外已有文献逐步关注投资者情绪对套期保值效率的影响并证实其有效，但将其运用于我国资本市场上却未必能得到理想的结果。这归结于我国资本市场运行过程中蕴含了大量的投资者情绪因素，但尚未有国家官方权威的投资者情绪指标或数据作为实证支撑，导致情绪因素即便在理论模型中得到合理的运用，也难以发挥其最大的效用。

3 投资者情绪对套期保值效率影响的理论阐释

为了充分证明投资者情绪对套期保值效果的影响，本章基于行为金融学理论，在总结投资者情绪定义、度量等相关理论的基础上，结合 DSSW 模型的噪声交易理论拓展推导投资者情绪对套期保值最优比率及效率的影响。DSSW 模型的噪声交易理论能够解释投资者情绪对资本资产价格及收益率产生的影响，并不能直接表明情绪对套期保值效果的影响。鉴于最优套期保值比率的计算公式，借助 DSSW 模型拓展分析情绪对股指期货、现货市场收益率，波动率及动态相关性产生的影响，以证明情绪能够影响最优套期保值比率，从而会进一步影响套期保值效率，为后面的实证分析提供理论基础及实证依据。

3.1 投资者情绪相关理论基础

3.1.1 投资者情绪的定义

投资者情绪代表了投资者对未来市场的预期，投资者对市场是存在认知偏差的。当投资者认为市场上存在投机机会而产生交易需求时，则会通过买进或卖出行为使得资产的内在价值出现偏差。在传统金融学中，投资者情绪是没有一席之地的，传统金融学基于两个基本假设条件：①“有效市场假说”，即认为金融市场上的信息是有效率的；②“理性人假说”，即市场上所有的参与者都是理性的。有效市场假说意味着投资者能够充分利用市场信息做出决策，体现出投资者的理性行为。当股票指数或股指期货市场遭受信息的冲击时，理性投资者能够在利己行为的支配下快速做出反应，由于市场套利机制的作用和市场中性的假设，非理性投资者是没有生存空间的，他们会很快地退出市场。然而，如果利用传统金融学理论对市场现象进行分析（即不通过行为金融学的视角），则会发现很多金融异象是难以解释的。行为金融学理论开始逐渐走进人们的视野并得到许多学者的关注（Hirshleifer，2015）。例如，很多学者利用行为金融学解释了股权溢价之谜（罗进辉等，2018）、日历效应之谜（Ishihara，2015）、过度波动之谜（Lee et al.，2014）等金融异象。因此，将行为金融学理论实际应用于市场现象或效率的研究时，该理论得到了学者们的重视和发展，同时也得到了广泛的挖掘与应用。行为金融学除补充传统金融理论、解释金融异象外，还能依据本身的理论特点解释更多的金融市场现象。

从行为金融的基础理论来看，首先是基于施莱弗和维什尼（Shleifer & Vishny，1997）的有限套利理论，它否定了市场上的套利行为可以使具有偏差的定价快速回归其真实价值，认为市场上有些错误定价很难在短时间内消除；而基于西蒙（Simon，1955）的有限理性理论则否认了市场上的投资者都是理性人的假设，认为在交易过程中，投资者的表现往往是根据自己的心理而定的，是非理性的。行为金融学广泛应用于资本资产定价方面，其中格罗斯曼和斯蒂格利茨（Grossman & Stiglitz，1980）提出的噪音理性预期模型以及德龙等（De Long et al.，1990）的噪音交易者模型（DSSW）是非常经典的基于行为金融理论的代表文献。然而，在现实的金融市场中，市场套利存在局限性，套利者无法充分利用市场信息完成套利，如交易成本、信息成本和融资成本等其他因素都可能导致资产的错误定价。因此，投资者情绪反映了不同的投资者对市场信息的共同误判。有关投资者情绪的定义，在国外研究文献中有很多种，比如布莱克（Black，1986）通过证明得出噪声交易者是产生情绪的原因，因为在投资者对市场的预期产生心理或认知偏差时，会在情绪的作用下产生投机行为（噪声交易）。李等（Lee et al.，1991）首次将投资者情绪定义为无法用基本面因素和宏观经济因素解释的价格预期，详细地阐述了什么是投资者情绪。梅赫拉和萨赫（Mehra & Sah，2002）将投资者所具有的投机偏好定义为投资者情绪，贝克等（Baker et al.，2004）则认为投资者情绪可以通过投资者对市场的态度来界定，比如投资者们处于态度积极的时刻，则表现为乐观的心态；反之，消极时则表现出对市场的悲观情绪。也有学者认为投资者情绪与资产的错误定价有关（Brown & Cliff，2004，2005），因为投资者情绪的积极与否决定了他们的交易行为，是导致资产价格出现偏差的原因。投资者情绪表现为对后市风险的预期或判断，投资者可以依据市场的流动性或其他交易特征，形成对市场未来走势的评估（Baker & Wurgler，2006，2007）。投资者通常对未来市场的预期或认知是因人而异的，这与他们的风险偏好程度、专业知识的丰富与否以及对市场的整体判断均有着密切的关系。投资者对未来的决策行为是一个非常复杂的过程，心理偏差带来了投资的不确定性。

心理偏差理论上包括过度自信，损失厌恶和羊群效应。人们往往都存在过度乐观自信的心理，尤其是在自己的判断得到肯定的前提下，会过度乐观于自己的决策，高估自己的能力而忽略了客观现实。当投资者预想与现实发生偏离时，投资者很难认清是自身专业技能缺乏，而更多归咎于非自身因素等外部条件。投资者不仅会出现过度自信的心理，也会有较强的从众心理，投资者的决策行为会受到羊群效应的影响，传染给其他投资者，这增加了证券市场的波动风险，产生超买超卖现象。羊群效应会使得股票价值偏离其真实的内在价值，也会蒙蔽理性投资者的双眼，给金融市场带来较大的金融风险。

综上所述，投资者情绪具有异质性的特点，因为不同的投资者通过对市场特征的分析形成对市场预期的观点是因人而异的。每个投资者都会有自己的认知偏差、预期或个体信念，这种个体信念可以理解为“投资者情绪”。在分析投资者情绪对市场的作用时，学者们根据投资者异质性将该群体进一步划分，如依据市场的交易群体类别将其划分为机构或个人的情绪。在后文我们也会特别针对个人或机构的情绪加以划分，并分别研究其对套期保值的作用。投资者情绪有别于传统金融理论研究框架，可以从非理性噪声交易角度解释投资者的主观判断或认知对资本市场的影响。

3.1.2　基于投资者情绪的资产定价理论

从行为金融学角度研究资产定价问题是国内外学者广泛关注的一个重要方面，而对于国内市场更是值得深入研究的问题。我国股指期货市场基差波动幅度较大源于市场上有较多的噪声交易者，投机行为所占比重较大。在法玛（Fama，1970）提出的有效市场假说的前提下，传统金融资产定价是以“理性人”为假设的，认为市场信息是有效的，并且投资者行为也准确地反映了市场信息，在这种前提下，股票价格不会偏离其内在价值。冯·诺依曼和摩根斯特恩（Von Nuemann & Morgenstern，1947）则给出了进一步的拓展，即提出了预期效用理论，但也是基于理性偏好的假设进行资产定价。马科维茨（Markowitz，1952）的 CAPM 资本资产定价模型基于均值方差的投资原则，是现代金融学非常核心的研究内容。但是 CAPM 模型理论存在很多局限性，很多假设条件过于完美（如“投资者同质性假设”“完备信息假设”“无摩擦假设”），因此在实际构建 CAPM 定价模型时需要放宽这些基本假设。国外学者逐步放宽各个假设，形成了三因子、四因子和五因子定价模型等。

经过学者对 CAPM 模型理论的完善与拓展，资本资产定价理论已经具备了比较完整的理论体系，并成为金融学领域的重要构成部分。随着行为金融学的不断发展，有更多的学者开始致力于资产定价方面的研究，并且从投资

者的行为偏差的角度给予解释。投资者情绪与心理偏差是密不可分的两个概念，投资者情绪所带来的噪声交易行为及心理偏差能够对资本市场价格产生重要的影响，基于此，配罗德（Perold，2004）提出一个投资者决策偏差的框架。在期货市场上同样可以构建基于投资者情绪的期货定价模型，施瓦兹和史密斯（Schwartz & Smith，2000）研究了含有投资者情绪偏差的期货定价模型。该模型假设现货的价格包含两个组成部分，分别是长期均衡价格水平和短期偏差价格。长期均衡价格水平表现为长期期货合约的价格变动情况，给出长期均衡价格信息。而短期偏差价格与长期期货合约价格的差异体现了短期价格变化的信息，他们从实证角度解释了含有情绪偏差的期货定价模型能够更好地解释石油相关的资产定价。

基于投资者情绪的资产定价理论可以从三个方面加以解释，分别为心理账户理论、噪声交易理论和封闭式基金折价理论。首先，心理账户是指投资者在做出交易决策时，因考虑到了沉默成本，往往会在交易过程中关注和度量该项交易带来的收益和成本，进而根据交易过程的投入金额和回报水平来评判当期的投资价值。这个评判的过程是体现个体心理账户的设立过程。它能够解释情绪对股票收益率的影响关系。例如，股票的平均收益率通常是0，那么可以将0收益率水平作为参考平衡点。当投资者在股市中所获得的收益率大于0时，则说明投资者在股市中获得了利润，投资者把获取的正向收益视作个人心理账户中的“偶然所得”，在正向收益的作用下，投资者对股市预期是乐观的，因此产生了积极的投资者情绪。反之亦然，当投资者亏损时，投资者将把获得的负向收益视作个人心理账户“遭受损失”，因此投资者预期股市未来的走势是下跌的，因而产生了消极的情绪。

其次，投资者情绪理论中的噪声交易理论是非常重要的，一般而言，投资者对于股票价值的评估依赖于基本面信息的引导，但在实际操作时，投资者往往无法掌握内部信息，而将噪声看成正确的信息进行投资策略的制定。这些交易者的交易行为就会使资产价格产生偏差。每一个投资者都是以自身效用最大化的原则建立交易头寸的，因此他们会尽最大可能搜集市场所提供的信息，但在错误信息的引导下就会出现非理性交易行为。与理性交易不同的是，噪声交易通常表现为无法准确地知道资产真实价值，从而会产生资本价格偏离真实价格的情形。噪声可以分成两类：一个是流动性交易，另一个是不知情交易。流动性交易是以宏观信息基本面为依据，是股票交易赖以生存的基础。流动能够反映资产的供需行情，体现资产的真实价值。变现为投资者是否愿意以既定的价格买入或卖出一定数量的资产，从而体现资产的实际价值。而投资者在不知情交易下，即在没有掌握资产的真实价值或行情时买入或卖出一定数量的风险资产，则会给证券市场带来一定程度的摩擦。由于噪声交易行为受到错误信息的影响，市场价格通常偏离资产的真实价值。非理性情绪在证券投资市场交易环节频频出现，不仅影响证券价值偏差，还会导致股票市场异常波动。投资者情绪理论告诉我们，除了要规避由基本面信息带来的价格变化的风险，也要规避由非理性情绪导致的价格偏差。

最后是封闭式基金折价理论。封闭式基金是指发行完毕后在规定的一段时间内发行的证券投资基金总额保持固定不变。一般地，基金持有的投资组合风险和噪声交易风险是封闭式基金面临的两种风险，在情绪的影响下，市场上的交易情形会发生变化，进而体现在价格的波动中。例如，当封闭式基金份额出现大量卖出的现象时，基金会因为价格的降低而折价，产生这种现象的原因是投资者悲观情绪下产生的抛售行为。反之，当投资者情绪表现为乐观时，他们会大量的买入封闭式基金，从而减少封闭式基金的折价程度。

基于投资者情绪的资本资产定价理论也逐步以心理实验和神经经济学的发展为基础。通过对投资者心理实验的分析，我们总结投资者在面对市场信息所做出的认知、偏好以及相应的决策行为。依据心理实验结果，投资者不仅会对基本面信息做出投资判断，其行为也会受到羊群效应、从众心理的影响，投资者甚至会改变原本的预期和决策方向。由于投资者异质性、偏好及风险承受能力的不同，投资者的行为投资极容易受到心理作用的影响。以上因素都会导致投资者所做出的实际投资决策与传统贝叶斯决策准则的不同，投资者会根据实际情况对自身的财富变化产生影响。投资者在财富面临损失和收益时的敏感性是非对称的，在损失时投资者对财富变化的敏感度比在盈利时的敏感度要高，这就导致投资者在后面的决策行为中对未来市场的看法发生改变。心理学家们已经检验出当投资者情绪乐观时，会更倾向于交易，并且对决策和预期更有信心；而在悲观时更容易做出保守的交易决策。因此，情绪对资产价格具有不可忽视的影响，情绪所带来的心理偏差进一步影响投资决策行为，这使得资产价格也会随着情绪的波动而波动。从神经经济学的角度分析，随着科学技术的发展，人类已经在相关科学手段的帮助下，探索到人类的脑组织特性，能够得知大脑在人类行为决策时有哪些具体的表现。通过核磁共振等科学手段，我们能够从大脑层面发现人类在遇到乐观或悲观情绪刺激时所做出的反应。神经经济学的发展打破了金融学传统的理性人假设。人类大脑中理性区域和情绪区域的反应不同，投资者所做出的投资决策也不尽相同。当投资者接收外部信息时，理性区域与情绪区域的博弈结果会直接影响投资者做出理性或非理性的行为决策。神经经济学的发展主要解决了情绪如何影响经济决策的问题，探究了情绪在经济决策中起到怎样的效果

和作用。相关研究表明，投资者都是不完全理性的，情绪因素会直接影响投资者的认知偏差，影响其对未来市场趋势的判断和具体的行为决策，由此产生了行为资产定价模型（behavioral asset pricing model）。

情绪具体与资产价格有着怎样的关系呢？一般认为当投资者情绪乐观时，股票价格会随着情绪的上扬而上涨，随悲观情绪的增加而下跌。但较为复杂的是，情绪会随着股票价格的变化而对未来资产价格预期发生改变。通过以上分析容易看出，情绪不仅对股票市场价格存在非对称影响，对股指期货市场也同样存在非对称影响，这便导致了情绪对基差波动的影响，从而对股指期货市场效率（价格发现和套期保值）产生影响。金融市场的瞬息万变使得投资者不能完全正确地掌握市场上的所有信息，由于期货市场投资者教育的缺乏以及我国投资者结构尚不成熟，投资者更容易受到认知偏差和心理偏差的影响。

在下一节中我们将重点探讨投资者情绪理论中的噪声交易理论，并基于DSSW 模型给出投资者情绪影响套期保值效率的原因。

3.2　噪声交易模型（DSSW）理论与生存机制

3.2.1　假设条件与模型分析

在分析投资者情绪对套期保值效率的影响之前，应首先结合现有 DSSW 模型的理论基础进行拓展分析，以证明情绪对股指现货、期货市场的影响。1990 年德龙（Delong）、施莱弗（Shleifer）、萨默斯（Summers）和沃尔德曼（Waldman）首次提出了 DSSW 模型，并在设定假设条件的基础上，分析了情绪作用下的噪声交易行为是如何对资产价格产生影响的。其中的假设条件之一是戴蒙德模型是两期迭代模型，即每个人只能有两期的时间可以存活，并且投资者都是厌恶风险的。DSSW 模型将投资分成了两期：假设第一期是人们处于年轻时期，此时仅需选择一个资产组合进行投资；在第二期人们处于老年时期，第一期的选择是为了使第二期期末财富的期望值最大化。在第一期中，投资者不需要消费，不需要提供劳动供给也不需要馈赠。在这个假设中，投资者所拥有的是完全外生的投资组合。

假设资本市场中只存在两种资产，分别是无风险资产（v）和风险资产（u）。其中，对于风险资产而言，供给弹性是无穷大的。而无风险资产则表现不同，是不具有供给弹性的，它们具有相同派发的红利，记为 r。假设风险资产的供给数量是既定的且为 1，那么将风险资产在第 t 期的价格记为 P_t。当风险资产价格处于完全理性的条件下，那么其价格应该与其基本面价值是相同，即价格P_t应该与其价值等价。然而考虑到资本市场存在着大量的噪声交易者，投资者的有限理性会使得价格与实际价值产生偏差。

为了使用 DSSW 模型来说明噪声交易对资产收益率的影响，首先应给出具体的假设条件。这里将理性交易者记为 s，噪声交易者为 n。其中，不妨认为理性交易者对资产价格的预期是基于基本面信息的，而非噪声。其次，还应该对 DSSW 模型做进一步假设，假设噪声交易者所占的比例为φ，那么理性交易者为$1-\varphi$（投资者仅分为噪声交易者与理性交易者）。为了后续的推理便捷，我们认为同一类交易者中的主体不存在异质性，他们具有完全相同的特征。在根据投资者的利己性与追求效用最大化的原则，无论是理性交易者还是噪声交易者，两者的共同目标都是追求第一期作为年轻人时，所选择的资产组合能够在老年时期得到效用最大化的回报。投资者在年轻时选择风险资产时，因其把握了准确的信息，能够推算出期末持有风险资产的收益分布，所以在年轻时期能够做出正确的投资决策，那么这是对理性投资者而言的。然而噪声交易者由于受到了噪声的影响，有很大的概率对风险资产的未来走势产生错误的预判，我们把此类对噪声的错误感知称为信息误差（ρ_t）。投资者在信息误差的引导下产生认知偏差、从众心理，进而产生错误的交易行为影响资本市场，在后面的讨论中，ρ_t满足的分布是：$\rho_t \sim N(\rho^*, \sigma_\rho^2)$，且$\rho_t$是独立的。因此，可以看出$\rho^*$是噪声交易者情绪的期望值，在噪声交易者对风险资产收益做出判断时，σ_ρ^2记为认知误差的方差。

3.2.2 DSSW 模型的分析

在列示了 DSSW 模型的假设条件后，学者们通常利用它来解释风险资产的定价问题。传统金融理论强调完全套利行为会降低投机者的利润，噪声交易者因无法获利而全部离场，DSSW 模型也在一定程度上反驳了传统金融理论的这种假设，即噪声交易者在资本市场上能够获取较多的利润，在资本市场上具有一席之地，是具有生存空间的。以下分别给予阐述。

首先，为了在模型中实现投资者在老年时期获得效用$U(\omega)$最大化，假设优化目标是以下函数：

$$U(\omega) = -e^{-(2\gamma)\omega} \tag{3.1}$$

其中，令ω是在第一期时的财富，并把ω投资到两种资产中，其中，假设风险资产的收益分布是正态的。模型中的投资者都是风险规避者，因此将风险厌恶系数记作γ。在假设风险收益的分布为正态分布的前提下，式（3.1）期望最大值与式（3.2）等价。

$$\mathrm{E}\ (U)\ =\overline{\omega}-\gamma\sigma_{\omega}^{2} \tag{3.2}$$

其中，$\overline{\omega}$是投资者在期末时财富的期望值，σ_{ω}^{2}则表示期末财富的方差，γ 是风险厌恶系数。在前面的分析中提到，投资者在年轻时期构建投资组合时，若组合中的风险资产 u 记为λ_{t}^{s}。若要实现其期末时的效用 E（U）最大化，那么理性投资者的效用函数记为：

$$\mathrm{E}\ (U)\ =c_0+\lambda_t^s\ [r+{}_tP_{t+1}^{e}-P_t\ (1+r)]\ -\gamma\ (\lambda_t^s)^2\ {}_t\sigma_{p,t+1}^2 \tag{3.3}$$

其中，c_0作为一个函数，表示第一期的劳动收入，${}_tP_{t+1}^{e}$代表风险资产在 $t+1$ 期的期望价格，${}_t\sigma_{P,t+1}^{2}$表示在第 $t+1$ 期时信息误差的方差，r 为无风险利率，γ 是风险厌恶系数，组合中的风险资产 u 记为λ_t^s，因此 $r+{}_tP_{t+1}^{e}-P_t\ (1+r)$ 是风险资产在 $t+1$ 期的预期收益。于是在第 $t+1$ 期时信息误差的方差${}_tP_{t+1}^{2}$可以写成：

$${}_tP_{P,t+1}^{2}=\mathrm{E}_t\left[P_{t+1}-\mathrm{E}_t\ (P_{t+1})\ \right]^2 \tag{3.4}$$

同理，噪声交易者的期望目标函数与此类似，可以记为：

$$\mathrm{E}\ (U)\ =c_0+\lambda_t^n\ [r+{}_tP_{t+1}^{e}-P_t\ (1+r)]\ -\gamma\ (\lambda_t^n)^2\ {}_t\sigma_{p,t+1}^2+\lambda_t^n\ (\rho_t) \tag{3.5}$$

比较式（3.3）和式（3.5），可以发现，两式唯一的区别是式（3.5）多了最后一项λ_t^n（ρ_t），c_0作为一个函数，表示第一期的劳动收入，${}_tP_{t+1}^{e}$代表风险资产在 $t+1$ 期的期望价格，${}_t\sigma_{P,t+1}^{2}$表示在第 $t+1$ 期时信息误差的方差，r 为无风险利率，γ 是风险厌恶系数，组合中的风险资产 u 记为λ_t^s，因此 $r+{}_tP_{t+1}^{e}-P_t$（$1+r$）是风险资产在 $t+1$ 期的预期收益。ρ_t表示对噪音的错误感知，称为信息误差。λ_t^s为理性投资者对风险资产的投资需求，λ_t^n为噪声交易者对风险资产的投资需求。λ_t^n对于噪声交易者而言，本着效用最大化的原则，噪声交易者根据信息误差所能获取的收益制定了风险资产的头寸。无论是噪声交易者还是理性投资者，都是在对风险资产的收益进行预期评估后做出相应的投资组合。

求效用最大化的过程就是求极值的过程，通过对式（3.3）和式（3.5）求一阶导数就可以分别求出两类投资者（理性投资者和噪声交易者）对风险资产的需求函数：

$$\lambda_t^s=\frac{r+P_{t+1}-\ (1+r)\ P_t}{2\gamma_t\sigma_{P,t+1}^2} \tag{3.6}$$

$$\lambda_t^n=\lambda_t^s+\frac{\rho_t}{2\gamma_t\sigma_{P,t+1}^2} \tag{3.7}$$

其中，${}_t\sigma_{P,t+1}^{2}$表示在第 $t+1$ 期时信息误差的方差，P_t为 t 时刻风险资产价格。通过分析发现，投资者对风险资产的需求与收益密不可分，收益越高，投资者对风险资产的需求越大。与此同时，需求量的大小也会受到资产风险的影响，由于投资者是风险厌恶的，他们对于资产的购买是随着风险的增加而减少，随着收益的增加而增大，噪声交易者比理性交易者多了对于风险资产期望收益的情绪。

理性投资者比噪声交易者少的部分是噪声交易者对风险资产期望收益的情绪。当 $\rho>0$ 时，噪声交易者对未来的行情呈现出积极乐观的态度，会增加交易行为，提高需求量；反之，悲观情绪则会减少投资者的交易行为。

DSSW 模型假设在第二期，步入老年时期的投资者对第一期投资组合的收益进行变现用作养老，我们可以通过这个假设来计算风险资产的均衡价格。因此，处于青年期的投资者——两类投资者（噪声交易者和理性投资者）对风险资产的需求量必须加总为 1。由式（3.6）和式（3.7）可得：

$$P_t=\frac{1}{1+r}\left[r+{}_tP_{t+1}^{e}-2\gamma\sigma_{P,t+1}^{2}+\varphi\rho_t\right] \tag{3.8}$$

从式中可以看出，风险资产在 t 期的价格是P_t，噪声交易者的情绪是ρ_t，模型无风险利率记为 r，噪声交易者所占的比例为 φ，绝对风险厌恶系数为 γ 和 t 期的预期价格为${}_tP_{t+1}^{e}$。当模型处于稳态时，则表明P_{t+1}的无条件分布与 P 是相同的。可以通过递归方法求解，得到：

$$P_t=1+\frac{\varphi\left(\rho-\rho^*\right)}{1+r}+\frac{\varphi\rho^*}{r}-2\frac{\gamma_t\sigma_{P,t+1}^{2}}{r} \tag{3.9}$$

式（3.9）中存在的变量只有噪声交易者的情绪ρ_t，且价格的方差满足：

$${}_t\sigma_{P,t+1}^{2}=\sigma_{P,t+1}^{2}=\frac{\varphi^2\sigma_\rho^2}{(1+r)^2} \tag{3.10}$$

然后将式（3.10）引入式（3.9）中，可以得到：

$$P_t=1+\frac{\varphi\left(\rho-\rho^*\right)}{1+r}+\frac{\varphi\rho^*}{r}-2\frac{\gamma_t\varphi^2\sigma_\rho^2}{r\,(1+r)^2} \tag{3.11}$$

式中，噪声交易者所占的比例为 φ，ρ_t为噪声交易者的认知偏差，即噪声交易者情绪，且满足的分布是：$\rho_t\sim N\left(\rho^*,\ \sigma_\rho^2\right)$。可以根据上述推导得出以下几点结论：第一，等式右边第二项是情绪与平均水平的差值的折现值，说明情绪变化与资产价格呈现正相关关系，资产价格随着情绪的高涨而上扬，反之则下跌；第二，等式右边第三项是噪声交易者的情绪均值对资产价格存在的影响；第三，从等式右边最后一项来看，分子包含了信息误差的方差与噪声交易者的比例，这表明市场上噪声交易者越多，理性投资者越容易遭受损失。这也表明理性投资者持有风险资产越多，就越需要得到相应的补偿。

3.2.3 DSSW 模型的生存空间

长期以来，投资者们已经逐步发现市场上存在大量的噪声交易行为，但经典金融理论并不认为在资产定价时需要考虑噪声交易行为或投资者情绪因素。例如，法玛（Fama，1965）在文献中指出，当非理性行为使价格产生偏差时，理性套利者将根据价格偏差制定相应的套利策略，套利行为会使价格趋于其基本面价值。当噪声交易者与理性交易者同时存在市场中时，套利交易者在修正价格时，噪声交易者的交易行为无法获得收益，即成为市场的输家。噪声交易者会在市场选择的机制作用下，自发选择离开市场，退出噪声交易行为。

然而，噪声交易者是否都会离开市场，即他们全部都会出现亏损吗？从实际交易数据来看，这种情况的发生是不可能的。有些噪声交易者因为致力于投资风险资产，他们不一定会出现低盈利或发生亏损，相反他们还极有可能获得更高的收益率，这是理性投资者无法获得的高额收益率。因此在获得收益的条件下，噪声交易者不会离开市场，所以说市场上具有噪声交易者的生存空间。

在 DSSW 模型的假设中，无风险资产 S 带给所有投资者的收益率都是相同的，即红利为 r。不妨假设对于理性投资者和噪声交易者而言，他们的初始财富是相同的，两类投资者在总收益上的差别来自持有风险资产数量和收益方面的差别。为了进一步解释噪声交易者与理性投资者之间的获利差别，令这个差别记为ΔR_{n-s}，并推导影响获利差别的因素，那么我们有：

$$\Delta R_{n-s}=\left(\lambda_t^n-\lambda_t^s\right)\left[r+P_{t+1}-P_t\left(1+r\right)\right] \tag{3.12}$$

其中，$\lambda_t^n-\lambda_t^s$为噪声交易者与理性投资者对风险资产的投资需求之差，$r+P_{t+1}-P_t\ (1+r)$ 是风险资产在 $t+1$ 期的收益。由式（3.6）和式（3.7）可以推导出式（3.13），从对风险需求数量的表达式（3.6）和式（3.7）可以计算两类投资者对风险资产的需求量差别：

$$\lambda_t^n-\lambda_t^s=\frac{\rho_t}{(2\gamma)_t\sigma_{\rho,t+1}^2}=\frac{(1+r)^2\rho_t}{(2\gamma)\ \varphi^2\sigma_\rho^2} \tag{3.13}$$

其中，噪声交易者所占的比例为 φ，ρ_t为噪声交易者的认知偏差，$\rho_t\sim N\ (\rho^*,\ \sigma_\rho^2)$，且$\rho_t$是独立的，$\sigma_\rho^2$则记为认知误差的方差。${}_t\sigma_{P,t+1}^2$ 表示在第 $t+1$ 期时信息误差的方差，P_t为 t 时刻风险资产价格。无风险利率记为 r，绝对风险厌恶系数记为 γ。同时考虑 t 时刻，风险资产 u 所获得的超额收益的期望值为：

$$\mathrm{E}_t\left[r+P_{t+1}-P_t\left(1+r\right)\right]=(2\gamma)_t\sigma_{P,t+1}^2-\varphi\rho_t=\frac{(2\gamma)\ \varphi^2\sigma_\rho^2}{(1+r)^2}-\varphi\rho_t \tag{3.14}$$

将式（3.14）代入到式（3.12）中，计算 t 时刻两类投资者的收益差别为：

$${}_t(\Delta R_{n-s})=\rho_t-\frac{(1+r)^2\ (\rho_t^2)}{(2\gamma)\ \varphi\sigma_\rho^2} \tag{3.15}$$

利用式（3.15），可以获得两类投资者收益差别的全局无条件期望：

$$E\ (\Delta R_{n-s})\ =\rho^{*}\frac{(1+r)^{2}\ (\rho^{*})^{2}+(1+r)^{2}\sigma_{\rho}^{2}}{(2\gamma)\ \varphi\sigma_{\rho}^{2}} \tag{3.16}$$

从式（3.16）的全局无条件期望可以看出，如果噪声交易者所获得的收益率高于理性交易者时，需要平均情绪ρ^{*}为正数才行。通常把第一项ρ^{*}称为“多多益善效应”（hold more effect）。当ρ^{*}为正值时，即噪声交易者的乐观情绪会增加其对风险资产的购买，根据风险-收益之间的关系，高风险往往伴随着较高的收益，此时 E（ΔR_{n-s}）则越大。反之，当ρ^{*}为小于 0 时，噪声交易者所持有的风险资产越多，两类投资者的预期收益差别也会越大，但噪声交易者所获报酬越小，与理性交易者相比获得更低的预期收益。

式（3.16）的分母表示为“空间创造效应”（create space effect），是模型的核心。当信息误差的波动率增加时，投资者会在信息的引导下产生更多的交易量，推动市场价格的波动，增加价格风险。与此同时，市场价格的波动也会增加理性投资者交易证券的风险。在前面的假设中，投资者在 DSSW 模型中被认为是风险厌恶的，当噪声交易者带来的风险增加时，理性交易者就会减少风险资产的投资。当市场在噪声的引导下出现大幅波动时，理性投资者收益损失的程度要小于噪声交易者，风险资产市场上会出现更多的噪声交易者，为自身创造生存空间。

式（3.16）中的分子分别体现了“价格压力效应”（price pressure effect）和“弗里德曼效应”（Friedman effect），这两种效应都会给噪声交易者带来损失。前者是指预期情绪ρ^{*}大于 0，且表现为更加乐观时，空间创造效应越大，在情绪作用下产生的非理性行为会增加其对风险资产的购买，此时会需要更多的风险资产，使得资产价格上涨，出现泡沫。在价格压力效应的作用下，E（ΔR_{n-s}）会减少。同理，弗里德曼效应是指噪声交易者具有从众心理和认知偏差，他们往往不具备专业的择时入市的能力，具有追涨杀跌的特征。受到“羊群效应”与“从众心理”的影响，噪声交易者也会跟风大量买进风险资产，这种行为不仅会获得较低的收益，而且会遇上反转行情。“弗里德曼效应”会给噪声交易者带来损失。

对于风险资产而言，风险越高，回报越大。同理，噪声交易者的资产组合的方差越大，获得的期望收益则越高，但是也会降低噪声交易者期望效用水平。然而，市场的行情波动会产生可能的获利空间，因此噪声交易者的存在给理性投资者提供了风险投资的空间，理性投资者由原来的只能投资于无风险资产，收货红利为 r 的情形转变为可以获得更大的投资空间。投资风险资产的同时也能收获更高的资产回报，这将提高理性投资者的期望效用水平。

以上分析表明，通常来讲，噪声交易者所获得的期望效用水平要低于理性交易者，但并不代表噪声交易者的收益回报率要比理性交易者低，当风险资产价格走势与噪声表现一致时，则更多噪声交易者的收益水平是高于理性交易者的。从 DSSW 模型推导出的结论可知，噪声交易者的风险资产收益率可能会超过理性投资者，在利益的激励下，噪声交易者不会退出资本市场，因此市场上具有噪声交易者的生存空间。

3.2.4 中国股票、期货市场中噪声交易存在的原因

我国股票市场尚不成熟，不具备像发达国家所拥有的合理的投资者结构、健全的法律及交易制度。而且在发展过程中，股票市场仍处于不断变化中，投资者结构散户占主导地位。这使得我国股票市场上更多的是短期交易，投资者更愿意在短期内获取较高的利润，不注重长线投资。因此，我国股票市场上有大量的噪声交易者存在。

我国股票市场上存在较多的非理性行为的原因可归纳总结如下：①我国股票市场缺乏做空机制，对于我国大多数投资者而言，股票只能买进而无法卖出，因此股价存在不断上涨的趋势；②我国上市公司的退市制度尚不完善，这使得公司真实的资产价值未必能通过股价得以体现；③我国上市公司不愿意分红且盈利能力低，投资者无法进行长线投资，也不注重长期投资技能的培养，更多集中于短线投资的“追涨杀跌”，这使得股票市场具有较多的非理性投机者；④我国股票市场与发达国家仍存在较大的差别，我国投资者的投资专业知识尚缺乏，投资观念也不够成熟，这也是我国投资者在股票交易方面存在行为偏差的原因，投资者更容易出现羊群效应、过度自信等认知偏差。

类似地，我们也可以分析期货市场普遍存在噪声交易的主要原因：①我国期货市场具有明显的新兴市场的特征，具有市场规范程度低，管理体制不健全，市场成熟度不高等特征，期货市场价格并不能简单通过供求关系决定。再加之我国投资者结构不合理、机构散户化现象，期货市场投机现象严重，因此少数有实力的投机商可以使用大量的资金来操控市场价格，这一点与股票市场是类似的。②股指期货的标的物是股票指数，所以股指期货与股票指数价格之间具有长、短期协整关系，具有较高的相关性。通常情况下，股指期货市场的价格发现功能会使信息能够更快传递，并通过价格引导的方式传递到现货市场。而且期货、现货市场的投资者结构也有差别，因此股票市场上大量的噪声交易者同样会影响期货市场运行。③投资者认知偏差，投资者的心理因素是影响决策的关键，股指期货作为股票指数的衍生品，投资者对

其交易本身还缺乏认知，对其信息掌握及专业分析等相关知识的理解尚不及对股票市场的了解，很容易导致期货市场投资失败，进而带来市场波动。因此，期货市场更容易出现“追涨杀跌”，导致市场被严重低估或高估。所以说，投资者的噪声交易行为便是股指期货市场异常波动的原因之一。

3.3 基于 DSSW 模型的情绪对股指期货市场套期保值效率的影响

3.3.1 DSSW 模型拓展之假设条件

在前面的小节中主要基于 DSSW 模型论述了情绪对资产价格的影响，并且说明市场上并非只有理性投资者，市场上也具有噪声交易者的生存空间。然而刘新新（2013）的研究表明，理性投资者也会依据市场基本面等信息产生相应的投资者情绪。首先，仍然沿用 DSSW 模型的设定，认为理性交易者对后市的预期往往基于基本面信息，对价格的预期是理性的，具有理性预期。其次，考虑到模型中两类交易者的比例并不相同，即假设噪声交易者占比为 φ，那么理性交易者占比为 $1-\varphi$，噪声交易者和理性投资者的主体是完全相同的。仍然考虑两期的情况，在第一期年轻的时候选择资产组合，在第二期时追求期望效用最大化。通常情况下，机构投资者往往具备更加专业的投资技术，在选择投资组合优化时比个人投资者更有优势。然而个人投资者则具有盲目投资的特点，主要原因是缺乏专业知识的培训和学习。因此假定理性投资者中更多的是机构投资者，并且机构投资者的理性情绪大部分依赖于基本面信息；而噪声交易者中个人投资者占大多数，且噪声交易者情绪依赖于市场上的噪声。这里不妨假设理性投资者和噪声交易者的情绪满足：

$$\rho_{\xi,t} \sim N\left(\rho_{\xi}^{*},\ \sigma_{\rho_{\xi}}^{2}\right) \tag{3.17}$$

$$\rho_{\varepsilon,t} \sim N\left(\rho_{\varepsilon}^{*},\ \sigma_{\rho_{\varepsilon}}^{2}\right) \tag{3.18}$$

其中，假设$\rho_{\xi,t}$代表理性投资者情绪，$\rho_{\varepsilon,t}$表示噪声交易者情绪。在分析机构和个人投资者情绪时，假设两者之间存在引导关系，即认为噪声交易者情绪会受到机构的影响，其中影响程度记为 α：

$$\rho_{\varepsilon,t} = \alpha\varphi_{\xi,t-1} \quad \alpha>0 \tag{3.19}$$

因此市场整体情绪可以表示为两个投资者情绪的总和：

$$\rho_{t} = (1-\varphi)\ \rho_{\xi,t} + \varphi\rho_{\varepsilon,t} \tag{3.20}$$

与此同时，市场整体情绪的均值ρ^{*}和方差σ_{ρ}^{2}分别如式（3.21）和式（3.22）所示，式（3.22）的推导详见附录 A：

$$\rho^* = E(\rho) = (1-\varphi)\rho_\xi^* + \varphi\rho_\varepsilon^* \tag{3.21}$$

$$\sigma_\rho^2 = E(\rho - E(\rho))^2 = (1-\varphi)^2\sigma_{\rho_\xi}^2 + \varphi^2\sigma_{\rho_\varepsilon}^2 + 2(1-\varphi)\varphi Cov(\rho_\xi, \rho_\varepsilon) \tag{3.22}$$

其中，ρ_ξ^*和ρ_ε^*分别是理性投资者和噪声交易者情绪的期望值，$\sigma_{\rho_\xi}^2$和$\sigma_{\rho_\varepsilon}^2$分别为理性投资者和噪声交易者情绪的方差，噪声交易者所占的比例为φ，Cov（ρ_ξ，ρ_ε）表示个人和机构投资者情绪之间的协方差，代表两者相互影响，也反映了两者的相关系数。当理性和非理性投资者情绪存在正相关关系时，即 Cov(ρ_ξ，ρ_ε)>0，则根据公式（3. 22），市场噪声交易者整体情绪的方差会增大。同理，当理性和非理性投资者情绪存在负相关关系时，即 Cov(ρ_ξ，ρ_ε)<0，此时市场噪声交易者整体情绪的方差会减小。

这里与前面不同的是，在延续模型的假设时，为了讨论情绪对套期保值效率的影响，就需将风险资产细化为两种，分别是股票指数与股指期货，将股票指数在第 t 期的价格记为S_t，股指期货在第 t 期的价格记为F_t。其中，投资组合中股指现货占比为ω_S，与此同时股指期货的占比为ω_F。为了便于分析投资者情绪对套期保值效率的影响，本节将从投资者情绪对期货、现货市场的收益率、收益率波动率及期货、现货市场相关系数的影响三个方面详细论述。因此假设股票指数和股指期货的收益率均服从标准正态分布，即：

$$r_s \sim N(\mu_S, \sigma_S^2) \tag{3.23}$$

$$r_f \sim N(\mu_F, \sigma_F^2) \tag{3.24}$$

其中，r_S是股票指数价格的收益率，r_F是股指期货价格的收益率，σ_S^2和σ_F^2分别为股票指数与股指期货的收益率的波动率，μ_S是股票指数价格收益率的期望值，μ_F是股指期货价格收益率的期望值，且满足：

$$\mu_s = r + {}_tS_{t+1} - S_t(1+r) \tag{3.25}$$

$$\mu_f = r + {}_tF_{t+1} - F_t(1+r) \tag{3.26}$$

其中，${}_tS_{t+1}$是 $t+1$ 时刻股票指数的期望价格，${}_tF_{t+1}$是 $t+1$ 时刻股指期货的期望价格，r 是无风险利率。

3. 3. 2 DSSW 模型的拓展分析

假设每一个投资者的效用函数仍为式（3. 1），且投资者期望效用最大值等同于式（3. 2），考虑到组合中的股指现货和期货比例分别为ω_s和ω_f，为了实现其效用最大化。其理性投资者的期望目标效用函数可以表示为：

$$\begin{aligned} E(U^r) &= E(R^r) - RC(R^r) \\ &= \omega_S^r\mu_S + \omega_F^r\mu_F - \gamma\left[(\omega_S^r)^2\sigma_S^2 + (\omega_F^r)^2\sigma_F^2 + 2\omega_S^r\omega_F^r\sigma_S\sigma_F Corr(r_S, r_F)\right] + \\ &\quad (\omega_S^r + \omega_F^r)\rho_\xi \end{aligned} \tag{3.27}$$

其中，ω_S^r和ω_F^r分别是理性投资者持有股指现货与股指期货的比例，σ_S^2和σ_F^2分别为股指现货与股指期货的收益率的波动率，μ_S是股指现货价格收益率的期望值，μ_F是股指期货价格收益率的期望值，Corr（r_S，r_F）为股指现货与股指期货收益率间的相关系数。（$\omega_S+\omega_F$）ρ_ξ表示由理性投资者的理性情绪所带来的收益。在给定其关于风险资产收益预期的情况下，青年时期的投资主体分配在风险资产（股指现货，股指期货）和无风险资产中。同理，非理性投资者均值方差期望目标效用函数可以表示为：

$$\begin{aligned}E(U^n) &= E(R^n) - RC(R^n)\\ &= \omega_S^n\mu_S+\omega_F^n\mu_F-\gamma\left[(\omega_S^n)^2\sigma_S^2+(\omega_F^n)^2\sigma_F^2+2\omega_S^n\omega_F^n\sigma_S\sigma_F\mathrm{Corr}(r_S, r_F)\right]+\\ &\quad (\omega_S^n+\omega_F^n)\rho_\varepsilon\end{aligned} \tag{3.28}$$

式中，ω_S^n和ω_F^n分别是噪声交易者持有股指现货与股指期货的比例。可以发现式（3.27）和式（3.28）的唯一区别在于最后一项，这一项表示本着效用最大化的原则，噪声交易者根据信息误差所能获取的收益制定的风险资产的头寸。无论是噪声交易者还是理性投资者，都是在对风险资产的收益进行预期评估后做出相应的投资组合，即如何分配资金在股指期货、现货市场（ω_S和ω_F）和无风险资产中。

为了求出式（3.27）和式（3.28）的极大值，需要令其一阶导数为0，即求出满足期望效用最大化时投资者对风险资产的需求。两类投资者（理性投资者和噪声交易者）对风险资产的需求函数为：

$$\begin{cases}\omega_S^r=\dfrac{\mu_F\sigma_S\mathrm{Corr}(r_S, r_F)-\mu_S\sigma_F}{2\gamma\sigma_F\sigma_S^2(\mathrm{Corr}^2(r_S, r_F)-1)}+\dfrac{\sigma_S\mathrm{Corr}(r_S, r_F)-\sigma_F}{2\gamma\sigma_F\sigma_S^2(\mathrm{Corr}^2(r_S, r_F)-1)}\rho_\xi\\ \omega_F^r=\dfrac{\mu_S\sigma_F\mathrm{Corr}(r_S, r_F)-\mu_F\sigma_S}{2\gamma\sigma_S\sigma_F^2(\mathrm{Corr}^2(r_S, r_F)-1)}+\dfrac{\sigma_F\mathrm{Corr}(r_S, r_F)-\sigma_S}{2\gamma\sigma_S\sigma_F^2(\mathrm{Corr}^2(r_S, r_F)-1)}\rho_\xi\end{cases} \tag{3.29}$$

$$\begin{cases}\omega_S^n=\dfrac{\mu_F\sigma_S\mathrm{Corr}(r_S, r_F)-\mu_S\sigma_F}{2\gamma\sigma_F\sigma_S^2(\mathrm{Corr}^2(r_S, r_F)-1)}+\dfrac{\sigma_S\mathrm{Corr}(r_S, r_F)-\sigma_F}{2\gamma\sigma_F\sigma_S^2(\mathrm{Corr}^2(r_S, r_F)-1)}\rho_\varepsilon\\ \omega_F^n=\dfrac{\mu_S\sigma_F\mathrm{Corr}(r_S, r_F)-\mu_F\sigma_S}{2\gamma\sigma_S\sigma_F^2(\mathrm{Corr}^2(r_S, r_F)-1)}+\dfrac{\sigma_F\mathrm{Corr}(r_S, r_F)-\sigma_S}{2\gamma\sigma_S\sigma_F^2(\mathrm{Corr}^2(r_S, r_F)-1)}\rho_\varepsilon\end{cases} \tag{3.30}$$

其中，ω_S^r和ω_F^r分别是理性投资者持有股指现货与股指期货的比例，ω_S^n和ω_F^n分别是噪声交易者持有股指现货与股指期货的比例，μ_S是股指现货价格收益率的期望值，μ_F是股指期货价格收益率的期望值，σ_S和σ_F分别为股指现货与股

指期货的收益率的标准差。ρ_ξ和ρ_ε分别是理性投资者和噪声交易者的情绪，γ是绝对风险厌恶系数，Corr（r_S，r_F）为股指现货与股指期货收益率间的相关系数。从式（3.29）和式（3.30）两组需求函数可以看出，投资者对风险资产的需求与风险资产的波动率，情绪及期货、现货之间的相关系数都有关系。通常情况下，股指现货与股指期货收益率间的相关系数为正，大于零且小于1。当$\sigma_F \mathrm{Corr}(r_S, r_F)<\sigma_S<\sigma_F/\rho$时，投资者对股指期货、现货的需求随情绪的增加而增加，随情绪的降低而减少。根据式（3.20），市场情绪由非理性情绪和理性情绪组成，当理性情绪增加时，理性投资者对风险资产的需求增加，那么非理性情绪受前一期理性情绪的影响，对风险资产需求的增加幅度低于理性投资者，具体与股指期货、现货市场波动率，相关性及噪声交易者占比均有关系；当$\sigma_S>\sigma_F/\rho$时，即极端情况出现，现货市场波动率高于期货市场波动率时，理性情绪增加，会增加期货资产需求，减少现货资产持有，因为现货资产具有较高的风险。而非理性情绪受前一期理性情绪影响，对现货资产持有数量减少程度低，甚至会增加现货资产需求；当$\sigma_S<\sigma_F \mathrm{Corr}(r_S, r_F)$时，即极端情况出现，期货市场波动大幅高于现货市场波动时，理性投资者会减少期货资产需求，增加现货资产持有。而非理性投资者则对期货资产持有数量减少程度低，甚至会增加期货资产需求。从理性投资者与噪声交易者的需求函数可以看出，他们之间存在较大的差异，具体表现为ρ_ε与ρ_ξ的变动方向和期货、现货市场波动率，以及相关性的不同。当噪声交易者比理性投资者对未来行情的预期波动幅度大时，即$|\Delta\rho_\varepsilon|>|\Delta\rho_\xi|$，前者会比后者购买更多的风险资产，并且两种风险资产中，非理性投资者对波动率较高的风险资产的需求更大。我们这里仍然假设年轻时投资的资产组合是为了在老年时变现，用于养老，因此，在第一期时，噪声交易者和理性交易者对股指期货、现货市场的需求量加总为1。由此可得：

$$(1-\varphi)(\omega_F^r+\omega_S^r)+\varphi(\omega_F^n+\omega_S^n)=1 \tag{3.31}$$

其中，ω_S^r和ω_F^r分别是理性投资者持有股指现货与股指期货的比例，ω_S^n和ω_F^n分别是噪声交易者持有股指现货与股指期货的比例，φ为噪声交易者占比。由于我们是对DSSW模型进行拓展分析，在前面的假设中我们假设投资者可以投资市场中两种风险资产，因此式中需要估计两个参数，即μ_s和μ_f。只有式（3.31）不能估计这两个参数，还需找到μ_s和μ_f之间的关系。由于期货与现货之间存在协整关系，为简便计算，假设股指现货与股指期货价格之间的协整关系如下：

$$F_t=\delta S_t \quad \delta>0 \tag{3.32}$$

其中，F_t为股指期货价格，S_t为股指现货价格。δ为常数，为期货市场与现货市场间的协整系数。根据式（3.32）、式（3.25）和式（3.26）可以得出：

$$\mu_F - r = (\mu_S - r)\delta \tag{3.33}$$

其中，μ_s和μ_f分别是股指现货与股指期货的期望收益率，r是无风险利率。由式（3.29）、式（3.30）和式（3.33）可得：

$$\begin{cases} \mu_S = \dfrac{r(1-\delta)\sigma_S^2 + 2\gamma\sigma_F^2\sigma_S^2(\mathrm{Corr}^2(r_S, r_F) - 1) + (\sigma_F^2 + \sigma_S^2)(\varphi\rho_\varepsilon + (1-\varphi)\rho_\xi)}{(1+\delta)\sigma_S\sigma_F\mathrm{Corr}(r_S, r_F) - \delta\sigma_S^2 - \sigma_F^2} \\ \mu_F = \mu_S\delta + r(1-\delta) \end{cases} \tag{3.34}$$

其中，$\mathrm{Corr}(r_S, r_F)$为股指现货与股指期货收益率间的相关系数，r是无风险利率，μ_S和μ_F分别是股指现货与股指期货的期望收益率，σ_S^2和σ_F^2分别为股指现货与股指期货的收益率的波动率，δ为期货市场与现货市场间的协整系数，ρ_ε和ρ_ξ分别是噪声交易者和理性投资者的情绪。从式（3.34）可以看出，只有投资者情绪ρ_ε和ρ_ξ是变量，所以可得股指期货、现货市场波动率（σ_F^2和σ_S^2）与理性投资者和噪声交易者情绪的波动率（$\sigma_{\rho_\xi}^2$和$\sigma_{\rho_\varepsilon}^2$）间的关系：

$$\sigma_F^2 = \delta^2\sigma_S^2 = \frac{\varphi^2\sigma_{\rho_\varepsilon}^2 + (1-\varphi)^2\sigma_{\rho_\xi}^2}{(1+r)^2} \tag{3.35}$$

式（3.35）是一个只包含情绪的参数，通过式（3.35）可以看出，投资者情绪对风险资产预期收益率的影响与两个市场的相关性以及波动率有关。在式（3.34）中，ρ_ε与ρ_ξ前的系数为期货、现货市场的波动率之和，因此是大于0的。而从实际数据来看，$\mathrm{Corr}(r_S, r_F)$要小于1，并且假设δ理论上等于1，分母$(1+\delta)\sigma_S\sigma_F\mathrm{Corr}(r_S, r_F) - \delta\sigma_S^2 - \sigma_F^2$是不大于0的。因此，期货、现货市场预期收益率与投资者情绪（理性或非理性）成反比，反之，期货、现货市场收益率与投资者情绪（理性或非理性）成正比。从理论层面来看，乐观的投资者情绪与市场当期收益率成正比，悲观投资者情绪与当期收益率成反比，这和理论上情绪与预期收益率成反比的结论是吻合的。

对于风险资产而言，我们不仅仅要关注情绪与收益率的关系。鉴于套期保值比率在计算公式中包含了股指期货、现货波动率的因素，因此，可以得到投资者情绪对风险资产波动率的影响：

$$\begin{cases} |\Delta\mu_s| = \dfrac{2\delta(\varphi|\Delta\rho_\varepsilon| + (1-\varphi)|\Delta\rho_\xi|)}{(1+\delta)(1-\mathrm{Corr}(r_S, r_F))} \\ |\Delta\mu_F| = \dfrac{2\delta^2(\varphi|\Delta\rho_\varepsilon| + (1-\varphi)|\Delta\rho_\xi|)}{(1+\delta)(1-\mathrm{Corr}(r_S, r_F))} \end{cases} \tag{3.36}$$

其中，$|\Delta\rho_\varepsilon|$和$|\Delta\rho_\xi|$分别代表噪声交易者和理性投资者根据未来的行情预期

产生的情绪波动，$|\Delta\mu_S|$和$|\Delta\mu_F|$分别是风险资产（股指现货与股指期货）收益率的波动率，Corr（r_S，r_F）为股指现货与股指期货收益率间的相关系数，r是无风险利率，δ为期货市场与现货市场间的协整系数，φ为噪声交易者占比。由式（3.36）可以类似得出，由于$\varphi>0$且$\delta>1$，期货、现货市场波动率与投资者情绪（理性或非理性）波动成正比，反之，期货、现货市场波动率与投资者情绪（理性或非理性）成反比。而从实际数据来看，Corr（r_S，r_F）要小于1，因此（$1+\delta$）（$1-$Corr（r_S，r_F））>0。从理论层面来看，投资者情绪会同时作用于期货、现货市场的收益率和波动率，且影响程度与理性投资者、噪声交易者的情绪，以及噪声交易者占比均有关。此外，情绪对期货市场的波动率的影响也与协整系数有关。因此虽然情绪对风险资产波动率的影响是同向的，但影响幅度却不一致，这取决于协整系数的动态变化，因而两个市场间的动态相关系数也会随情绪而改变。因此动态套期保值比率：$h_t^*=\rho_{SF,t}\,\sigma_S/\sigma_F$，随情绪变化而变化。动态套期保值比率：$h_t^*=$ Corr（r_S，r_F）$|\Delta u_S|/|\Delta u_F|$，随情绪变化而变化，从套期保值比率构成来看，投资者情绪不仅会影响期货、现货市场的相关性，也会影响期货、现货市场的波动率，从而在理论上证明了投资者情绪对最优套期保值比率产生了影响。

3.4 基于DSSW模型的个人、机构投资者情绪对套期保值效果的影响

3.4.1 假设条件

将市场上的理性投资者和噪声交易者情绪分别分成个人理性（非理性）情绪和机构理性（非理性）情绪，并在此基础上拓展DSSW模型，分析投资者情绪不同成分的作用。

这里仍然延续DSSW模型假设，即理性投资者占比为$1-\varphi$，并认为理性投资者中包含机构和个人，并假设机构占比为$1-\lambda_s$；考虑到我国资本市场存在机构散户化现象，机构投资者也会具有认知偏差而产生非理性行为，因此假设当噪声交易者占比为φ，其中的机构交易者所占比例为$1-\lambda_n$。与此同时，个人、机构的情绪之间的关系与3.3节中的假设是相同的，且是非对称的：

$$\begin{cases}\rho_{\varepsilon1}=\beta_1\rho_{\xi1}\\ \rho_{\varepsilon2}=\beta_1\rho_{\xi2}\end{cases}\tag{3.37}$$

$$\begin{cases}\rho_{\varepsilon1}=\psi_1\rho_{\varepsilon1}\\ \rho_{\varepsilon2}=\psi_2\rho_{\xi2}\end{cases}\tag{3.38}$$

其中，β_i和ψ_i均大于0（$i=1, 2$），$\rho_{\xi1}$代表个人投资者的理性情绪，且$\rho_{\xi1}\sim N(\rho^*_{\xi1}, \sigma^2_{\rho_{\xi1}})$；$\rho_{\varepsilon1}$代表个人非理性投资者情绪，且$\rho_{\varepsilon1}\sim N(\rho^*_{\varepsilon1}, \sigma^2_{\rho_{\varepsilon1}})$；$\rho_{\xi2}$代表机构投资者理性情绪，且$\rho_{\xi2}\sim N(\rho^*_{\xi2}, \sigma^2_{\rho_{\xi2}})$；$\rho_{\varepsilon2}$代表机构非理性投资者情绪，且$\rho_{\varepsilon2}\sim N(\rho^*_{\varepsilon2}, \sigma^2_{\rho_{\varepsilon2}})$。

以上假设说明，由于噪声交易者群体中包含了λ_n比例的个人和$1-\lambda_n$比例的机构，因此整体的ρ_ε有λ_n占比的情绪为$\rho_{\varepsilon1}$，$1-\lambda_n$占比为$\rho_{\varepsilon2}$；假设市场上理性交易者整体的情绪ρ_ξ有λ_n的比例为$\rho_{\xi1}$，$1-\lambda_n$的占比为$\rho_{\xi2}$，那么投资者情绪的整体平均水平ρ^*和方差σ^2_ρ可以表示为：

$$\begin{aligned}\rho^* &= E(\rho)\\ &= E((1-\varphi)\lambda_s\rho_{\xi1}+(1-\varphi)(1-\lambda_s)\rho_{\xi2}+\varphi\lambda_n\rho_{\varepsilon1}+\varphi(1-\lambda_n)\rho_{\varepsilon2})\\ &= (1-\varphi)\lambda_s\rho^*_{\xi1}+(1-\varphi)(1-\lambda_s)\rho^*_{\xi2}+\varphi\lambda_n\rho^*_{\varepsilon1}+\varphi(1-\lambda_n)\rho^*_{\varepsilon2}\end{aligned} \tag{3.39}$$

$$\begin{aligned}\sigma^2_\rho &= E(\rho-E(\rho))^2\\ &= [(1-\varphi)\lambda_s]^2\sigma^2_{\rho_{\xi1}}+\\ &\quad [(1-\varphi)(1-\lambda_s)]^2\sigma_{\rho_{\xi2}}+[(1-\varphi)\lambda_n]^2\sigma^2_{\rho_{\varepsilon1}}+\\ &\quad [(1-\varphi)(1-\lambda_n)]^2\sigma^2_{\rho_{\varepsilon2}}+2\lambda_s(1-\lambda_s)(1-\varphi)^2\mathrm{Corr}(\rho_{\xi1}, \rho_{\xi2})\sigma_{\rho_{\xi1}}\sigma_{\rho_{\xi2}}+\\ &\quad 2(1-\varphi)^2\lambda_s\lambda_n\mathrm{Corr}(\rho_{\xi1}, \rho_{\varepsilon2})\sigma^2_{\rho_{\xi1}}\sigma^2_{\rho_{\varepsilon1}}+\\ &\quad 2(1-\varphi)^2\lambda_s(1-\lambda_n)\mathrm{Corr}(\rho_{\xi1}, \rho_{\varepsilon2})\sigma_{\rho_{\xi1}}\sigma_{\rho_{\varepsilon2}}+\\ &\quad 2(1-\varphi)^2(1-\lambda_s)\lambda_n\mathrm{Corr}(\rho_{\xi2}, \rho_{\varepsilon1})\sigma_{\rho_{\xi2}}\sigma_{\rho_{\varepsilon1}}+\\ &\quad (1-\varphi)^2(1-\lambda_s)(1-\lambda_n)\mathrm{Corr}(\rho_{\xi2}, \rho_{\varepsilon2})\sigma_{\rho_{\xi2}}\sigma_{\rho_{\varepsilon2}}+\\ &\quad (1-\varphi)^2\lambda_n(1-\lambda_n)\mathrm{Corr}(\rho_{\varepsilon1}, \rho_{\varepsilon2})\sigma_{\rho_{\varepsilon1}}\sigma_{\rho_{\varepsilon2}}\end{aligned} \tag{3.40}$$

式（3.40）中ρ为整体投资者情绪水平，$\rho^*_{\xi1}$和$\rho^*_{\xi2}$分别为个人和机构投资者的理性情绪的期望值，$\rho^*_{\varepsilon1}$和$\rho^*_{\varepsilon2}$分别为个人和机构投资者的非理性情绪的期望值，理性投资者占比为$1-\varphi$，$\sigma^2_{\rho_{\xi1}}$和$\sigma^2_{\rho_{\xi2}}$分别为个人和机构投资者的理性情绪的方差，$\sigma^2_{\rho_{\varepsilon1}}$和$\sigma^2_{\rho_{\varepsilon2}}$分别为个人和机构投资者的非理性情绪的方差。$\mathrm{Corr}(\rho_{\xi_i}, \rho_{\varepsilon_i})$（$i=1, 2$）分别代表个人（机构）的理性情绪和个人（机构）的非理性情绪间的相关系数。当个人和机构投资者的理性（非理性）情绪正相关时，即$\mathrm{Corr}(\rho_{\xi i}, \rho_{\varepsilon i})>0$，（$i=1, 2$）；此时投资者整体理性（非理性）情绪的方差会增加。反之，当个人和机构投资者理性（非理性）情绪负相关时，Corr

$(\rho_{\xi i},\ \rho_{\varepsilon i})<0$。此时投资者情绪整体的理性（非理性）情绪的方差会减小。考虑极端情况，即 Corr（$\rho_{\xi i}$，$\rho_{\varepsilon i}$）达到最大值或最小值的情况，分别是在个人、机构情绪相关系数为 1 和-1 的情况。当个人和机构投资者情绪相关系数为-1 时，市场整体情绪的方差能够达到最小值。

DSSW 模型中假设噪声交易者对未来市场资本价格的预期是符合随机游走的。但是，在我国股票市场上，投资者大多会根据历史市场信息做出相应的投资决策，这些历史信息会影响情绪的水平。进一步假设当期投资者情绪可能会受到前期投资者情绪的影响。在后面的分析中假设投资者情绪是服从一阶自回归过程的：

$$\rho_{\xi i,t}=\delta_{0i}+\delta_{1i}\rho_{\xi i,t-1} \tag{3.41}$$

$$\rho_{\varepsilon i,t}=\eta_{0i}+\eta_{1i}\rho_{\varepsilon i,t-1} \tag{3.42}$$

式中，$\rho_{\xi i,t}$和$\rho_{\varepsilon i,t}$分别代表个人（机构）的理性情绪和个人（机构）的非理性情绪，δ_{0i}、δ_{1i}、η_{0i}和η_{1i}为回归参数（$i=1$，2）。

3.4.2 DSSW 模型分析

假设每一个投资者的效用函数为式（3.1），且投资者期望效用最大值等同于式（3.2），假设理性投资者在构建投资组合时，所持有的股指现货和股指期货比例分别为ω_S和ω_F，其目标是使均值方差期望目标效用函数能够达到最大化，具体可以表示为：

$$\begin{aligned}E(U^r)&=E(R^r)-RC(R^r)\\&=\omega_S^r\mu_S+\omega_F^r\mu_F-\gamma\left[(\omega_S^r)^2\sigma_S^2+(\omega_F^r)^2\sigma_F^2+\right.\\&\quad\left.2\omega_S^r\omega_F^r\sigma_S\sigma_F\mathrm{Corr}(r_S,\ r_F)\right]+(\omega_S^r+\omega_F^r)\rho_\xi\end{aligned} \tag{3.43}$$

其中，ω_S^r和ω_F^r分别是理性投资者持有股指现货与股指期货的比例，σ_S^2和σ_F^2分别为股指现货与股指期货的收益率的波动率，μ_S是股指现货价格收益率的期望值，μ_F是股指期货价格收益率的期望值，Corr（r_S，r_F）为股指现货与股指期货收益率间的相关系数。（$\omega_S+\omega_F$）ρ_ξ表示理性投资者由于其理性情绪通过持有其所需求的风险资产所带来的收益。这里与 3.3 节的分析类似，投资者对于风险资产的持有包括股指现货和股指期货，还有无风险资产。而区别在于，3.3 节分析投资者情绪对股指期货、现货市场收益率，波动率的影响时，没有将投资者情绪进行分解。在 3.4 节中，我们对投资者情绪进行分解，即分成个人/机构的理性（非理性）情绪。对于非理性投资者而言，他们的均值方差期望目标效用函数为：

$$\begin{aligned}E(U^n) &= E(R^n) - RC(R^n)\\ &= \omega_S^n\mu_S + \omega_F^n\mu_F - \gamma\left[(\omega_S^n)^2\sigma_S^2 + (\omega_F^n)^2\sigma_F^2 + 2\omega_S^n\omega_F^n\sigma_S\sigma_F\mathrm{Corr}(r_S, r_F)\right] + (\omega_S^n + \omega_F^n)\rho_\varepsilon\end{aligned} \tag{3.44}$$

其中，

$$\begin{cases}\rho_\xi = \varphi\lambda_s\rho_{\xi1} + \varphi(1-\lambda_s)\rho_{\xi2}\\ \rho_\varepsilon = (1-\varphi)\lambda_n\rho_{\varepsilon1} + (1-\varphi)(1-\lambda_n)\rho_{\varepsilon2}\end{cases} \tag{3.45}$$

式中，ω_S^n和ω_F^n分别是噪声交易者持有股指现货与股指期货的比例，其余参数与式（3.43）中的含义相同。通过比较式（3.43）和式（3.44），可以发现他们唯一的区别在于最后一项，可以用这一项来分别表示理性投资者和噪声交易者根据其持有其所需求的风险资产由于情绪变动所带来的收益。式中φ为噪声交易者所占比例，λ_s为理性投资者中个人投资者占比，λ_n为噪声交易者中个人投资者占比。$\rho_{\xi1}$和$\rho_{\xi2}$分别代表个人和机构投资者的理性情绪，$\rho_{\varepsilon1}$和$\rho_{\varepsilon2}$分别代表个人和机构投资者的非理性投资者情绪。通过公式（3.45）也容易发现，个人、机构投资者的理性投资者所占比例决定了投资者情绪对风险收益变化的影响。根据投资者效用最大化原则和式（3.43）、式（3.44）的一阶导数条件，可以求出理性投资者和噪声交易者对两种风险资产的需求函数：

$$\begin{cases}\omega_S^r = \dfrac{\mu_F\sigma_S\mathrm{Corr}(r_S, r_F) - \mu_S\sigma_F}{2\gamma\sigma_F\sigma_S^2(\mathrm{Corr}^2(r_S, r_F) - 1)} + \dfrac{\sigma_S\mathrm{Corr}(r_S, r_F) - \sigma_F}{2\gamma\sigma_F\sigma_S^2(\mathrm{Corr}^2(r_S, r_F) - 1)}\rho_\xi\\ \omega_F^r = \dfrac{\mu_S\sigma_F\mathrm{Corr}(r_S, r_F) - \mu_F\sigma_S}{2\gamma\sigma_S\sigma_F^2(\mathrm{Corr}^2(r_S, r_F) - 1)} + \dfrac{\sigma_F\mathrm{Corr}(r_S, r_F) - \sigma_S}{2\gamma\sigma_S\sigma_F^2(\mathrm{Corr}^2(r_S, r_F) - 1)}\rho_\xi\end{cases} \tag{3.46}$$

$$\begin{cases}\omega_S^n = \dfrac{\mu_F\sigma_S\mathrm{Corr}(r_S, r_F) - \mu_S\sigma_F}{2\gamma\sigma_F\sigma_S^2(\mathrm{Corr}^2(r_S, r_F) - 1)} + \dfrac{\sigma_S\mathrm{Corr}(r_S, r_F) - \sigma_F}{2\gamma\sigma_F\sigma_S^2(\mathrm{Corr}^2(r_S, r_F) - 1)}\rho_\varepsilon\\ \omega_F^n = \dfrac{\mu_S\sigma_F\mathrm{Corr}(r_S, r_F) - \mu_F\sigma_S}{2\gamma\sigma_S\sigma_F^2(\mathrm{Corr}^2(r_S, r_F) - 1)} + \dfrac{\sigma_F\mathrm{Corr}(r_S, r_F) - \sigma_S}{2\gamma\sigma_S\sigma_F^2(\mathrm{Corr}^2(r_S, r_F) - 1)}\rho_\varepsilon\end{cases} \tag{3.47}$$

其中，

$$\begin{cases}\rho_\xi = \varphi\lambda_s\rho_{\xi1} + \varphi(1-\lambda_s)\rho_{\xi2}\\ \rho_\varepsilon = (1-\varphi)\lambda_n\rho_{\varepsilon1} + (1-\varphi)(1-\lambda_n)\rho_{\varepsilon2}\end{cases} \tag{3.48}$$

其中，ω_S^r和ω_F^r分别是理性投资者持有股指现货与股指期货的比例，ω_S^n和ω_F^n分别是噪声交易者持有股指现货与股指期货的比例，μ_S是股指现货价格收益率的期望值，μ_F是股指期货价格收益率的期望值，σ_S和σ_F分别为股指现货与股指期货的收益率的标准差，ρ_ξ和ρ_ε分别是理性投资者和噪声交易者的情绪。φ

为噪声交易者所占比例，λ_s为理性投资者中个人投资者占比，λ_n为噪声交易者中个人投资者占比。$\rho_{\xi1}$和$\rho_{\xi2}$分别代表个人和机构投资者的理性情绪，$\rho_{\varepsilon1}$和$\rho_{\varepsilon2}$分别代表个人和机构的非理性投资者情绪，Corr（r_S，r_F）为股指现货与股指期货收益率间的相关系数。从两组需求函数可以看出，投资者对风险资产的需求与风险资产的波动率、情绪及期货、现货之间的相关系数都有关系。通常情况下，股指现货与股指期货收益率间的相关系数是正的，大于零且小于1。当$\sigma_F \mathrm{Corr}(r_S, r_F)<\sigma_S<\sigma_F/\rho$时，投资者对股指期货、现货的需求随情绪的增加而增加，随情绪的降低而减少。根据式（3.20），市场情绪由非理性情绪和理性情绪组成，当理性情绪增加时，理性投资者对风险资产的需求增加，那么非理性受前一期理性情绪的影响，对风险资产需求的增加幅度低于理性投资者，具体与股指期货、现货市场波动率、相关性及噪声交易者占比均有关系。当$\sigma_S>\sigma_F/\rho$时，即极端情况出现，现货市场波动高于期货市场波动时，理性情绪增加，会增加期货资产需求，减少现货资产持有，因为现货资产具有较高的风险。而非理性情绪受前一期理性情绪影响，对现货资产持有数量减少程度低，甚至会增加现货资产需求。当$\sigma_S<\sigma_F \mathrm{Corr}(r_S, r_F)$时，即极端情况出现，期货市场波动大幅高于现货市场波动时，理性投资者会减少期货资产需求，增加现货资产持有。而非理性投资者则对期货资产持有数量减少程度低，甚至会增加期货资产需求。从理性投资者与噪声交易者的需求函数可以看出，他们之间存在较大的差异，而具体表现在ρ_ε与ρ_ξ的变动方向和期货、现货市场波动率，以及相关性的不同。当噪声交易者比理性投资者对未来行情的预期波动幅度较大时，即$|\Delta\rho_\varepsilon|>|\Delta\rho_\xi|$，前者会比后者购买更多的风险资产，并且两种风险资产中，非理性投资者对波动率较高的风险资产的需求更大。

当考虑个人、机构投资者的理性情绪和非理性情绪时，假设理性投资者占比为$1-\varphi$，并且理性投资者包含了个人和机构两类，其中机构占比为$1-\lambda_s$；而对于噪声交易者而言，其中机构所占比例为$1-\lambda_n$。所假定的比例参数（φ，λ_s和λ_n）决定了ρ_ε与ρ_ξ的大小。在计算风险资产的均衡价格时，与前面的假设相同，即处于第一期的两类投资者对股指期货与现货市场的需求加起来刚好和为1。由式（3.46）和式（3.47）可得：

$$(1-\varphi)(\omega_F^r+\omega_S^r)+\varphi(\omega_F^n+\omega_S^n)=1 \tag{3.49}$$

其中，ω_S^r和ω_F^r分别是理性投资者持有股指现货与股指期货的比例，ω_S^n和ω_F^n分别是噪声交易者持有股指现货与股指期货的比例，φ为噪声交易者占比。由于我们是对DSSW模型进行拓展分析，在前面的假设中我们假设投资者可以投资市场中两种风险资产，因此式（3.47）中需要估计两个参数，即μ_S和μ_F。

因此只有式（3.49）不能估计这两个参数，还需找到μ_S和μ_F之间的关系。由于期货与现货之间存在协整关系，为简便计算，假设股指现货与股指期货价格之间的协整关系如下：

$$F_t=\delta S_t \tag{3.50}$$

其中，F_t为股指期货价格，S_t为股指现货价格。δ 为常数，为期货市场与现货市场间的协整系数。根据式（3.47）、式（3.25）和式（3.26）可以得出：

$$\mu_F-r=(\mu_S-r)\delta \tag{3.51}$$

其中，μ_S和μ_F分别是股指现货与股指期货的期望收益率，r 是无风险利率。由式（3.46），（3.47）和（3.50）式可得：

$$\begin{cases}\mu_S=\dfrac{r(1-\delta)\sigma_S^2+2\gamma\sigma_F^2\sigma_S^2(\mathrm{Corr}^2(r_S,r_F)-1)+(\sigma_F^2+\sigma_S^2)(\varphi\rho_\varepsilon+(1-\varphi)\rho_\xi)}{(1+\delta)\sigma_S\sigma_F\mathrm{Corr}(r_S,r_F)-\delta\sigma_S^2-\sigma_F^2}\\ \mu_F=\mu_S\delta+r(1-\delta)\end{cases} \tag{3.52}$$

其中，

$$\begin{cases}\rho_\xi=\varphi\lambda_s\rho_{\xi1}+\varphi(1-\lambda_s)\rho_{\xi2}\\ \rho_\varepsilon=(1-\varphi)\lambda_n\rho_{\varepsilon1}+(1-\varphi)(1-\lambda_n)\rho_{\varepsilon2}\end{cases} \tag{3.53}$$

其中，$\mathrm{Corr}(r_S,r_F)$ 为股指现货与股指期货收益率间的相关系数，r 是无风险利率，μ_S和μ_F分别是股指现货与股指期货的期望收益率，σ_S^2和σ_F^2分别为股指现货与股指期货的收益率的波动率，δ 为期货市场与现货市场间的协整系数，ρ_ε和ρ_ξ分别是噪声交易者和理性投资者的情绪。φ 为噪声交易者所占比例，r 是无风险利率，λ_s为理性投资者中个人投资者占比，λ_n为噪声交易者中个人投资者占比。$\rho_{\xi1}$和$\rho_{\xi2}$分别代表个人和机构投资者的理性情绪，$\rho_{\varepsilon1}$和$\rho_{\varepsilon2}$分别代表个人和机构投资者的非理性情绪。从式中可以看出只有投资者情绪ρ_ε和ρ_ξ是变量，所以股指期货、现货市场波动率（σ_F^2和σ_S^2）与理性投资者和噪声交易者情绪的波动率（$\sigma_{\rho_\xi}^2$和$\sigma_{\rho_\varepsilon}^2$）间的关系如下：

$$\sigma_F^2=\delta^2\sigma_S^2=\frac{\varphi^2\sigma_{\rho_\varepsilon}^2+(1-\varphi)^2\sigma_{\rho_\xi}^2}{(1+r)^2} \tag{3.54}$$

这样，式（3.54）就是一个只包含投资者情绪的参数，我们很容易从表达式中看出投资者情绪对风险资产收益率的影响，其中期货市场的相关性以及期货市场与现货市场的波动率均会改变这种影响程度。ρ_ε与ρ_ξ前的系数为期货、现货市场的波动率之和，因此是大于 0 的。而从实际数据来看，$\mathrm{Corr}(r_S,r_F)$要小于 1，并且假设 δ 理论上等于 1，式（3.52）第一个式子分母$(1+\delta)\sigma_S\sigma_F\mathrm{Corr}(r_S,r_F)-\delta\sigma_S^2-\sigma_F^2$是不大于 0 的。因此，期货、现货市场预期收益率与投资者情绪（理性或非理性）成反比，反之，期货、现货市场收益率与投资者情绪（理性或非理性）成正比。从理论层面来看，乐观的投资者情绪与市场当期收益率成正比，悲观投资者情绪与当期收益率成反比，这与理论上情绪与预期收益率成反比的结论是吻合的。这里不仅要注意投资者情绪对收益率的影响，还要考虑其对风险资产波动率的影响，由式（3.52），可以得到：

$$\begin{cases} |\Delta\mu_S| = \dfrac{2\delta\,(\varphi|\Delta\rho_\varepsilon| + (1-\varphi)\,|\Delta\rho_\xi|)}{(1+\delta)\,(1-\mathrm{Corr}\,(r_S,\ r_F)\,)} \\ |\Delta\mu_F| = \dfrac{2\delta^2\,(\varphi|\Delta\rho_\varepsilon| + (1-\varphi)\,|\Delta\rho_\xi|)}{(1+\delta)\,(1-\mathrm{Corr}\,(r_S,\ r_F)\,)} \end{cases} \tag{3.55}$$

其中，

$$\begin{cases} \rho_\xi = \varphi\lambda_s\rho_{\xi1} + \varphi\,(1-\lambda_s)\,\rho_{\xi2} \\ \rho_\varepsilon = (1-\varphi)\,\lambda_n\rho_{\varepsilon1} + (1-\varphi)\,(1-\lambda_n)\,\rho_{\varepsilon2} \end{cases} \tag{3.56}$$

其中，$|\Delta\rho_\varepsilon|$和$|\Delta\rho_\xi|$分别代表噪声交易者和理性投资者根据未来的行情预期产生的情绪波动，$|\Delta\mu_S|$和$|\Delta\mu_F|$分别是风险资产（股指现货与股指期货）收益率的波动率，Corr（r_S，r_F）为股指现货与股指期货收益率间的相关系数，r是无风险利率，δ为期货市场与现货市场间的协整系数，φ为噪声交易者占比，λ_s为理性投资者中个人投资者占比，λ_n为噪声交易者中个人投资者占比。$\rho_{\xi1}$和$\rho_{\xi2}$分别代表个人和机构投资者的理性情绪，$\rho_{\varepsilon1}$和$\rho_{\varepsilon2}$分别代表个人和机构投资者的非理性情绪。由式（3.55）可以类似得出，由于$\varphi>0$且$\delta>1$，期货、现货市场波动率与投资者情绪（理性或非理性）成正比，反之，期货、现货市场波动率与投资者情绪（理性或非理性）成反比。而从实际数据来看，Corr(r_S，r_F)要小于1，因此（1+δ）（1−Corr（r_S，r_F））>0。因此从理论层面上，我们证明了投资者情绪对股指期货、现货收益率与波动率存在正向影响，在接下来的实证过程中也会反复验证这个结论。投资者情绪对期货、现货市场的收益率和波动率与理性投资者与噪声交易者的情绪均有关，并且情绪作用与市场上理性投资者比例也是成正比的。同时ρ_ε与ρ_ξ的构成中的参数φ，λ_s和λ_n决定了情绪对波动率的影响程度。另一方面，期货市场的波动率也与协整系数有关。因此，虽然情绪对风险资产波动率的影响是同向的，但影响幅度却不一致，这取决于协整系数的动态变化，因而动态相关系数也会随情绪的变化而改变。因此动态套期保值比率：$h_t^* = \mathrm{Corr}(r_S,\ r_F)\,|\Delta u_S| / |\Delta u_F|$，随情绪变化而变化，从套期保值比率构成来看，投资者情绪不仅会影响期货、现货市场的相关性，也会影响期货、现货市场的波动率。当考虑了机构、个人投资者的理性情绪（非理性情绪）后，最优套期保值比率也会受到机构、

个人投资者情绪的不同影响，在后文也会给出相应的实证分析。

3.5 小结

本章从投资者情绪的定义、度量及基于投资者情绪的资本资产定价理论出发，分析投资者情绪对资本市场价格影响的三个理论框架，即心理账户理论、噪声交易理论和封闭式基金折价理论，其中以噪声交易理论最为经典。本章的核心是基于噪声交易理论中的 DSSW 模型，在以往学者分析投资者情绪对资产价格影响的基础上，首先对 DSSW 模型加以拓展并分析投资者情绪对股指期货、股指现货市场的收益率、波动率及动态相关系数产生的影响，根据投资者情绪对股指现货、期货市场波动率及相关性的影响，结合套期保值比率的计算公式可以看出投资者情绪会影响股指期货的套期保值最优比率与效率。此外，还将投资者群体分为机构与个人，并利用套期保值模型分别解释不同类型的情绪（理性/非理性）对股指期货套期保值效率的不同作用。从理论模型推导的角度也验证了以往学者在研究投资者情绪对资本市场收益率、波动率影响存在方向上的差异，同时也为后文投资者情绪对套期保值效率影响的实证结果提供实践支持和理论依据。

4 投资者情绪指标体系与投资者情绪指数构建

在第 3 章已经通过理论推导证明了投资者情绪对套期保值最优比率会产生影响，在本章中会结合实证分析全面分析情绪对股指期货、现货市场，以及套期保值效率的影响，并进一步探索情绪能否成为改进套期保值模型的因素。在实证研究过程中需要对投资者情绪指数加以衡量，本章我们首先总结了投资者情绪的直接指标和间接指标，但在实证过程中往往需要采用合成的指数表示整体市场情绪。因此总结了投资者情绪指数合成的两种方法，分别是主成分分析法和偏最小二乘回归法，并进行稳健性分析，目的是使后续章节的实证分析结果更加准确和稳健。

4.1 投资者情绪指标体系及其特征

4.1.1 投资者情绪的度量

从行为金融学角度研究我国资本市场的现象及产生原因，核心是如何以定量的方式合理、精确衡量投资者情绪，国内外学者始终致力于此。现有文献中普遍使用单一指标或多种指标合成后的指数，对于情绪指数的构建，可以依据源指标是在直接获取还是间接获取后合成进行归类，即分为直接、间接的或其他特殊的投资者情绪指数。通过对现有指标及度量方法的比较，做出以下总结。

单一与多种指标合成后的综合情绪指数的区别在于：是用单一的变量来衡量投资者情绪，还是由多个单独的源指标通过一定的方法合成得到。根据投资者情绪指标获取的渠道可以将数据分为基于市场调查得到的数据和根据市场交易情况得到的数据。投资者情绪单一的源指标通常用情绪的代理变量来表示。一般设置调查问卷，问卷中包括对市场行情走势或是基本面相关信息的预期，然后让投资者回答相关问题，根据答案的选项统计出投资者对未来市场的预期。因此问卷提问的过程中，投资者对答案的选择是具有主观性的。而基于市场交易数据的投资者情绪往往是将资本市场公开的实际交易数据（Wind数据库里获取）作为投资者情绪源指标，这种方式下得到的数据是较为客观的。另一方面，考虑到测算方式的不同，投资者情绪指标也可以分类为：通过调查方式获取的投资者情绪指标，称为直接指标；利用资本市场交易得到的二手数据，称为间接投资者情绪指标；除此之外，还有一些其他方式获取的特殊情绪指标。下面根据以上分类依次对其给予详细的说明。

（1）直接投资者情绪指标。通过对投资者进行问卷形式的提问，在问卷里设定有关对未来市场走势、行情预期的选项，根据对选项的统计而获取直接指标。通常情况下，问卷选项可分成三类态度：看涨、看跌和看平。根据被调查者所选取的选项进行相应的统计分析，得到对市场态度的三种比率（看涨、看跌或看平）来表示情绪是乐观、悲观还是中性的。考虑到投资者群体的不同，调查投资者情绪时也可以按照市场的投资者结构区别开来，如分成机构、个人投资者直接情绪指标的调查等。一般地，所使用的研究变量通常是反映市场整体的情况，即不区分机构或个人投资者群体。

国外所使用的投资者情绪指标比国内成熟，他们用专门调查得到的指标来表示，并且对个人、机构的情绪都给予了详细的区分。比如，投资者智能指数（Investor Intelligent）是根据对专业投资人士的调查结果而计算出来的，通过考察他们未来一段时期内对市场的看涨、看跌或看平的观点来刻画，我们可以用它作为机构的投资者情绪直接进行研究。再如美国个人投资者协会指数（American Assosiation Individual Investor，AAII），也是通过问卷调查的形式收集协会会员对未来六个月股市的看法而计算得到的，能够直接用于个人情绪对市场影响的相关研究。

友好指数（Bullish Consensus）是根据一些专业的投资机构、期货公司等部门搜集到的关于股票交易的资料，计算看好或看淡的情绪的比例。指数数值在0%到100%之间，当好友指数为50%时，则表明看好和看淡的人数参半，如果出现极端情况，即在10%以下或在90%以上时，那么投资者要注意股市可能要出现转向。

此外，密歇根消费者信心指数（Michigan Consumer Sentiment Index，MICS）是为了研究消费需求对经济周期的影响，对500至600名成年人进行问卷调查，并对原始问卷选项中的“肯定”或“否定”计数，通过计算平均值得到经过季节调整后的消费者信心指数、现况指数和预期指数。它能够直接反映市场的整体情绪。

为了区分机构、个人投资者情绪，我国也有相应的通过直接调查手段得到的情绪指标，如央视看盘指数（CCTVBSI）。还有反映市场整体情绪的直接调查指标，即中国消费者信心指数，其中央视看盘指数和中证报指数是通过对专业机构的询问和调查得到的指数。还有耶鲁-CCER投资者信心指数，也是类似地通过分析投资者对未来市场走势、行情以及投资回报的看法，并根据统计学等手段得到情绪指标。耶鲁-CCER投资者信心指数虽与国际进行了接轨，但仍然存在一些缺陷，例如，问卷调查投资者看法时，会受到调查范围的约束，比如调查时间不充分、调查的目标投资者有限、调查地域的局限等。

然而，投资者情绪通过调查的方式来获取本身会有很多局限性，准确性也无法得到保证，原因如下：随着市场形势的不断变化，不同投资者对未来的预期有着不同的看法，在选择看涨、看跌时难免会被错误的信息干扰，或出现自身判断不准确的情况。所以，通过调查方式得到的投资者情绪指标可能是有偏误的，而直接使用交易数据会比通过调查得到的数据更有优势，因为市场上的直接变量能够从噪声交易和投资者行为偏差中得以体现，是情绪对市场作用后的客观结果。因此，运用这些交易变量比调查数据更能够客观地反映市场的投资者情绪。直接投资者情绪指标汇总如表4.1所示。

表4.1　直接投资者情绪指标汇总

具体指标	来源渠道	计算方式
美国个体投资者协会指数（AAII）	问卷调查	S=看涨/看跌
友好指数	搜集观点	S=看淡/看好
投资者智能指数（Investor Intelligent）	收集看涨—看跌观点	S=看涨/看跌
密歇根消费者信心指数（ICS）	问卷调查	季节调整后的消费者信心、现况指数和预期指数的加权平均
央视看盘指数（CCTVBSI）	问卷调查	证券公司对后市的看涨人数/总人数
中证报指数（BSI）	问卷调查	咨询机构对后市的看涨人数/总人数
耶鲁-CCER投资者信心指数	态度调查	投资者对中国未来投资前景的态度，然后定量计算

（2）间接投资者情绪指标。间接投资者情绪指标是指市场上用交易数据作为该指标的代理变量。由于反映交易信息的代理变量有多个，间接投资者情绪指标也可以分为单一性源指标和合成投资者情绪指标。我们既可以使用

单一的投资者情绪指标来衡量，也可以通过定量方法将多个间接源指标合成一个情绪指数。根据以往学者的归纳和总结，常见的间接投资者情绪指标有以下几种，如表 4.2 所示。

表 4.2　间接投资者情绪指标汇总（基于资本市场交易数据）

指标名称	计算方法
心理线指标（PSY）	（N 日内上涨天数/N）×100
封闭式基金折溢价率	（基金净值-基金价格）/基金净值
PE	沪深 300 总市值/总利润
股票或期货市场成交量	成交额或成交量
股指期货、现货的持仓量	（第 t 周的净持仓-历史最低净持仓）/（历史最高净持仓-历史最低净持仓）×100
共同基金净赎回率	（赎回份额-申购份额）/总份额
共同基金净买量	申购量-赎回量
主买率	主动买入额与主动卖出额之差/总交易额
iVIX 指标	上证 50ETF 所有期权序列隐含波动率的加权指数
IPO 发行数量	IPO 发行数量
IPO 首日收益	IPO 上市首日收益
A 股账户新增开户数	一定时期 A 股账户新增开户数
市场换手率	转手买卖的频率
融资买入比例	融资余额/全市场成交额

心理线（psychological line）。心理线指标描述了投资者对股市涨跌所产生的心理波动，数值一般在 0 到 100 之间，具体的算法为：$PSY=$（N 日内上涨天数/N）×100。通常情况下，PSY 在 25~75 是比较常见的，当指标在 25~75 时，投资者们不会出现过度乐观或悲观的情形。当 PSY 线值为 50 时，说明市场多空双方处于平衡状态，而当 PSY 值超过 90 或小于 10 时，则表明出现了极端的超买超卖情况，投资者需要注意股市的短期走势。

封闭式基金折溢价率（closed-end fund discount premium rate）。这是学者

们对资本市场进行相关研究时最常用、最合适的代理变量之一。根据 Wind 上公布的封闭式基金的相关数据，通过其折、溢价程度来判断投资者情绪的高涨或悲观，最后使用加权平均算法得到封闭式基金折溢价率。当封闭式基金折溢价率上升时，则交易者对未来看法比较悲观；反之，当折溢价率下降时，则交易者对后市（指今天以后的市场情况）保持积极乐观的心态。由此可见，情绪能够从对封闭式基金的交易过程中得以体现，而折溢价率也能够随着投资者对封闭式基金或者其他金融资产（股票指数或股指期货）行情预期的改变而改变。因此，封闭式基金折溢价率作为源指标得到了大多数学者认可。考虑到一个交易日内会有多个封闭式基金，不同的基金的折溢价率也不相同，因此应采用加权封闭式基金折溢价率作为 *prem* 指标，具体计算方式为：$prem_t = \sum_{i=1}^{n_t} w_i prem_{it}$。其中，$prem_{it}$代表 t 交易日第 i 个封闭式基金的折溢价率，$prem_i$ 为 t 交易日加权封闭式基金折溢价率，$w_i = NAV_{it} / \sum_{i=1}^{n_t} NAV_{it}$ 是每个封闭式基金的权重，NAV_{it}是 t 交易日第 i 个封闭式基金的净值。

市场换手率（turnover rate in stock market）。市场换手率是指在一定时间内市场股票转手的频率，换手率的比值越高，换手率越大，股票市场交易越活跃，投资者情绪越高涨；反之，如果交易量低，则投资者对后市处于观望态度，投资者情绪越悲观。市场换手率=（A 股市场成交量/发行总股数）×100%，换手率指标反映了市场上的交易活跃度。

共同基金净赎回率/净买率（mutual fund redemption rate/net purchase rate）：通过对共同基金的赎回量除以总份额的计算，可以得到赎回率，而净买率是依据投资者对共同基金的买入量计算得出的。当投资者对未来的预期向好，情绪也有所上涨时，对共同基金的买入量就会增加，同时减少赎回量。反之，投资者情绪悲观时，投资者对共同基金的赎回率则增加，同时净买率会下降。

市盈率（stock price/earnings ratio），又称为“股本收益比率”或“本益比”，其计算公式为股票价格/每股收益。这里我们使用沪深 300 平均市盈率作为投资者情绪指标之一，并使用总股本加权法加权得出，即以股票的总股本作为权重，对沪深 300 指数里的每只股票的市盈率加总计算。

主买率（active buy rate），指用主动买入金额与主动卖出金额之差除以总交易额，其中主动买入金额指主动性买盘的成交额，而主动卖出额指主动性卖盘的成交额。考虑到主买与主卖属于 tick 数据，具有难获取性的特点，所以使用沪深 300 板块的净流入金额作为主动买入金额与主动卖出金额之差的代理变量。

IPO 数量及首日收益（number and initial return of IPOs）。IPO 数量和首日收益能够衡量投资者情绪是依据投资者的经验判断的。IPO 公司会选择在股票市场行情较好的时候发行，这个时候投资者情绪也处于积极、乐观、高涨的状态。而当股票市场处于熊市时，投资者情绪会随之低落，此时 IPO 的发行数量和首日收益也会下降。从这个角度来看，首次公开发行 IPO 的数量和首日收益就可以用来度量投资者情绪。

A 股账户新增开户数（number of new account openings in A - share accounts）。该指标能够反映投资者对股票市场的投机程度和预期。当对后市行情看好使得情绪高涨时，投资者就会增加投机行为。反之，投资者会因看法悲观而降低投机行为。因此投资者情绪可以用 A 股账户净增加数（或占比）来表示。考虑到 2015 年 4 月放松了“一人一户的限制”，在 2015 年 4 月前使用新增开户数作为投资者情绪指标，而在 2015 年 4 月后使用新增投资者数量替代，两者在不同的政策下含义是相同的。新增开户数为周数据，这里使用周数据填充的方式得到日新增开户数。

股票（期货）市场成交量（total volume of stock and stock futures market）。成交量能够体现投资者对市场的参与的活跃度，也能从交易量的大小观察出投资者对股票、期货市场的预期。当投资者情绪表现为乐观时，会增加对股票、期货的购买，成交量往往增加。反之，当投资者情绪表现为悲观时，股票、期货市场的成交量也会随之下降。该指标可在 wind 数据库中直接下载，并对各个合约的成交量进行加权。

融资买入比例（margin trade rate）。考虑到融资融券交易对投资者情绪的影响，融资交易的杠杆效应能够带来乐观情绪，这里使用融资所占的比例作为投资者情绪指标之一，融资所占比例的计算方法为：融资交易额/总交易额；融券所占比例的计算方法为：融券交易额/总交易额。考虑到融资数量的数量级远大于融券数量，可以使用融资余额占全市场成交额的比例作为投资者情绪代理变量。

股指期货、现货的持仓量（open interest）。持仓量与成交量都是市场上非常重要的投资者情绪指标，持仓量的指标在 0 到 100 之间变动，持仓量的计算方法是：（第 t 周的净持仓-历史最低净持仓）/（历史最高净持仓-历史最低净持仓）×100。其中，持仓量等于 0 代表投资者情绪最低，持仓量等于 100 表示投资者情绪最乐观。

指数期权隐含波动率加权平均（Implied Volatility of Options，VIX 指数）。VIX 指数由 CBOE（芝加哥期权交易所）在 1993 年推出，又称为“恐慌指数”。该指标越高，表示市场投资者对后市有更大的看空预期，波动率的增加意味着市场上存在风险；相反地，如果 VIX 越低，则投资者会缓解恐慌心理。其计算方法是选取标的 S & P500 看涨期权及看跌期权所有序列的隐含波动率加权平均。已有学者证明 VIX 指数能够影响有色金属期货价格和黄金期货价格（郭宁，2011；张江涛，2016）。由于所研究的是中国投资者情绪，因此采用 2015 年 2 月刚上市的上证 50ETF 所有期权序列计算中国波指（iVIX）。具体计算方法详见附录 C。本书所采用的 iVIX 数据基于期权价格进行计算，是通过平价期权的隐含波动率计算而成的。

此外，还可以用天气情况、空气湿度温度、月运周期和日照长短等非金融的特殊指标来衡量投资者情绪。从以上指标的总结和归纳来看，投资者情绪能够反映投资者对后市的态度（看涨、看跌和看平），也能够间接通过交易行为来反映乐观或悲观的情绪。因此情绪指标越大，表明投资者对市场态度越积极，反之则越悲观。不同的学者用不同的思路和方法得到衡量市场情绪的指标，通常大多数学者采用多个源指标合成一个情绪指标。然而由于代理变量选取方式不同，使用的频率也不同，如何更准确地度量中国投资者情绪，国内外学者尚无统一的结论。这也是我国基于行为金融学视角研究资本市场还不够深入的原因。

4.1.2 投资者情绪源指标提取

关于情绪直接指标的选取，国内资本市场中常直接采用央视看盘指数、好淡指数以及一些宏观经济指标，如企业景气指数（business climate index）、消费者信心指数（consumer confidence index）和经济学家信心指数（economist confidence index）等。但这些指标数据的连续性和一致性较差，且数据编制的合理性有待进一步通过实践检验（陆江川和陈军，2013）。在学术界，国内大部分学者使用情绪代理变量进行研究，如封闭式基金折溢价率、市盈率、新增开户数、IPO 发行数量、IPO 首日收益率以及一些市场流动性指标。一直以来，流动性的概念在学术界饱受争议，哈里斯（Harris，1990）从以下几个方面表示流动性特征：①市场宽度，即交易价格与有效价格的偏离程度；②市场深度，考察特定价格下的最大交易额；③市场弹性，表现为价格回复到均衡价格的速度及交易的及时性等。鉴于流动性测算数据的难获取性，国内学者（郑振龙和林璟，2015）使用换手率和交易量作为流动性代理指标，该指标可以代表情绪的变化。因此需对这些情绪变量进行重新甄别和梳理，以便构筑模型。第一，IPO 的发行数量与首日收益率受人为因素影响较多且企业增加 IPO 发行数量是一个较为长期的过程，用来反映投资者情绪不甚合适。第二，我国于 2015 年 4 月开始全面放开 A 股市场“一人一户”限制，新增开户数作为投资者情绪指标也不再具有代表性，可使用新增参与交易的投资者数量替代。第三，鉴于库玛和李（Kumar & Lee，2006）使用股票主买与主卖额之差与总交易额的比率作为投资者情绪指标，实证表明这个指标比封闭式基金折溢价率更能代表投资者情绪对股价变化的解释力度，因此使用主动买入金额减去主动卖出金额的差值与总交易额的比率作为现货市场的主买率指标。由于主动买入和主动卖出数据的难获取性，使用沪深 300 板块的净流入金额作为主动买入金额和主动卖出金额的差值的代理变量，剔除股市熔断等极端情况，使用平均净流入金额和总交易额之比作为现货市场主买率指标。第四，交易量和换手率可以反映投资者情绪的变化，并进一步影响期货、现货市场的流动性，因此采用交易量与流通市值之比作为市场的换手率。第五，我国 50ETF 期权已于 2015 年 2 月上市，中国期权波动率指数也已于 2016 年 11 月 28 日正式发布上证 50ETF 波动率指数，虽然该指数于 2018 年 2 月 22 日暂停公布，但中国波动指数是反映我国市场的恐慌指数。已有学者开始研究 iVIX 指数是否能够反映市场的恐慌情绪（肖观福，2017），因此可以将期权波动率指数作为投资者情绪代理指标。将期权波动率指数作为恐慌指数，当波动率指数较高时，往往预示着市场会出现较大的风险。第六，反映股票市值的 PE 指标能够反映上市公司盈利、收入等财务信息，PE 指标的高低能够反映市场情绪，一般而言 PE 越高，投资者情绪越高。第七，融资融券丰富了投资者的投资手段，不仅可以做多，也可以做空。也有学者（巴曙松和朱虹，2016）将融资融券作为投资者情绪指标，认为融资融券交易能够反映投资者情绪，以及投资者对于资产预期价格波动的看法，这种预期效应会影响投资者情绪的变动，因此可以使用融资融券比例作为投资者情绪指标之一。通常而言，融资融券比例越高，市场情绪越高涨。

基于以上分析考虑，最终选取期货市场成交量（*TV*）、期末新增 A 股参与交易的投资者数量（*num*），以及封闭式基金折溢价率（*prem*）、市场换手率（*turnover*）、A 股平均市盈率（PE）和现货市场主买率（*buyrate*）、中国波指（*iVIX*）、融资融券比例 8 个指标作为投资者情绪复合指数的源指标。经过筛选后，选取的日度投资者情绪指标见表 4.3，表中给出了投资者情绪指标的缩写形式及指标计算方法。

表 4.3　投资者情绪指标体系

指标名称	指标符号	指标计算方法
成交量指标	*TV*	股指期货成交量的加权
期权波动率指数	iVIX	利用平价期权的看涨—看跌价格与 BS 模型反推结果

续表

指标名称	指标符号	指标计算方法
封闭式基金折溢价率	*prem*	所有传统封闭式基金加权折溢价率
市场换手率	*turnover*	A 股市场成交额/A 股市场的流通市值
A 股市场平均市盈率	PE	沪深 300 每个交易日的平均市盈率（总股本加权法）
主买率	*buyrate*	（A 股市场主动买入金额-主动卖出的金额差值）/总交易额的比率
融资买入比例	*MTR*	融资余额/总交易额
A 股市场新增开户数	*num*	新增开户数、新增投资者数量

注：iVIX 是新加入的投资者情绪指标，除此之外都是以往学者在研究时常用的代理指标。

4.1.3 投资者情绪源指标的描述统计

根据所选取的投资者情绪源指标，给出投资者情绪源指标的描述统计及其间的相关性分析。鉴于中国 50ETF 期权上市时间为 2015 年 2 月 9 日，因此实证数据所选取的时间区间为 2015 年 3 月 2 日—2018 年 12 月 28 日。如表 4.4 所示，根据所选取样本区间内的投资者情绪指标，给出相应的描述性统计及相关性分析。从基本描述统计来看，投资者情绪中的主买率和市盈率指标波动率较大。表 4.5 也表明大部分投资者情绪之间具有显著的相关性，并且呈现正相关关系。从相关性程度来看，有些指标之间并不具有明显的相关性，如封闭式基金折溢价率和主买率两个指标与其他投资者情绪指标相关性较低，这些投资者情绪指标虽然在一定程度上都反映了投资者情绪，但这些指标各有特色。本书所采用的 8 个投资者情绪指标能够从不同的角度反映投资者情绪，并不完全相似，通过将这些投资者情绪指标加以合成，能够更全面地反映市场上的投资者情绪信息。接下来需要将这些投资者情绪源指标用特定的方式进行合成，使得构建出的投资者情绪指数具有一定的稳健性。

表 4.4　投资者情绪源指标描述统计

变量	单位	均值	标准差	中位数	最小值	最大值	范围	偏度	峰度	标准误	JB 值
TV	手	257 835. 2	612 580. 9	20 512	5 583	3 185 557	3 179 974	2. 383 2	4. 244	19 980. 18	1 603***
iVIX	比值	0. 232 6	0. 127 7	0. 204 3	0. 071 1	0. 874 9	0. 803 8	1. 729 3	3. 988	0. 004 2	49. 3***
prem	比值	−0. 779 8	3. 408 6	−0. 967 5	−7. 269 4	6. 769 8	14. 039 3	0. 162 8	−1. 078 7	0. 111 2	1 094***
turnover	比值	0. 608 3	0. 492 3	0. 426 9	0. 177 1	3. 093 6	2. 916 5	2. 268 1	4. 855 4	0. 016 1	1 738***
PE	比值	13. 212 7	1. 579 4	13. 173 3	10. 177 9	19. 003	8. 825 1	0. 758 7	1. 098 2	0. 051 5	138. 4***
buyrate	比值	−0. 140 8	0. 209 5	−0. 129 3	−1. 041 6	0. 625 2	1. 666 9	−0. 083 4	0. 689 0	0. 006 8	20. 1***
MTR	比值	0. 199 6	0. 062 4	0. 194 5	0. 078	0. 599	0. 520 9	0. 745 2	1. 473 4	0. 002	173. 4***
num	万户	37. 578 4	23. 086	31. 63	8. 35	164. 44	156. 09	3. 042 2	10. 761 3	0. 753	6 015***

注："*TV*"代表股指期货成交量的加权平均值；"iVIX"代表期权波动率指数，可利用平价期权的看涨—看跌价格及 BS 模型计算得到；"*prem*"代表封闭式基金折溢价率，由同时期封闭式基金折溢价率加权得到；"*turnover*"代表换手率，用交易量与流通市值之比表示；"*num*"代表期末新增 A 股参与交易的投资者数量；"PE"代表 A 股市盈率；"*buyrate*"代表主买率，使用沪深 300 板块的净流入金额作为主动买入金额和主动卖出金额的差值的代理变量，剔除股市熔断等极端情况，使用日平均净流入金额作为现货市场主买率指标；"*MTR*"代表融资余额占比。*** 表示在 1%水平下显著。

表 4.5 投资者情绪源指标相关性

相关系数	*TV*	iVIX	*prem*	*turnover*	PE	*buyrate*	*MTR*	*num*
TV	1	0.682 5	0.114 9	0.839 1	0.565 4	0.176 2	-0.415 5	0.650 4
iVIX	0.682 5	1	0.173 2	0.719 1	0.299 3	0.171 1	-0.342 0	0.520 4
prem	0.114 9	0.173 2	1	0.174 4	-0.029 4	-0.063 1	-0.453 5	0.264 7
turnover	0.839 1	0.719 1	0.174 4	1	0.678 5	0.195 8	-0.608 6	0.736 1
PE	0.565 4	0.299 3	-0.029 4	0.678 4	1	0.146 1	-0.427 0	0.620 5
buyrate	0.176 2	0.171 1	-0.063 1	0.195 8	0.146 1	1	-0.078 1	0.110 5
MTR	-0.415 5	-0.342	-0.453 5	-0.608 6	-0.427 0	-0.078 1	1	-0.452 2
num	0.650 4	0.520 4	0.264 7	0.736 1	0.620 5	0.110 5	-0.452 2	1

考虑到中国波动率指数是从 2015 年才开始出现的指标，以及该指标相对于其他投资者情绪指标计算更为复杂。封闭式基金折溢价率也是选取了全市场的封闭式基金做出的平均折溢价率，投资者情绪指标中的这两个指标计算较复杂。图 4.1 给出投资者情绪指标的走势图，保证投资者情绪指数构建有效的前提是每个投资者情绪指数走势都是与市场环境大致吻合的。从新增开户数来看，剔除掉一人一户对新增开户数的影响后，在股市上涨阶段，新增开户数持续在较高水平，而股市下跌阶段，新增开户数持续在较低水平。对于封闭式基金折溢价率，在股市上升阶段，封闭式基金处于溢价状态，而在股市下跌阶段，封闭式基金处于折价状态。在成交量、换手率和 PE 方面，在股市上升阶段，成交量放大；而在股市下跌阶段，股指期货成交量大幅下跌，在较低水平波动。而换手率、PE 与期货成交量具有较高的正相关性，也是在股市上涨时增加，股市下跌时减少。从中国波动率指数（iVIX）的走势图看，2015 年的股灾前后，市场的波动率处于较高的水平，所以 iVIX 指数相对较高，而从 2016 年开始股市进入结构性牛市，市场走势较平稳，因此 iVIX 的指数相对较低。然而融资余额占比指标和主买率指标走势与市场整体走势的关系虽不甚明显，但主买率指标在股市上涨阶段也有明显的增加，融资余额占比也在市场涨幅较大时有明显的波动。整体来看，本书所选取的投资者情绪指标是较为科学的，且与所选阶段的市场环境大致吻合。

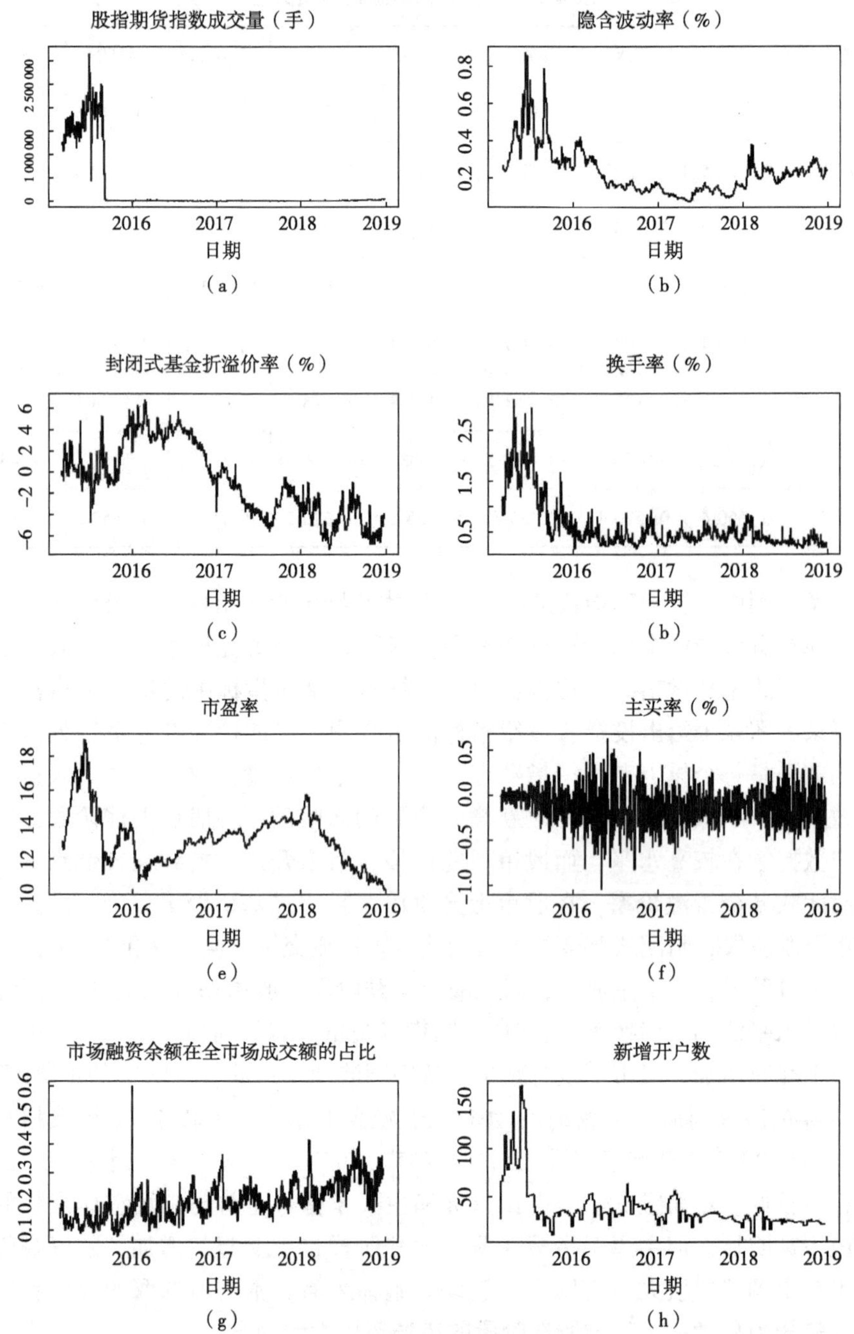

图 4.1　投资者情绪源指标走势

4.2 基于主成分分析和 PLS 回归的投资者情绪指数构建

4.2.1 投资者情绪指数构建方法

以往学者大部分采用主成分分析法（principal component analysis）构建情绪指数，考虑到所选取的源指标之间的变量往往具有相关性，可以用提取主成分的方法尽可能提取较少的变量，作为反映投资者情绪的源指标，具体所使用主成分分析法如下。

假定随机向量 $X=(X_1, X_1, \cdots, X_p)$ 分别代表了 p 个投资者情绪指标，希望以降维的方式将 8 个情绪指标转化为几个主成分。通常情况下对这 8 个指标做出线性组合：

$$\begin{cases} Y_1 = c_{11}x_1 + c_{21}x_2 + \cdots + c_{p1}x_p \\ Y_2 = c_{12}x_1 + c_{22}x_2 + \cdots + c_{p2}x_p \\ \vdots \\ Y_p = c_{1p}x_1 + c_{2p}x_2 + \cdots + c_{pp}x_p \end{cases} \tag{4.1}$$

其中，$i=1, 2, \cdots, p$，且满足$c_i c'_i=1$，假设主成分Y_i与Y_j（$i \neq j$，i，$j=1, 2, \cdots, p$）之间是互不相关的，最终所选取的主成分的个数取决于它们的累积贡献率。当有 n 个主成分能够包含 X 的信息达到 80%以上时，那么就可以使用Y_i（$i=1, 2, \cdots, n$，$n<8$）来代替 8 个投资者情绪源指标。

具体而言，λ_i是使 $\mathrm{Var}(Y_i)$ 达到极大值时c_i的特征向量，Y_i的贡献率可以用 $\lambda_i / \sum_{i=1}^{p} \lambda_i$ 表示，而 $\sum_{i=1}^{p} \lambda_i / \sum_{i=1}^{p} \lambda_i$ 表示 n 个主成分的累积贡献率。最后利用特征值对 n 个主成分进行加权平均，以得到投资者情绪指数。

除使用主成分分析法得到投资者情绪指标外，还参考了以往文献，利用黄等（Huang et al.，2015）提出的偏最小二乘法（partial least square method，PLS）得到的复合情绪指数比其他方法构建的复合情绪指数精确度更高，预测的能力更强。PLS 方法可以通过以下两步 OLS 回归来实现：第一步，对每一代理投资者情绪指标x_i（x_i为期末新增 A 股参与交易的投资者数量（*num*），以及封闭式基金折溢价率（*prem*）、市场换手率（*turnover*）、A 股平均市盈率（PE）、股指期货成交量（*TV*）、融资融券占比（*MTR*）、现货市场主买率（*buyrate*）和中国波指（iVIX）这 8 个指标），我们对$x_{i,t-1}$和一个常数及股票收益率序列R_i做一个 OLS 回归。

$$x_{i,t-1} = \pi_{i,0} + \pi_i R_i + u_{i,t-1} \quad i=1, 2, \cdots, T \tag{4.2}$$

其中，R_t为股票收益率序列，$x_{i,t-1}$为情绪代理指标。作为第一阶段的估计参数π_i能够分析每一个投资者情绪源指标是如何依赖于真实的投资者情绪的。式中π_i捕捉了每个情绪代理指标$x_{i,t-1}$对投资者情绪S_{t-1}的敏感性，该投资者情绪S_{t-1}由未来股票收益率预测，预期超额股票收益率由投资者情绪解释为以下标准的线性关系：

$$\mathrm{E}_t(R_{t+1})=\alpha+\beta S_t \tag{4.3}$$

在第二阶段回归中，我们对方程中估计相应载荷的$\widehat{\pi}_i$对$x_{i,t-1}$进行横截面回归：

$$x_{i,t}=c_t+\widehat{\pi}_i S_t^{PLS}+v_{i,t} \quad i=1,\ 2,\ \cdots,\ T \tag{4.4}$$

其中，S_t^{PLS}是估计得到的投资者情绪，S_t^{PLS}可以视为中国资本市场的投资者情绪。当$\widehat{\pi}_i$已知时，我们可以利用每一时刻的$x_{i,t}$和$\widehat{\pi}_i$使用偏回归方法得到S_t^{PLS}。而当$\widehat{\pi}_i$未知时，我们利用完整的样本信息得到的投资者情绪综合指数的 $T\times1$ 向量$S^{PLS}=(S_1^{PLS},\ S_2^{PLS},\ \cdots,\ S_T^{PLS})'$来完成第一步回归，$x_{i,t}$对$S_t^{PLS}$的回归得到$\pi_i$的估计值用于 $t+1$ 时刻的投资者情绪的预测。S_t^{PLS}是投资者情绪指标的线性组合：

$$S^{PLS}=XJ_NX'J_TR\ (R'J_TXJ_NX'J_TR)^{(-1)}R'J_TR \tag{4.5}$$

其中，R 是沪深 300 股票指数现货收益的 $T\times1$ 向量，$X=(x'_1,\ x'_2,\ \cdots x'_T)'$是由单个代理投资者情绪指标变量组成的 $T\times N$ 阶矩阵，其中 N 代表所选择的投资者情绪代理指标的数量。然后对于矩阵$J_T=I_T-(1/N)\ \tau_T\tau_T'$，$J_N=I_N-(1/N)\ \tau_N\tau_N'$，其中$I_T$和$I_N$是 T 维和 N 维单位矩阵，τ_T和τ_N是 1 的 T 维和 N 维向量。

主成分分析法和偏最小二乘回归法都可以在一定程度上解决共线性的问题，将高维的投资者情绪指标降到低维，便于情绪指标的处理。两种方法虽然在“降维”的思想上有很高的相似度，但两种方法还存在许多不同点。对于主成分分析法，主要是在多个成分中选取 n 个主成分对原信息 y 进行回归，对于主成分的选取个数需根据主成分所达到的贡献率值来决定。当两个变量具有较高的相似度时，可以将重复的且信息含量较小的变量删除。总体而言，根据变量信息占比的排序来选择所需要的主成分。而偏最小二乘回归法不仅包含了主成分分析的思想，同时也能够解决因变量与自变量的回归问题。它不仅可以在成分之间存在较为严重的多重共线性的条件下进行分析，反映因变量的信息也更加充分和全面。

通过以上分析就能了解到偏最小二乘方法的优越性：①主成分分析仅考虑了自变量之间的关系，即根据自变量之间的共线性及反映信息占比来“降维”，用较少的主成分来解释因变量。而偏最小二乘回归法不仅利用了主成分的思想实现“降维”，同时将多元回归结合，考虑了因变量 y 与自变量 x 之间的关系，进一步得到自变量 x 解释因变量 y 的权重。②结合算法上的优点，偏最小二乘法同时考虑了自变量对因变量的解释程度，得到的复合投资者情绪指数更能反映市场价格走势，因此所构建的投资者情绪指数效果更佳。后文也会结合具体实证结果给出分析。③在使用主成分分析法时，确定主成分个数使用的是交叉检验，并且一般情况下，满足主成分的信息占比达到 80%以上就行。主成分回归进行了一次正交变换，这使得所选取的主成分之间都是正交的；依据线性变换，在保证充分反映总体信息的前提条件下解决共线性问题。而偏最小二乘回归法没有这么多的限制条件，比主成分分析法有更多的优点，所得到的投资者情绪指标也更加有效。

4.2.2　基于主成分分析的投资者情绪指标构建

（1）KMO 和巴特利特球度检验。首先对上述投资者情绪源指标进行相关性检验以及效度和信度检验。一般在因子分析前需要对原始变量进行相关分析，采用 KMO 和巴特利特球度检验判断原始数据，当 KMO>0.5 可以做因子分析，越接近于 1，越适合做因子分析，表 4.6 中给出了 KMO 和巴特利特球度检验结果，其中 KMO 的值为 0.78，非常适合做因子分析。巴特利特球度检验用于考察各变量是否独立，其中巴特利特值为 440.162，相应的伴随概率为 0.000，小于显著性水平 0.05，说明相关系数矩阵不是单位阵，也是适合做因子分析的。

表 4.6　因子分析检验结果

取样足够多的 KMO 度量	0.780	
巴特利特球度检验	χ^2	440.162
	df	28
	概率	0.000

（2）因子提取。表 4.7 是计算所得到的公因子特征值、方差贡献率及累积贡献率，在 8 个主成分中，选取特征值较大的主成分，考虑到前 4 个主成分的累积贡献率达到 86.6%，能够基本反映投资者情绪源指标中的大部分信息，故提取这 4 个公因子（Com_1，Com_2，Com_3 和 Com_4）。从图 4.2 的主成分分析碎石图（scree plot）中观察到前四个主成分的累积贡献率达到 85%以上，进一步证明使用 4 个主成分是比较合适的。

表 4.7　特征值与方差贡献率

成分	主成分 1	主成分 2	主成分 3	主成分 4	主成分 5	主成分 6	主成分 7	主成分 8
符号	Com_1	Com_2	Com_3	Com_4	Com_5	Com_6	Com_7	Com_8

续表

成分	主成分 1	主成分 2	主成分 3	主成分 4	主成分 5	主成分 6	主成分 7	主成分 8
特征值	2. 003	1. 112	0. 954	0. 873	0. 684	0. 520	0. 487	0. 309
方差贡献率	0. 502	0. 155	0. 114	0. 095	0. 059	0. 034	0. 030	0. 012
累积	0. 502	0. 656	0. 770	0. 866	0. 924	0. 958	0. 988	1

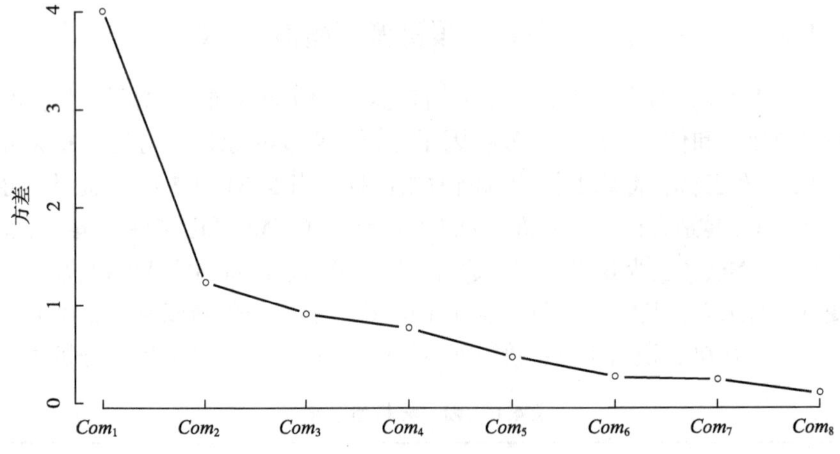

图 4. 2　主成分分析碎石图

对提取的投资者情绪的四个公因子进行处理后，得到旋转后的因子载荷矩阵如表 4. 8 所示。

表 4. 8　旋转后的因子载荷矩阵

指标	Com_1	Com_2	Com_3	Com_4
期货成交量指标	0. 78	0. 46	0. 05	0. 07
期权波动率指数	0. 94	0. 07	0. 12	0. 09
封闭式基金折溢价率	0. 1	−0. 07	0. 93	−0. 06
市场换手率	0. 71	0. 61	0. 18	0. 1
A 股市场平均市盈率	0. 2	0. 92	−0. 05	0. 07
主买率	0. 1	0. 06	−0. 03	0. 99

续表

指标	Com_1	Com_2	Com_3	Com_4
融资余额占比	-0. 17	-0. 54	-0. 67	-0. 07
A 股市场新增开户数	0. 52	0. 62	0. 23	0

利用特征值作为权重对表 4. 7 中的 4 个主成分进行加权平均，即得到投资者情绪指数：

$$S^{PC} = \sum_{i=1}^{4} Com_i \times \lambda_i / \sum_{i=1}^{4} \lambda_i \tag{4.6}$$

其中，Com_i为第 i 个主成分的情绪指数值，λ_i为主成分 i 的特征值。通过主成分分析法得到的投资者情绪指数记为S^{PC}。

4. 2. 3　基于 PLS 法的投资者情绪指标合成

根据 4. 2. 1 部分提出的 PLS 算法得到的投资者情绪指数的方法，得到由投资者情绪源指标合成的情绪指数的方程式：

$$\begin{aligned} S^{PLS} = &-0.035TV+0.122\text{iVIX}-0.137prem+0.041turnover+ \\ &0.592\text{PE}-0.004buyrate+0.061MTR+0.007num \end{aligned} \tag{4.7}$$

从式（4. 7）可以看出，这里所采用的是对标准化后的数据进行回归得到投资者情绪指数S^{PLS}，投资者情绪源指标的贡献符号与主成分分析得到的符号相同，即投资者情绪源指标中 *num*（期末新增 A 股参与交易的投资者数量），*turnover*（换手率），iVIX（中国期指波动率），*MTR*（融资余额占比）和 PE（A 股市盈率）的增加，代表投资者情绪的增加。

4. 3　投资者情绪指数的有效性与稳健性

前面一节分别通过主成分分析法和 PLS 方法构建了投资者情绪指数，对于已构建好的投资者情绪指数需证明其是否有效，即投资者情绪在多大程度上能够反映我国股指现货和股指期货市场特征。接下来从以下几个角度分析投资者情绪指数的有效性和稳健性。

4. 3. 1　投资者情绪与股指期货、现货市场价格关系

根据贝克和乌格勒（Baker & Wurgler，2007）的研究，投资者情绪指数有效的判别方式之一是考察投资者情绪与市场波动特征是否一致，若不一致，则认为该投资者情绪指数是无效的。如果能够证明投资者情绪波动与股指现

货和股指期货市场的波动一致，那么可以认为投资者情绪指数有效。

首先从最基本的相关性角度分析，投资者情绪与沪深 300 股指现货市场、沪深 300 股指期货市场之间存在高度正相关关系，相关系数高达 0.993 8。从相关性的大小来看，投资者情绪（S^{PLS}，S^{PC}）与股指现货、股指期货市场均具有较高的相关性，说明主成分分析法和 PLS 法构造的投资者情绪指数与股指现货市场和股指期货市场的波动特征相符，两种方法都能够很好地反映我国投资者情绪特征。特别地，由 PLS 法构建的投资者情绪指标与股指期货、现货市场具有更高的正相关性，因此，PLS 法构建的投资者情绪指数更佳。

表 4.9　投资者情绪指数（S^{PLS}，S^{PC}）与沪深 300 股指现货、期货的相关性分析

相关性	S^{PC}	S^{PLS}	沪深 300 股指现货	沪深 300 股指期货
S^{PC}	1	0. 814 9	0. 784 7	0. 757 0
S^{PLS}	0. 814 9	1	0. 962 6	0. 951 6
沪深 300 股指现货	0. 784 7	0. 962 6	1	0. 993 8
沪深 300 股指期货	0. 757 0	0. 951 6	0. 993 8	1

从图 4.3 可以直观得到投资者情绪与收盘价走势大致类似的结论，从图形上说明了所构造的股指期货情绪指数能比较好地刻画我国资本市场真实的情绪变化。图中显示了投资者情绪与股指现货、股指期货的收盘价走势图，从图中容易看出，整体上投资者情绪与股指现货、股指期货收盘价的走势是一致的。

在对投资者情绪、成交量及股指期货、现货市场走势特征分析的基础上，可以进一步结合 2015 年到 2018 年的股市、期市特征具体分析。从 2015 年 2 月到 2018 年 12 月 31 日，中国股票市场和期货市场一共经历了两次牛市和两次熊市。从 2015 年 2 月 9 日到 2015 年 6 月中旬，中国股票市场大盘指数一路持续上涨，在短短半年的时间，从 3 850 点一路上涨，最高达到 5 380 点，是一次全面牛市，这期间伴随着投资者情绪的一路高涨；从 2015 年 6 月中旬到 2016 年 1 月 28 日，因融资融券业务遭受管控和约束，中国股市经历了一次全面熊市，从 5 380 点狂泻到 2 839 点，跌幅近 90%。中国股市经历了断崖式下跌和千股跌停的局面，投资者情绪指数也随之下跌。2016 年 1 月 28 日到 2018 年 1 月 29 日，中国股市经历了结构性牛市，涨到 4 403 点，其间沪深 300 股指的波动率很低。由于刚刚经历过 A 股暴跌，投资者也心有余悸，从情绪的波动趋势也能看出，投资者对投资股市谨小慎微。而监管层是倾向于价值投资的，蓝筹股盘子较大不易大幅度拉升股价，因此经历了这两年的慢牛。从

2018 年 1 月 29 日到 2018 年 12 月 31 日，又遭遇了一次熊市，从 4 403 点下跌到 3 011 点，投资者情绪指数也呈现出缓慢下跌的态势，这一年国内的“去杠杆”以及“信用风险的全面爆发”，是造成股市下跌的最主要内因，而“贸易战”也作为“催化剂”促使股票市场大盘指数下跌。

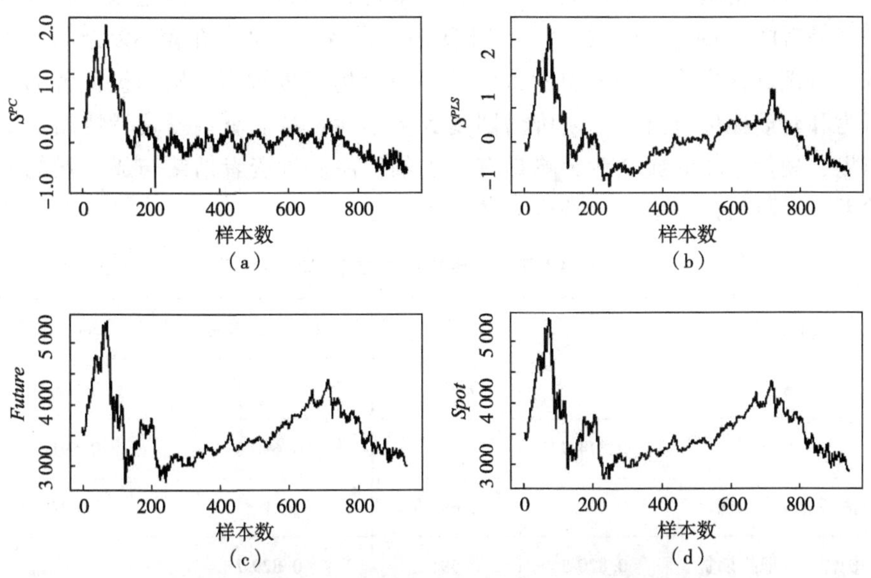

图 4.3　投资者情绪与股指现货、股指期货收盘价走势

4.3.2　投资者情绪与股指期货、现货交易量的关系

从行为金融学视角直接检验投资者情绪指标稳健性的方法是，检验投资者情绪对股指现货与期货市场的总交易量是否有显著的影响。投资者情绪本身反映了投资者对股指期货、现货市场的需求。特别是，在投资者情绪急剧变化时，现货市场和期货市场也会出现异常成交量的变化。如表 4.10 所示，由主成分分析构成的投资者情绪指数与股指期货成交量的相关系数为 0.820 5，与股指现货市场成交量的相关系数为 0.924 1；而由 PLS 回归方法得到的投资者情绪指数与股指期货成交量的相关系数为 0.591 2，与股指现货市场成交量的相关系数为 0.696 0。两种方法构建的投资者情绪指数与成交量之间的相关系数差异较大的原因在于两种方法赋予投资者情绪中成交量指标的权重不同。无论差距多大，两种方法构建的投资者情绪指数与成交量之间均存在正相关关系，虽然正相关性有差距，但投资者情绪指数构建成功与否在于投资者情绪对总交易量是否有显著影响。如表 4.11 所示，从投资者情绪对股指现货、

股指期货总交易量的回归系数可以看出，投资者情绪对股指期货、现货交易量的一元回归结果均在1%水平下显著，从而可以证明两种方法所构建的投资者情绪指标能够较好地反映资本市场的投资者情绪，所构建的投资者情绪指标是稳健的。

投资者情绪与成交量关系的检验结果符合行为金融学的论据，特别是噪声交易者的“创造空间效应”。鉴于噪声交易者往往活跃在较不复杂的资本市场，特别是在现货市场上更引人注目。当市场定价过高，机构投资者的套利行为和套期保值行为会促使价格回复到基本面。从而看出投资者情绪对期货市场、现货市场的成交量影响是有差别的。但从投资者情绪与成交量的密切关系可以看出投资者情绪指标构建的合理性。

表 4.10　投资者情绪与总成交量的相关性分析

相关性	S^{PC}	S^{PLS}	沪深300股指现货	沪深300股指期货
S^{PC}	1	0.814 9	0.924 1	0.820 5
S^{PLS}	0.814 9	1	0.696 0	0.591 2
沪深300股指现货	0.924 1	0.696 9	1	0.829 7
沪深300股指期货	0.820 5	0.591 2	0.829 7	1

表 4.11　投资者情绪对总成交量的一元回归结果

投资者情绪（PLS）	股指现货市场总成交量	股指期货市场总成交量
回归系数	1 171*** [29.68]	560*** [22.45]
投资者情绪（PC）	股指现货市场总成交量	股指期货市场总成交量
回归系数	2 152*** [74.04]	1 076*** [43.97]

注：方括号内的数值为 t 统计量，*** 表示在1%水平下显著。

4.3.3　投资者情绪指数有效性的定量分析

对于投资者情绪指数的有效性的定量分析（单位根、协整检验等）是衡量投资者情绪是否具有稳健性的途径。可以通过分析投资者情绪与股指现货、股指期货市场是否具有长期协整关系来考察投资者情绪指数的有效性。检验结果见表4.12和表4.13。

表 4.12 投资者情绪与沪深 300 指数和沪深 300 股指期货的单位根检验

ADF 检验	t 统计量	P 值
S^{PC}	-2. 850 9	0. 218 1
S^{PLS}	-1. 924 2	0. 610 4
沪深 300 股指现货	-1. 909 3	0. 590 2
沪深 300 股指期货	-1. 945 1	0. 616 7

表 4.13 投资者情绪与沪深 300 指数和沪深 300 股指期货的协整检验

S^{PC} 与沪深 300 股指现货	最大特征根	迹统计量	沪深 300 股指现货	S^{PC}
$r=0$	0. 004	13. 10*		
$r\leqslant1$	0. 014	3. 87		
协整参数			1	-1 074. 2
S^{PC} 与沪深 300 股指期货	最大特征根	迹统计量	沪深 300 股指期货	S^{PC}
$r=0$	0. 014	13. 07*		
$r\leqslant1$	0. 004	4. 03		
协整参数			1	-1 038. 9
S^{PLS} 与沪深 300 股指现货	最大特征根	迹统计量	沪深 300 股指现货	S^{PC}
$r=0$	0. 018	17. 23**		
$r\leqslant1$	0. 004	3. 93		
协整参数			1	-687. 3
S^{PLS} 与沪深 300 股指期货	最大特征根	迹统计量	沪深 300 股指期货	S^{PC}
$r=0$	0. 028	26. 49***		
$r\leqslant1$	0. 005	4. 25		
协整参数			1	-698. 9

注：***、** 、* 表示在 1%、5%、10%水平下显著。

在考察协整关系以前，首先，应考虑到投资者情绪指标的平稳性。根据

ADF 单位根检验结果，投资者情绪是不平稳的，沪深 300 股指期货、现货价格也是不平稳的，但三者都是一阶单整的，因此直接采用投资者情绪指数与沪深 300 股指期货、现货价格进行协整检验。从表 4.14 可以看出主成分构造的投资者情绪和 PLS 构造的投资者情绪与沪深 300 股指现货、股指期货间存在协整关系，即长期均衡关系。

其次，从稳健性的角度分析，投资者情绪源指标均是根据沪深 300 股指现货或期货市场的数据计算得出的。中国的股票市场与期货市场，在同一时期都会受到中国投资者情绪的影响。因此只有书中所构建的投资者情绪指数与上证综指和深圳综指也同时具有长期协整关系时，才能保证所构建投资者情绪指数是稳健的。

表 4.14　投资者情绪与上证综指、深证综指的协整检验

S^{PC}与上证综指	最大特征根	迹统计量	沪深 300 股指现货	S^{PC}
$r=0$	0.047	45.53		
$r\leq1$	0.003	3.06		
协整参数			1	−998.2
S^{PC}与深证综指	最大特征根	迹统计量	沪深 300 股指期货	S^{PC}
$r=0$	0.035	33.87		
$r\leq1$	0.003	2.45		
协整参数			1	−3 950.2
S^{PLS}与上证综指	最大特征根	迹统计量	沪深 300 股指现货	S^{PC}
$r=0$	0.027	26.49		
$r\leq1$	0.006	4.25		
协整参数			1	−698.9
S^{PLS}与深证综指	最大特征根	迹统计量	沪深 300 股指期货	S^{PC}
$r=0$	0.018	17.23		
$r\leq1$	0.004	3.93		
协整参数			1	−687.3

最后，综合两种方法构建的投资者情绪指数（S^{PLS}，S^{PC}）与股指期货、现货市场的特征描述和稳健性分析，总体上发现通过 PLS 法构造得到的投资者情绪指数与市场的价格、波动率有较高的相关性，同时也通过了一系列的稳健性检验分析，因此后文所使用的投资者情绪指数皆为S^{PLS}序列。

4.4 小结

第 4 章首先选取投资者情绪源指标并给出这些指标的计算方法。最终选取期货市场成交量（*TV*）、期末新增 A 股参与交易的投资者数量（*num*），以及封闭式基金折溢价率（*prem*）、市场换手率（*turnover*）、A 股平均市盈率（PE）和现货市场主买率（*buyrate*）、中国波指（iVIX）、融资融券比例 8 个指标作为投资者情绪复合指数的源指标。根据上述所选的投资者情绪源指标体系，分别使用 PLS 回归法和主成分分析法两种方法合理构建投资者情绪复合指标，即投资者情绪指数。通过对主成分分析法和 PLS 法的回归原理进行分析，并通过稳健性检验比较两种方法构建的投资者情绪指数，得出使用 PLS 方法比以往经常使用的主成分分析法包含更全面的情绪信息。最后结合股指现货、期货市场分析，说明两种投资者情绪指标都能够真实反映我国资本市场的投资者情绪，为后文进一步的研究提供更加有效的投资者情绪指数。

5 投资者情绪对股指现货与期货市场的影响

为了研究情绪是如何影响套期保值效率的，首先应分别分析投资者情绪对股指现货与股指期货市场的影响，尤其是对股指现货与股指期货动态相关性的影响。考虑到套期保值比率计算公式中包含了波动率因素和动态相关性因素，并且研究重点是分析投资者情绪对股指期货套期保值效率的影响。因此第 5 章将分别从股指期货、现货市场收益率，波动率及两个市场间动态相关系数三个角度，分析投资者情绪对股指期货、股指现货市场的影响。

5.1 投资者情绪影响股指现货、期货市场的理论分析与研究假设

5.1.1 投资者情绪对股指现货和股指期货收益率的影响

无论对于股指现货市场还是股指期货市场，投资者情绪与市场收益是有密切关系的。根据第 3 章有关 DSSW 模型的理论分析，股指现货、期货市场收益与当期投资者情绪波动成正向关系。当市场收益较低时，投资者情绪也处于低迷期，此时非理性交易者持观望态度，参与交易的投资者较少（Brown & Cliff，2005）。此时投资者结构中理性投资者主宰市场，此时股指现货、期货市场收益由理性投资者决定；当股指现货、期货市场收益走高时，投资者情绪开始逐渐缓和，在“羊群效应”和“从众心理”的作用下，非理性交易者与理性投资者共同进入市场交易，因此投资者情绪与股指期货、现货市场收益之间应具有显著的相关性。基于以上分析，提出本章的研究假设 5.1 和 5.2。

假设 5.1：投资者情绪波动对股指现货市场的收益率存在正向、非对称性的影响。

假设 5.2：投资者情绪波动对股指期货市场的收益率存在正向、非对称性的影响。

5.1.2 投资者情绪对股指现货和股指期货波动率的影响

投资者的情绪表现为对未来股市、期市行情的预期判断，当投资者预期

表现为乐观，情绪高涨时，会吸引大量的噪声交易者进入市场参与交易，随着交易量的增加，换手率的提高，股指期货、现货市场出现较大的波动。而在投资者情绪较为低迷的时期，参与交易的投资者也会相应地减少，换手率的下降导致股指现货与股指期货市场波动幅度有所降低。因此提出假设5.3和5.4。

假设5.3：投资者情绪对股指现货市场的波动率存在正向、非对称性的影响。

假设5.4：投资者情绪对股指期货市场的波动率存在正向、非对称性的影响。

5.1.3　投资者情绪对股指现货和股指期货相关性的影响

考虑到投资者情绪对动态套期效率的影响，是一个对动态套期保值比率进行优化的过程，而两个市场间的动态相关性决定了套期保值比率的计算。为了进一步研究投资者情绪对动态套期保值比率的影响，本节对其进行一个拓展性的辅助研究，即考察投资者情绪对股指现货、期货市场动态相关性的影响。股指期货、现货市场处于不同程度的相关性水平下，投资者情绪对动态相关系数的影响不同。

根据投资者情绪对股指现货和股指期货收益率的影响的分析，当投资者情绪表现为高涨时，非理性交易者主导市场交易，随着投资者情绪变化的增加，越来越多的噪声交易者进入市场，影响股指期货市场和现货市场的价格及协整关系，因此两个市场间的相关性便会受到显著的影响。当市场有越来越多的噪声交易者倾向于投机行为时，套利交易者的比例会降低，从而使得股指现货市场和股指期货市场之间的长期协整关系被打破，会偏离两个市场间的均衡关系，降低两个市场间的传递效率。因此，总体上，在投资者情绪增加时会降低两个市场间的相关性。从另一个极端情况考虑，当投资者情绪长期处于悲观状态时，市场上绝大多数都是理性投资者，股指现货与股指期货市场的套利区间很小，投资者情绪的增加会提高投资者对整个市场的信心，会增加交易频率和交易数额，提高市场流动性。此时投资者情绪的增加仍然会降低股指期货市场与现货市场的信息传递效率，会降低两个市场间的相关性。因此投资者情绪对股指期货、现货市场动态相关性的影响受到样本期内市场状态的影响，并且两个市场间相关性程度不同，投资者情绪对其影响也具有非对称性。因此提出假设5.5。

假设5.5：投资者情绪会影响股指期货、现货市场间的动态相关性，并且具有非对称性。

5.2 投资者情绪影响股指现货、期货市场的实证方法

5.2.1 市场收益率与波动率测度

关于股指现货、期货收益率测度，本章使用股指现货和股指期货的日收益率，计算公式为：

$$R_t = \ln(P_{t+1}) - \ln(P_t) \tag{5.1}$$

其中，P_{t+1}为股指现货（股指期货）在 $t+1$ 时期的收盘价，P_t为股指现货（股指期货）在 t 时期的收盘价。

股指现货、期货波动率测度。由于实际波动率测算受很多因素的影响，为了使研究投资者情绪与波动率关系更加科学合理，将使用方差波动率与已实现波动率两种不同方式测算，提高检验结果的稳健性，具体的方差波动率与已实现波动率两种不同测算方法如下。

方差波动率（σ_v^2）是使用当月内股指现货和股指期货日收益率方差作为其市场波动率的刻画方法，具体公式为：

$$\sigma_{v,t}^2 = \frac{1}{N_t - 1}\sum_{d=1}^{N_t}\left(r_{t,d} - \frac{1}{N_t}\sum_{d=1}^{N_t} r_{t,d}\right)^2 \tag{5.2}$$

其中，$r_{t,d}$是指在第 t 个月股指现货指数在第 d 个交易日的收益率，N_t指第 t 个月交易日的总数。

已实现波动率（σ_w^2）是使用当月内股指现货和股指期货日收益率方差作为其市场波动率的刻画方法，具体公式为：

$$\sigma_{w,t}^2 = \sum_{d=1}^{N_t} r_{t,d}^2 \tag{5.3}$$

其中，$r_{t,d}$是指在第 t 个月股指现货指数在第 d 个交易日的收益率，N_t指第 t 个月交易日的总数。

5.2.2 投资者情绪与收益率、波动率的回归模型

（1）对收益率影响的 OLS 回归模型。通过构建投资者情绪与收益率之间的 OLS 回归模型来分析投资者情绪变化对股指现货、股指期货收益率的影响。具体构建模型如下：

$$R_t = c + \beta\Delta S_t + \varepsilon_t \tag{5.4}$$

$$R_t = c + \beta_0\Delta S_t + \beta_1\Delta S_{t-p} + \varepsilon_t \tag{5.5}$$

其中，R_t为股指现货（股指期货）的日收益率，其中，S_{t-p}是滞后 p 期的投资者情绪，ΔS_t为 t 期投资者情绪的变化，c、β、β_1和β_2为待估计的参数。可以

进一步分析情绪对收益率影响的持久程度，将一周前（$p=5$）或一个月前（$p=20$）的情绪引入模型中。

可进一步假设，当正向投资者情绪变化 ΔS_t 时，D_t 为 1，否则为 0。用来检验正向投资者情绪与负向投资者情绪对收益率 R_t 的非对称影响，那么相应的回归方程可以设为：

$$R_t=c+\beta_1(\Delta S_t)^2\times D_t+\beta_2(\Delta S_t)^2\times(1-D_t)+\varepsilon_t \tag{5.6}$$

其中，R_t 为股指现货（股指期货）的日收益率，S_{t-p} 是滞后 p 期的投资者情绪，ΔS_t 为 t 期投资者情绪的变化，c、β_1 和 β_2 为待估计的参数。

（2）对波动率影响的 OLS 回归模型。通过构建投资者情绪与波动率之间的 OLS 回归模型来分析投资者情绪变化对股指现货、股指期货波动率的影响。采用投资者情绪变化的绝对值是因为波动率是非负的，投资者情绪上涨或下跌幅度越大，市场波动越剧烈。具体构建模型如下：

$$\sigma_t^2=c+\beta|\Delta S_t|+\varepsilon_t \tag{5.7}$$

$$\sigma_t^2=c+\beta_0|\Delta S_t|+\beta_1|\Delta S_{t-p}|+\varepsilon_t \tag{5.8}$$

其中，σ_t^2 为股指现货、股指期货的波动率（σ_v^2 和 σ_w^2），S_{t-p} 是滞后投资者情绪，$|\Delta S_t|$ 和 $|\Delta S_{t-p}|$ 为 t 期和滞后 $t-p$ 期情绪变化的绝对值，c、β、β_1 和 β_2 为待估计的参数。可以进一步分析情绪对波动率影响的持久程度，将一周前（$p=5$）或一个月前（$p=20$）的投资者情绪变化引入模型中。

类似地，可进一步假设，当正向投资者情绪变化时，D_t 为 1，否则为 0。为检验正向投资者情绪与负向投资者情绪对收益率的非对称影响，相应的回归方程可以设为：

$$\sigma_t^2=c+\beta_1(\Delta S_t)^2\times D_t+\beta_2(\Delta S_t)^2\times(1-D_t)+\varepsilon_t \tag{5.9}$$

其中，σ_t^2 为股指现货、股指期货的波动率（σ_v^2 和 σ_w^2），ΔS_t 为 t 期情绪的变化，c、β、β_1 和 β_2 为待估计的参数。

5.2.3 投资者情绪与收益率、波动率关系的 GARCH（1，1）-M 回归模型

虽然从简单的 OLS 回归模型中可以看出投资者情绪对股指现货市场、股指期货市场的收益率及波动率的影响，但却只能单独分析收益率或波动率。而对于股指市场而言，收益率与波动率之间具有紧密关系，应该将股指收益率与波动率放到一个模型里，作为一个整体进行研究。GARCH（1，1）-M 模型可以将当期收益与波动率同时包含在内，在此基础上分析投资者情绪对股指期货、现货市场的影响。具体模型如下：

$$R_t=\alpha_0+\alpha_1\sigma_{t-1}+\alpha_2\Delta S_t+\varepsilon_t \tag{5.10}$$

$$\sigma_t^2=\beta_0+\beta_1\varepsilon_{t-1}^2+\beta_2\sigma_{t-1}^2+\beta_3 D_{t-1}(\Delta S_t)^2+\beta_4(1-D_{t-1})(\Delta S_t)^2 \tag{5.11}$$

其中，R_t分别为股指现货（股指期货）的日收益率，α_2表示投资者情绪变化对收益率的影响，β_3和β_4系数可以反映正、负项的投资者情绪变化对股指现货、期货市场波动率的非对称影响，σ_t^2为股指现货、股指期货的波动率（σ_v^2和σ_w^2），ΔS_t是 t 时刻情绪的变化。GARCH（1，1）-M 模型不仅可以得出投资者情绪对收益率和波动率的影响，还能考察风险与收益间的关系，即投资者情绪波动是否会带来风险溢价。当α_1大于零时，表示投资者情绪波动会产生风险报酬；而当α_1小于零时，表示投资者情绪波动会产生风险惩罚。

5.2.4 基于 DCC-GARCH 模型的投资者情绪对收益率和波动率的影响

为了分析投资者情绪对股指期货、现货市场间动态相关性的影响，首先利用经典 VAR-DCC-GARCH 模型分析期货、现货市场动态相关性（Yue，Liu & Shan，2015），具体模型如下：

$$R_{S,t}=C_S+\sum_{i=1}^{k}\alpha_{Si}R_{S,t-i}+\sum_{i=1}^{k}\beta_{Si}R_{F,t-i}+\varepsilon_{St} \tag{5.12}$$

$$R_{S,t}=C_S+\sum_{i=1}^{k}\alpha_{Fi}R_{S,t-i}+\sum_{i=1}^{k}\beta_{Fi}R_{F,t-i}+\varepsilon_{Ft} \tag{5.13}$$

其中，$R_{S,t}$和$R_{F,t}$分别表示股指现货和股指期货市场的价格收益率，$R_{S,t-i}$和$R_{F,t-i}$分别表示之后 i 期的股指现货和股指期货市场的价格收益率（$i=1$，…，k），$\xi_t=(\varepsilon_{St},\varepsilon_{Ft})^{\mathrm{T}}$为残差向量，满足$\xi_t|\Omega_{t-1}\sim N(0,H_t)$，且 DCC-GARCH 模型假定$R_{s,t}$和$R_{f,t}$之间的相关系数是动态的，因此可以首先使用该模型得到样本期间两个市场之间的联动关系。同时将条件协方差矩阵H_t的结构设定为：

$$H_t=D_tRD_t=\left(\rho_{SF}\sqrt{h_{SS,t}h_{FF,t}}\right) \tag{5.14}$$

$$D_t=\mathrm{diag}\left(\sqrt{h_{SS,t}},\sqrt{h_{FF,t}}\right) \tag{5.15}$$

$$h_{ii,t}=\omega_i+\alpha_i\varepsilon_{ii,t-1}^2+\beta_i h_{ii,t-1} \tag{5.16}$$

$$R_t=Q_t^{*-1}Q_tQ_t^{*-1} \tag{5.17}$$

$$Q_t=(1-\alpha_{DCC}-\beta_{DCC})\overline{Q}+\alpha_{DCC}\eta_{t-1}\eta'_{t-1}+\beta_{DCC}Q_{t-1} \tag{5.18}$$

$$Q_t^*=\mathrm{diag}\left(\sqrt{q_{SS,t},q_{FF,t}}\right) \tag{5.19}$$

$$\overline{Q}=\frac{1}{T}\sum_{i=1}^{T}\eta_{t-1}\eta'_{t-1} \tag{5.20}$$

在上述模型中，ω_i，α_i，β_i，α_{DCC}和β_{DCC}为待估计参数，D_t中的$h_{ii,t}$（$i=S$，F）

仍假定为一元 GARCH 过程，且分别表示为现货市场和期货市场收益率的条件方差，ρ_{sf}为期货、现货市场间的动态相关系数，$\overline{Q}$代表非条件相关系数，Q_t^*能够确保R_t是相关系数矩阵，其中，$q_{ii,t}$（$i=S$，F）是Q_t的对角元素，$R_t=\{\rho_{SF}\}_t$。η_t是标准化残差序列，$\eta_t=D_t^{-1}\mathrm{E}_t$且$D_t=\mathrm{diag}$（$\sigma_{1t}$，$\sigma_{2t}$，$\cdots\sigma_{kt}$）。估计 DCC-GARCH 模型可以使用两阶段极大似然估计法，具体的估计方法将在第 7 章给予阐述。

5.2.5 基于分位数回归的投资者情绪对股指期货、现货动态相关性的影响

首先根据第 5.2.4 节中提到的 VAR-DCC-GARCH 模型，可以得到股指期货、现货市场间动态相关性的时间序列。当所使用的实证数据较多，覆盖较大的时间跨度时，投资者情绪对期货、现货市场间的动态相关性的影响可能是不显著的。因为股指期货、现货市场处于不同程度的相关性水平下，投资者情绪对动态相关系数会存在不同的影响。

本节借鉴学者雷杰卜和阿法维（Rejeb & Arfaoui.，2016）中的分位数回归方法研究当股指期货、现货市场相关性处于不同分位点时，投资者情绪对动态相关系数产生的不同影响，以进一步佐证股指期货、现货市场的条件方差-协方差矩阵受到投资者情绪的影响。这种非对称影响的研究可以使用 QR（quantile regression model）模型来完成。相比于传统 OLS 模型，QR 模型的优势在于：可以估计当期货、现货市场相关性处于极端状态时，投资者情绪对其影响程度，便于观察投资者情绪对动态相关性的非对称影响。

这里使用分位数回归的方法分析投资者情绪对期货、现货市场联动关系的影响，这里主要强调对动态相关系数的影响，具体模型如下：

$$Q_y(\tau \mid x)=\inf\{a \mid F_y(a \mid x)\geqslant \tau\}=\sum_k \beta_k(\tau)x_k=x'\beta(\tau) \tag{5.21}$$

其中，假设 y 与变量 x 是线性独立的关系，β（τ）表示在τ^{th}分位水平下条件分位函数 y 对 x 产生何种影响。该模型分析了因变量 y 对自变量 x 的影响是否会因 τ 的改变而发生变化，即β（τ）在不同的 τ 水平下是否会发生变化。从而可以进一步分析投资者情绪对股指期货、现货市场动态相关性的影响是否存在非对称性。

接下来使用式（5.22）来完成对分位数回归系数β（τ）的估计：

$$\begin{aligned}\widehat{\beta}(\tau) &=\arg\min_{\beta(\tau)}\Big\{\sum_{i:\ y_i\geqslant x'\beta(\tau)}\tau\left|y_i-x_i'\beta(\tau)\right|+\sum_{i:\ y_i\leqslant x'\beta(\tau)}(1-\tau)\left|y_i-x_i'\beta(\tau)\right|\Big\}\\ &=\arg\min_{\beta(\tau)}\sum_i \rho_\tau(y_i-x_i'\beta(\tau))\end{aligned} \tag{5.22}$$

上述式子中 τ 为分位数权重，假设因变量 y 可以由自变量 x 线性表示，那么因变量的第 τ 分位数的样本条件分位数函数可以表示为$y_i = x'_i\beta$（τ），那么分位数回归模型的参数估计由目标函数决定，即满足加权误差绝对值最小。求解最小值可以使用由科恩克和德奥雷（Koenker & D'Orey，1987）提出的线性规划的方法。在 QR 模型错误设定和异方差条件下获得渐进有效标准差时需使用组对拔靴法（pair bootstrapping），从而利用标准误估计模型参数。通过 QR 函数的估计可以得到投资者情绪在动态相关系数处于不同分位点时对其的影响。我们把该模型设定为：

$$Q_y(\tau|x) = \omega(\tau) + \sum_k \beta_k(\tau) x_k \tag{5.23}$$

其中，x_k代表投资者情绪的复合指标，ω（τ）为 τ 分位数方程常数项，而式中的因变量Q_y（τ | x）是根据 VAR-DCC-GARCH 模型得到的时变的股指期货、现货市场间的条件相关系数序列。β_k（τ）衡量了在样本期内投资者情绪对股指期货、现货市场相关性在所有分位点的影响。受篇幅所限，且 25%、50%和 75%是最具有代表性的分位点，因此在本节中只集中分析投资者情绪对低分位、中分位和高分位的相关性的影响，其中分位点的选择为（0.05；0.10；0.25；0.50；0.75；0.90；0.95）。

5.2.6 基于分位信息份额模型的股指期货、现货市场价格发现功能

基于向量误差修正模型，分别使用传统哈斯布鲁克（Hasbrouck）的 IS 模型衡量股指期货、现货市场的信息份额，进而分析其价格发现功能。

假设某个资产在 n 个不同的资本市场上进行交易，$Y_t = (y_{1t}, y_{1t}, \cdots, y_{nt}) = [\ln(p_{1t}), \ln(p_{1t}), \cdots, \ln(p_{1t})]$为 n 个价格序列，且均为单位根 $I(1)$ 过程，且这 n 个价格之间具有 $n-1$ 个协整向量，整个交易系统内有一个单一的共同的随机波动因子，可用向量误差修正模型（VECM）表示：

$$\Delta Y_t = \alpha \beta^{T} Y_{t-1} + \sum_{j=1}^{k} \Phi_j \Delta Y_{t-j} + e_t \tag{5.24}$$

其中，ΔY_t为价格序列的一阶差分；α 为误差修正系数向量；β 的列向量是 $n-1$ 个协整向量；e_t 为序列不相关的随机扰动项，均值为 0 且序列不相关。VECM 模型由两部分组成：第一部分为 $\alpha\beta^{T} Y_{t-1}$，表示价格序列的长期动态均衡关系；第二部分为 $\sum_{j=1}^{k} \Phi_j \Delta Y_{t-j}$，描述了由市场不完善导致的短期动态关系，其中$\Phi_j$表示滞后 j 期的短期动态调整系数。

$$P_t = \Psi(1) \sum_{s=1}^{t} e_s + \Psi^*(L)\varepsilon_t \tag{5.25}$$

其中，L 是滞后算子，$\Psi(1)$ 为移动平均系数之和，是影响矩阵。$\Psi^*(L)\varepsilon_t$ 代表了短暂影响成分，而 $\Psi(L)e_t$ 则表示不同市场价格的长期趋势。如果令 $\iota=(1,1)'$，且 $\Psi(L)$ 中的某一行为 $\Psi=(\Psi_1,\Psi_2)$，那么方程（5.24）可以表示为：

$$P_t=\iota\Psi\sum_{s=1}^{t}e_s+\Psi^*(L)\varepsilon_t \tag{5.26}$$

其中，贡萨洛（Gonzalo）和格兰杰（Granger）将 Ψe_t 定义为永久成分，是两个市场价格的共有因子，永久成分的方差为：$\mathrm{Var}(\Psi e_t)=\Psi\Omega\Psi'$。

当不同市场间的信息不存在当期相关，那么第 j 个市场的价格发现为：

$$S_j=\frac{\gamma_j^2\sigma_j^2}{\gamma_1^2\sigma_1^2+\gamma_2^2\sigma_2^2+\cdots+\gamma_n^2\sigma_n^2} \tag{5.27}$$

当不同市场间的信息存在当期相关时，令 F 为 Ω 的乔列斯基（Cholesky）分解，满足 $\Omega=FF^T$，$F=[m_{ij}]_{n\times n}$，通过 Cholesky 分解消除两个市场间的相关性，因此计算出的信息份额（价格发现）是有上下限的。

第 i 个市场信息份额可以表示为：

$$S_i=\frac{\left[\sum_{i=1}^{n}\gamma_i m_{ij}\right]^2}{\left[\sum_{i=1}^{n}\gamma_i m_{i1}\right]^2+\left[\sum_{i=2}^{n}\gamma_i m_{i2}\right]^2+\cdots+[\gamma_n m_{nn}]^2} \tag{5.28}$$

其中，j 表示第 i 个市场在协方差矩阵中市场的顺序。对股指期货、现货两个市场而言，当期货市场作为方差 $\Psi\Omega\Psi'$ 的第一个变量时，得到期货的信息份额是上限，反之则是下限。最终以上限和下限的均值作为该市场的信息份额值，其值越大，表明价格发现功能越强。

对基础 IS 模型结合分位数回归法进行改进（Lien & Wang，2019），具体对式（5.24）进行分位误差修正项回归，此时令 ΔY_t 为因变量，右边的变量记为 x_t，且对应的参数向量记为 θ，那么 τ 分位点处的 VECM 模型（Quantile-VECM）回归如下：

$$q_{\tau_1}(\Delta y_{i,t}\mid x_t)=F^{-1}_{(\Delta y_{i,t}\mid x_t)}(\tau_1\mid x_t)=x'_t\theta_{\tau_1} \tag{5.29}$$

其中，$F^{-1}(\cdot)$ 是累积分布函数的逆函数，$\tau_1\in(0,1)$，为了估计参数 θ_{τ_1}，对不对称的加权绝对值总和进行最小化：$\omega_{\tau_1}(\Delta y_t,x'_t\theta_{\tau_1})\,|\Delta y_t-x'_t\theta_{\tau_1}|$，其中权重为：

$$\omega_{\tau_1}(\Delta y_t,x_t'\theta_{\tau_1})=\begin{cases}\tau_1 & if\ \Delta y_t\geqslant x_t'\theta_{\tau_1}\\ 1-\tau_1 & if\ \Delta y_t\leqslant x_t'\theta_{\tau_1}\end{cases} \tag{5.30}$$

此时损失可以表示为：$|\Delta y_t-x_t'\theta_{\tau_1}|+(2\tau_1-1)(\Delta y_t-x_t'\theta_{\tau_1})$，当 $\tau_1=0.5$ 时，

分位数回归与普通均值回归一致。此时线性 VECM 的分位数回归可以写成：

$$\Delta y_t = \prod_{\tau} y_{t-1} + \sum_{j=1}^{k} \Gamma_{j,\tau} \Delta y_{t-j} + \varepsilon_t \tag{5.31}$$

其中，$\tau=(\tau_1, \tau_2) \in (0, 1) \times (0, 1)$，$\tau_1 = 0.10$，0.25，0.50，0.75，0.90；$\tau_2 = 0.10$，0.25，0.50，0.75，0.90。传统的信息份额模型（IS）所得到的是在均值水平上两个市场对信息冲击的反映程度，而分位信息份额模型则可以把不同分位点处的价格发现能力表现出来。这样可以全面地观察到股指期货市场的价格发现功能是否随着期货、现货市场收益率的联合分布发生变化。比如，当期货市场（$\Delta y_{1,t}$）的收益率水平在 10%（$\tau_1 = 0.1$），而现货市场（$\Delta y_{2,t}$）的收益率水平在 90%（$\tau_2 = 0.9$）时，我们可以得到期货市场低尾部收益率和现货市场高尾部收益率时的价格发现信息份额。值得注意的是，由于两个因变量的相关性，二元分位数回归估计的系数通常不同于单变量模型。进一步地，通过对式（5.32）取最小值来估计参数：

$$\begin{aligned} L_\tau\left(y;\ \prod_\tau,\ \Gamma_{j,\tau}\right) = \sum_{t=1}^{T} \Bigg[\left\| \Delta y_t - \prod_\tau y_{t-1} - \sum_{j=1}^{k} \Gamma_{j,\tau} \Delta y_{t-j} \right\| + \\ u'\left(\Delta y_t - \prod_\tau y_{t-1} - \sum_{j=1}^{k} \Gamma_{j,\tau} \Delta y_{t-j}\right) \Bigg] \end{aligned} \tag{5.32}$$

其中，两个分位点向量分别代表农产品期货市场和现货市场，记为（τ_1，τ_2），$\| \ \|$记为欧几里得范数，向量 u 是一个开球且单位球内（$B^{(2)} = \{u \mid u \in R^2, \|u\|<1\}$）的一个元素。在实际应用中，我们遵循不直接选择 u 的方法，而是遵循佩德森（Pedersen，2015）的方法，对分位数矢量 τ 进行以下转换，使得：

$$u = \frac{\|g\|_\infty}{\|g\|} \times g \tag{5.33}$$

这里 $g=(2\tau - t)$ 并且 t 是一个（2×1）的单位向量，$\|g\|_\infty = \max(|g_1|, |g_2|)$。最后我们可以估计在不同分位水平下的误差修正模型，通过将 VECM 转换为 VMA 模型计算具体的参数及信息份额值。

5.3 描述性统计及股指现货、期货市场的基本特征

5.3.1 变量选取与统计特征

这里采用的样本数据为沪深 300 股指期货从 2015 年 3 月 2 日至 2018 年 12 月 28 日期间近四年的日交易数据。由于投资者情绪代理变量大部分为日数据，因此具体选取使用 940 个日数据进行研究，投资者情绪指标采用合成的 S^{PLS}指标（见表 5.1）。

表 5. 1　变量的描述性统计分析

变量	均值	标准差	中位数	最小值	最大值	范围	偏度	峰度	标准误
待研究变量									
Spot	3 613. 35	451. 26	3 480. 74	2 853. 76	5 353. 75	2 499. 99	1. 206 7	1. 7	14. 718 3
Future	3 572. 62	468. 506	3 441. 020 8	2 725. 19	5 361. 67	2 636. 47	1. 213 1	1. 793 7	15. 281
σ_v^2 (*Spot*)	0. 000 3	0. 000 4	0. 000 1	0. 000 0	0. 002 1	0. 002 1	2. 690 7	7. 559 3	0. 000 0
σ_w^2 (*Spot*)	0. 005 1	0. 007 2	0. 002 3	0. 000 1	0. 041 5	0. 041 4	2. 724 5	7. 839 4	0. 000 2
σ_v^2 (*Future*)	0. 000 4	0. 000 6	0. 000 2	0. 000 0	0. 003 8	0. 003 8	3. 332 4	11. 324 3	0. 000 0
σ_w^2 (*Future*)	0. 007 5	0. 012 7	0. 003 2	0. 000 3	0. 074 4	0. 074	3. 306 5	11. 112 3	0. 000 4
投资者情绪变量（源指标）									
TV	257 835	612 581	20 512	5 583	3 185 557	3 179 974	2. 383 2	4. 244	19 980
iVIX	0. 232 6	0. 127 7	0. 204 3	0. 071 1	0. 874 9	0. 803 8	1. 729 3	3. 988	0. 004 2
prem	−0. 779 8	3. 408 6	−0. 967 5	−7. 269 4	6. 769 8	14. 039 3	0. 162 8	−1. 078 7	0. 111 2
turnover	0. 608 3	0. 492 3	0. 426 9	0. 177 1	3. 093 6	2. 916 5	2. 268 1	4. 855 4	0. 016 1
PE	13. 212 7	1. 579 4	13. 173 3	10. 177 9	19. 003	8. 825 1	0. 758 7	1. 098 2	0. 051 5
buyrate	−0. 140 8	0. 209 5	−0. 129 3	−1. 041 6	0. 625 2	1. 666 9	−0. 083 4	0. 689 0	0. 006 8
MTR	0. 199 6	0. 062 4	0. 194 5	0. 078	0. 599	0. 520 9	0. 745 2	1. 473 4	0. 002
num	37. 578 4	23. 086	31. 63	8. 35	164. 44	156. 09	3. 042 2	10. 761 3	0. 753

续表

变量	均值	标准差	中位数	最小值	最大值	范围	偏度	峰度	标准误
复合投资者情绪									
S	0. 000 0	0. 646 6	−0. 057 8	−1. 165 4	2. 765 4	3. 930 7	1. 189 8	2. 116 4	0. 021 1

注：“*Spot*”代表沪深 300 股指指数价格；“*Future*”代表沪深 300 股指期货价格；“*num*”代表期末新增 *A* 股参与交易的投资者数量；“*prem*”代表封闭式基金折溢价率，是同时期封闭式基金折溢价率加权得到；“*turnover*”代表换手率，采用交易量与流通市值之比；“PE”代表 A 股市盈率；“*buyrate*”代表主买率，使用沪深 300 板块的净流入金额作为主动买入金额和主动卖出金额的差值的代理变量，剔除股市熔断等极端情况，使用日平均净流入金额作为现货市场主买率指标；“*MTR*”代表融资余额占比，“iVIX”代表期权波动率指数，利用平价期权的看涨—看跌价格及 *BS* 模型计算得到，*S* 表示由 PLS 法得到的投资者情绪指数。

5.3.2 股指期货与现货价格的统计特征分析

对于股指期货、现货收益率首先进行基本的单位根检验及 ARCH 效应检验，容易得出股指现货与期货收益率序列是平稳的。然后分别采用 Q 统计量、LM 检验法对收益率序列进行分析，只有通过了 ARCH 效应检验，才可对股指期货、股指现货数据建立 GARCH 模型。表 5.2 给出了检验结果，股指期货、现货收益率通过了 LM 检验，同时 Q 统计量显著不为 0。

表 5.2 价格数据的平稳性检验及 ARCH 效应检验

变量	LM（χ^2值）	Q（6）	Q（12）	Q^2（6）	Q^2（12）	平稳性
$\Delta\ln S_t$	224.27***	26.478***	51.597***	649.33***	1 000.6***	平稳的
$\Delta\ln F_t$	157.72***	20.097***	46.418***	390.26***	558.66***	平稳的

注：*** 表示在 1%水平下显著。

根据常见 AIC 等准则确定 VAR 模型的最优滞后阶数判定，选用 VAR（2）建立模型并分析股指期货与现货收益率之间的引导关系，同时给出 Granger 因果检验（见表 5.3），从统计量数值和 p 值来看，股指期货市场与现货市场存在显著的双向格兰杰单向引导关系。脉冲响应图表明现货市场和期货市场分别受到一个单位的标准差的乔利斯基（Cholesky）信息冲击后的反应，虚线表示正负两倍标准差的偏离带（见图 5.1）。其中横轴表示冲击后的滞后期（单位：日），最大滞后期为 20 天。从脉冲响应图中可以看出，现货市场受到期货市场的冲击幅度很大，第一期可以达到 0.02，然后迅速减小，在第 5 期冲击的影响消失；期货市场受到现货市场的冲击幅度较小，并且具有滞后的特征，第二期冲击较为显著，达到 0.002，冲击的影响在第 10 期左右消失。因此，股指期货市场对现货市场的冲击更为迅速和显著，股指期货市场具有引导现货市场的功能。

表 5.3 Granger 因果检验结果

H_0	滞后阶数	F 值	P 值
股指现货市场不是股指期货市场的格兰杰因果关系	2	14.999	0.000***
股指期货市场不是股指现货市场的格兰杰因果关系	2	12.175	0.000***

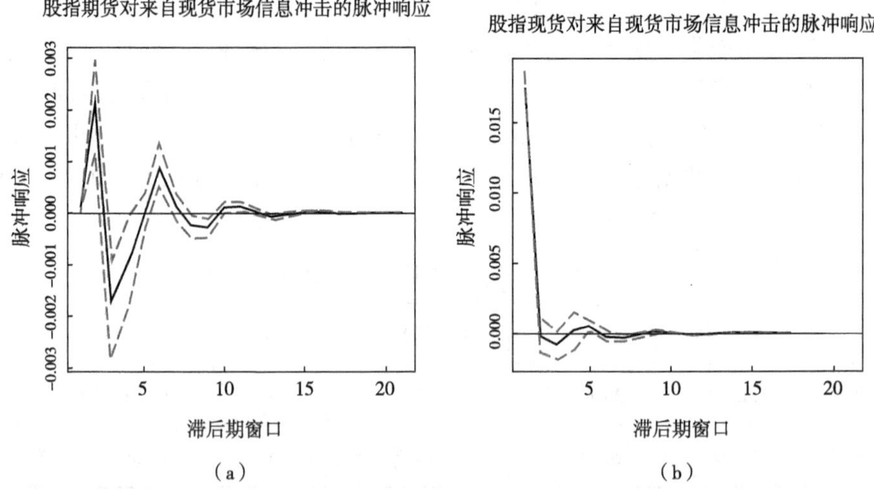

图 5.1　CSI300 指数和股指期货之间的脉冲响应图

在 VECM 模型的基础上，利用传统信息份额模型对股指期货市场价格发现功能加以度量，基于 IS 模型得到期货市场和现货市场的信息份额，以分析股指期货市场是否在价格发现中起主导作用。容易得出股指期货市场信息份额上界为 96.61%，下界为 12.07%，均值为 54.34%（取上下界的平均值）；股指现货市场上界为 87.93%，下界为 3.39%，均值为 45.66%，可见期货市场价格发现功能比现货贡献度大，在价格发现功能中起主要作用。

进一步使用分位信息份额模型（quantile information share）计算不同分位点处期货市场与现货市场的信息份额，比较期现货市场收益率处于不同水平时，价格发现功能的变化。从表 5.4 呈现的结果来看，期货、现货市场收益率处于不同分位点时，期货市场的价格发现能力并不相同。其中，当现货收益率水平一定时，随着期货收益率分位点τ_1由 0.1 到 0.9 变化，价格发现能力是逐渐增强的，且当现货市场收益率处于较低分位点时，期货价格发现能力更强；而当期货市场收益率水平较低时，随着现货收益率分位点的提高，更容易表现为现货市场引导期货市场。由此可见，市场处于不同的状态时，股指期货市场价格发现功能也会随之动态变化，这也验证了市场所处态势的变化，会改变期货最优套期保值比率，从而影响套期保值效率。因此有必要进一步分析投资者情绪是否成为影响股指期货、现货市场引导关系的原因。

表 5.4 基于分位信息份额模型的股指期货市场价格发现功能

τ_1/τ_2	0.1	0.25	0.5	0.75	0.9
0.1	0.486 8 (0.054, 0.919)	0.433 4 (0.027, 0.840)	0.350 1 (0.003, 0.698)	0.306 5 (0.000, 0.613)	0.273 6 (0.012, 0.535)
0.25	0.535 4 (0.145, 0.926)	0.474 2 (0.049, 0.899)	0.418 3 (0.004, 0.832)	0.391 5 (0.001, 0.782)	0.372 7 (0.021, 0.725)
0.5	0.596 7 (0.243, 0.950)	0.508 9 (0.096, 0.922)	0.436 9 (0.008, 0.866)	0.419 3 (0.001, 0.838)	0.426 6 (0.034, 0.819)
0.75	0.671 4 (0.360, 0.983)	0.580 1 (0.197, 0.963)	0.454 8 (0.032, 0.877)	0.434 5 (0.033, 0.866)	0.492 0 (0.068, 0.916)
0.9	0.750 6 (0.508, 0.993)	0.655 9 (0.330, 0.982)	0.495 2 (0.102, 0.888)	0.430 9 (0.013, 0.849)	0.531 6 (0.098, 0.965)

5.4 投资者情绪影响股指现货、期货市场的实证结果

5.4.1 投资者情绪影响收益率、波动率的 OLS 结果

根据 OLS 线性回归模型可以得到投资者情绪对股指现货、股指期货市场收益率及波动率的影响结果。首先用最简单的方法来得到大致的结论，实证结果见表 5.5，从结果来看，当期投资者情绪对股指期货、现货市场收益的影响是显著正向的，并且具有持久性，滞后 5 期的情绪前的系数也是显著为正的，但当期投资者情绪对收益的影响更强，滞后期投资者情绪对收益的影响较弱。滞后 20 期后发现投资者情绪对收益率不存在显著影响，这表明投资者情绪对收益率的影响并不持久。从投资者情绪对股指期货、现货市场的收益率的非对称影响角度来看，正向投资者情绪变化对收益率的影响是正向的，负向情绪对收益率的影响是反向的，这个结论符合第 3 章理论推导的结论。从样本区间的实证结果来看，正向投资者情绪对收益率的影响更强，表现为情绪高涨时，投资者的买入行为会更加疯狂。

表 5.5 投资者情绪与股指现货、期货收益率的回归结果

股指现货市场收益率	情形一	情形二	情形三	情形四
ΔS_t	0. 142 3*** [44. 002]	0. 136 2*** [37. 438]	0. 136 2*** [36. 829]	
ΔS_{t-5}		0. 006 2 [3. 639]	0. 006 6 [3. 739]	
ΔS_{t-20}			0. 000 9 [-1. 124]	
$(\Delta S_t)^2 \times D$				0. 435 2*** [14. 495]
$(\Delta S_t)^2 \times (1-D)$				-0. 390 5*** [21. 794]
股指期货市场收益率	**情形一**	**情形二**	**情形三**	**情形四**
ΔS_t	0. 156 0*** [34. 389]	0. 151 2*** [29. 514]	0. 151 0*** [28. 957]	
ΔS_{t-5}		0. 005 1 [2. 100]	0. 005 6 [2. 246]	
ΔS_{t-20}			0. 000 4 [-0. 377]	
$(\Delta S_t)^2 \times D$				0. 504 4*** [13. 072]
$(\Delta S_t)^2 \times (1-D)$				0. 414 0*** [17. 979]

注：方括号内的数值为 t 统计量，*** 、** 表示在 1%、5%水平下显著。

对于波动率方面的分析，首先方差波动率与已实现的波动率两者之间存在高度的相关性，对于股指现货而言，两者的相关系数高达 0. 998，而对于股指期货而言，两者的相关系数高达 0. 999。当期投资者情绪对波动率的影响也是正向显著的（结果见附录 D）。投资者情绪对波动率的影响较为特殊的地方是：无论是正向变化，还是负向变化，投资者情绪变化幅度越大，股指期货和现货市场越容易随着投资者情绪的变化而暴涨暴跌，从而股指期货、现货市场的波动率越大。因此在分析投资者情绪对波动率影响时，用解释变量（投资者情绪）的变化量的绝对值反映投资者情绪的变化。从表 5. 6 的实证结

果可以看出：投资者情绪对波动率的影响直至滞后20期都非常显著，当期投资者情绪对波动率的影响最大，投资者情绪对股指期货、现货市场波动率的影响非常持久。从投资者情绪对波动率的非对称影响来看，正、负向投资者情绪对波动率的影响均是显著的，但正向投资者情绪对波动率的影响更强，说明乐观高涨的投资者的交易行为会加剧股指期货、现货市场的波动率。

表5.6　投资者情绪与股指现货、期货波动率的回归结果

股指现货市场波动率（σ_w^2）	情形一	情形二	情形三	情形四
$\|\Delta S_t\|$	0.039 6*** [12.547]	0.023 9*** [6.590]	0.015 8*** [5.036]	
$\|\Delta S_{t-5}\|$		0.013 9*** [8.161]	0.005 4*** [3.468]	
$\|\Delta S_{t-20}\|$			0.012 9*** [18.818]	
$(\Delta S_t)^2 \times D$				0.196 2*** [11.89]
$(\Delta S_t)^2 \times (1-D)$				0.099 8*** [11.28]
股指期货市场波动率（σ_w^2）	情形一	情形二	情形三	情形四
$\|\Delta S_t\|$	0.058 6*** [10.269]	0.033 3*** [5.047]	0.019 7*** [3.436]	
$\|\Delta S_{t-5}\|$		0.022 3*** [7.208]	0.006 7** [2.361]	
$\|\Delta S_{t-20}\|$			0.023 1*** [18.421]	
$(\Delta S_t)^2 \times D$				0.354 6*** [11.92]
$(\Delta S_t)^2 \times (1-D)$				0.194 4*** [12.59]
股指现货市场波动率（σ_v^2）	情形一	情形二	情形三	情形四
$\|\Delta S_t\|$	0.002 0*** [12.404]	0.001 2*** [6.574]	0.000 8*** [4.958]	

续表

股指现货市场波动率（σ_v^2）	情形一	情形二	情形三	情形四
$\lvert \Delta S_{t-5} \rvert$		0.000 7*** [7.916]	0.000 3*** [3.423]	
$\lvert \Delta S_{t-20} \rvert$			0.000 6*** [18.110]	
$(\Delta S_t)^2 \times D$				0.006 2*** [11.63]
$(\Delta S_t)^2 \times (1-D)$				0.005 4*** [11.38]
股指期货市场波动率（σ_v^2）	情形一	情形二	情形三	情形四
$\lvert \Delta S_t \rvert$	0.002 9*** [10.068]	0.001 7*** [4.979]	0.001 0*** [3.320]	
$\lvert \Delta S_{t-5} \rvert$		0.001 1*** [6.983]	0.000 3*** [2.219]	
$\lvert \Delta S_{t-20} \rvert$			0.001 2*** [18.076]	
$(\Delta S_t)^2 \times D$				0.009 7*** [11.69]
$(\Delta S_t)^2 \times (1-D)$				0.008 3*** [12.79]

注：方括号内的数值为 t 统计量，*** 、* 表示在 1%、10%水平下显著。

5.4.2 投资者情绪影响收益率、波动率的 GARCH（1，1）-M 回归结果

投资者情绪变化对沪深 300 股指现货与沪深 300 股指期货指数收益的回归结果见表 5.7，其中，第二列和第三列是分析投资者情绪对股指现货市场的影响，而第四列和第五列是分析投资者情绪对股指期货市场的影响。当模型里不考虑投资者情绪因素时，只有现货市场的α_1系数在 10%的水平下是小于零的，而期货市场的则不显著，这说明两个市场几乎得不到风险补偿。当在 GARCH-M 模型中考虑情绪因素时（其中股指现货市场使用的是 GARCH（1，2)-M 模型），其中，α_1系数不显著，但α_2显著大于 0，从影响系数来看，对期货的影响系数为 0. 150 4，对现货市场的影响系数为 0. 133 4，对期货市

场影响程度要大于现货市场，这再一次证实了假设 5.1 和假设 5.2。从β_3和β_4的回归结果来看，β_3和β_4的系数均显著大于 0，说明正、负向投资者情绪变化都会增加股票收益的波动。从具体的β_3和β_4数值来看，投资者情绪对股指期货市场的冲击要大于对股指现货市场的冲击，单独从股指期货市场和现货市场来看，正向投资者情绪比负向投资者情绪对市场波动率的影响更大。因期货市场本身的杠杆属性导致其波动率更容易受到投资者情绪的影响，这又一次证实了假设 5.3 和假设 5.4。总体上看，投资者情绪对波动率的正向影响将作为第 7 章改进动态套期保值模型的重要依据。

表 5.7 投资者情绪影响收益率、波动率的 GARCH（1，1）-M 结果

被解释变量	股指现货市场收益率		股指期货市场收益率	
α_0	0.001 4** [2.111]	0.000 5*** [0.893]	0.001 4* [1.664]	0.000 7 [1.155]
α_1	-0.119 5* [-1.652]	-0.025 7 [-0.286]	-0.086 7 [-1.174]	-0.050 9 [-0.584]
α_2	—	0.133 4*** [34.198]	—	0.150 4*** [32.504]
β_0	1E-06 [0.371]	2E-06 [1.241]	1E-06 [0.613]	1E-06 [0.648]
β_1	0.068 1*** [3.310]	0.137 2*** [4.054]	0.069 7*** [3.883]	0.087 4*** [2.780]
β_2	0.930 9*** [49.642]	0.148 5* [1.898]	0.928 2*** [56.317]	0.738 2*** [12.426]
β_2'	—	0.463 8*** [5.581]	—	—
β_3	—	0.001 6*** [3.629]	—	0.002 6*** [2.781]
β_4	—	0.002 5*** [5.350]	—	0.002 3*** [5.060]
Log *L*	2 815.63	3 353.50	2 671.58	3 156.45

注：方括号内的数值为 *t* 统计量，***、**、* 表示在 1%、5%、10%水平下显著。

5.4.3 投资者情绪对股指现货与股指期货市场动态相关性的影响

表 5.8 给出了 DCC-GARCH 模型和 GJR-DCC-GARCH 模型的估计结果，

从表中可以看出，β 是显著大于 0 的，并且满足 $\alpha+\beta$ 小于 1 的约束条件，说明在滞后期内动态相关系数受前 1 期标准化均值残差的影响显著。就我国股指现货和股指期货价格联动而言，$\alpha_1=0.0657$，$\beta_1=0.9333$；$\alpha_2=0.0627$，$\beta_2=0.9347$，说明我国股指期货、现货市场之间的动态相关系数受条件异方差的影响很大，并且吸收了由前期均值方差所引起的波动。α 值均比较小，说明期货、现货市场间的相关性不会受到前期的外部干扰。与此同时，β 估计值超过了 0.9，说明这些股指期货与股指现货价格之间的动态相关系数显著受到前期较大的影响，动态相关系数变动较大，并具有较强的持续性。由于 $\alpha+\beta$ 的数值非常接近于 1，对股指期货市场与现货市场还同时建立了 GJR-DCC-GARCH 模型，该模型同时考虑了两个市场联动中的杠杆效应。从系数的显著性来看，对于期货市场而言，杠杆的效应使得波动加大，但只通过了 10%的显著水平，因此在后文研究股指期货套期保值时，所使用的模型为 DCC-GARCH 模型。

基于分位数方法可以考察投资者情绪对股指期货、现货市场动态相关性的影响，回归结果见表 5.8 的 Panel C。将 DCC-GARCH 模型与 GJR-DCC-GARCH 模型得到的动态相关系数和投资者情绪做分位回归分析，在主要的分位点处得到的结果是相同的，而从更多的分位点看有细微的差别，但投资者情绪对动态相关性的影响是一致的。从表 5.8 中和图 5.2 中可以得到以下结论：其一，发现投资者情绪对股指期货、现货市场间动态相关性的非对称影响，并且容易发现股指期货、现货市场间的动态相关系数在任意分位点处，投资者情绪对其的影响都是显著的。其二，当市场相关性较低时，投资者情绪对相关性的影响是正向的，而在相关性处于中等或较高水平时，投资者情绪对相关性的影响是负向的。其三，从系数图中可以发现在相关系数处于较高或较低水平时，投资者情绪对其的影响差异较大。这个结论表明，当市场处于较为平稳的状态，即股指期货、现货市场处于长期协整状态时，投资者会对资本市场有相对理性和准确的判断，在套利机制和投资者追求盈利的交易操作下，股指期货、现货市场的波动和关系不易在情绪的作用下出现较大偏离（两个市场间有较高的相关性）。而只有在期货、现货市场相关性较低时，投资者情绪才会对市场走势产生误判。投资者情绪的增加会降低股指期货市场与现货市场的信息传递效率，会降低两个市场间的相关性。而在极端情况下，即两个市场间的相关性非常低时，市场间价格的长期协整关系被打破，期货、现货市场价格出现大幅度偏离。此时在套利交易者的作用下，两个市场的价格出现回归均衡的局面。从具体的实证结果容易看出，投资者情绪对股指期货、现货市场动态相关性的影响与样本期内市场状态有关，并且两个市场间相关性程度不同，投资者情绪对其影响也具有非对称性。尽管投资者情绪对沪深 300 股指期货、现货市场间的动态相关性存在非对称影响，但总体上，投资者情绪对动态相关性存在显著的负向影响，这个结论是第 7 章改进套期保值模型的重要结论。

表 5.8　DCC-GARCH 模型参数估计与分位数回归结果

Panel A　DCC-GARCH 模型参数估计结果			Panel B　GJR-DCC-GARCH 模型参数估计结果	
被解释变量	股指现货市场收益率 ($i=s$)	股指期货市场收益率 ($i=f$)	股指现货市场收益率 ($i=s$)	股指期货市场收益率 ($i=f$)
ω_i	1E-06 [0.187]	1E-06 [0.278]	1E-06 [0.143]	2E-06 [0.523]
α_i	0.065 7 [1.251]	0.062 7 [1.400]	0.063 4 [0.985]	0.046 2* [1.742]
β_i	0.933 3*** [19.406]	0.934 7*** [21.957]	0.932 8*** [15.680]	0.929 6*** [28.256]
γ_i	—	—	0.005 5 [0.228]	0.037 3 [1.203]
$\alpha_i+\beta_i$	0.999 0	0.997 4	0.996 2	0.967 0
α_{DCC}	0.027 7*** [5.831]		0.023 0*** [3.770]	
β_{DCC}	0.970 6*** [441.509]		0.968 3*** [101.795]	
Log L	6 755.0		6 763.0	

Panel C 投资者情绪指数对动态相关系数的分位数回归							
分位点	Q_ 0.05	Q_ 0.10	Q_ 0.25	Q_ 0.50	Q_ 0.75	Q_ 0.90	Q_ 0.95
DCC-GARCH	0.009 8*** [4.481]	-0.001 9 [-1.250]	-0.006 7*** [-7.356]	-0.009 0*** [-7.553]	-0.009 2*** [-6.390]	-0.005 4*** [-3.898]	-0.002 3* [-1.948]
GJR-DCC-GARCH	0.012 0*** [6.613]	-0.001 0** [-0.672]	-0.006 4*** [-7.806]	-0.009 4*** [-8.475]	-0.010 2*** [-7.347]	-0.006 0*** [-4.406]	-0.004 0*** [-3.549]

注：方括号内的数值为 t 统计量，***、* 表示在 1%、10%水平下显著。

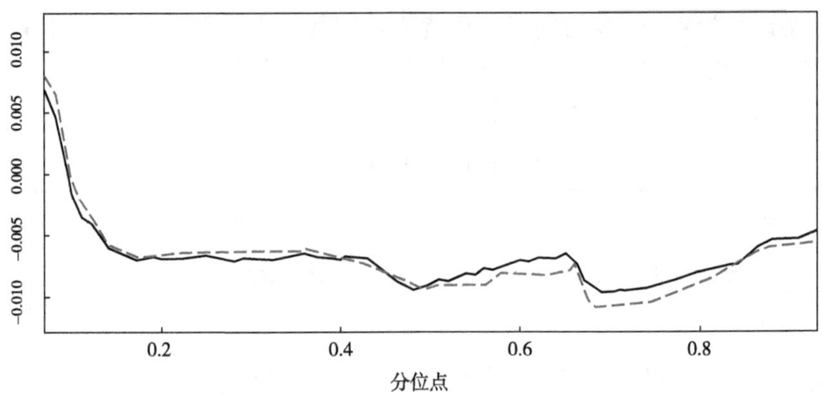

图 5.2 投资者情绪对股指期货、现货市场间动态相关系数的影响

注：实线、虚线分别代表 DCC-GARCH、GJR-DCC-GRACH 下投资者情绪对期现货市场间动态相关系数的影响。

5.5 小结

第 5 章从总体上分析了投资者情绪对沪深 300 股指期货与沪深 300 股指现货市场的总体影响。第 5 章是在第 3 章 DSSW 模型就投资者情绪对股指现货与股指期货市场影响的理论推导，以及第 4 章建立的投资者情绪指数的基础上完成的。首先根据所选取的投资者情绪指标及股指期货、现货市场收益率，以及波动率指标，分别建立投资者情绪对股指期货市场、现货市场收益率和波动率及动态相关性的影响的模型。然后从基本的 OLS 回归方法、GARCH（1，1）-M 回归模型，到 DCC-GARCH 模型和分位数回归模型；从基础的股指期货市场与现货市场间的信息传导和联动关系，到以三个视角（收益率、波动率及动态相关性）分析投资者情绪对股指期货、现货市场的影响。层层递进、循序渐进地把握投资者情绪对股指期货市场套期保值效率影响的潜在原因，投资者情绪对股指期货与现货市场波动率和动态相关性产生的影响会直接影响套期保值最优比率。在接下来的章节中，我们会进一步全面分析投资者情绪对最优套期保值比率和套期保值效率的影响，并尝试基于投资者情绪因素改进套期保值模型。

6 投资者情绪引入套期保值模型的合理性分析

经过第3章、第4章和第5章的分析，无论从理论还是简单实证分析，都可以得出投资者情绪能够对股指期货、股指现货市场产生影响，这是可以影响套期保值最优比率，进而影响套期保值效率的。但是情绪因素对套期保值效率具体产生了多少影响，是否能够用于提高套期保值效率，还需做进一步的实证分析。接下最值得关注的是投资者情绪如何作用于最优套期保值比率、影响套期保值效率，这里需要借助套期保值模型来比较分析。最为关键的问题是：将情绪因素引入套期保值模型是否合理？如何引入动态套期保值模型？本章借鉴以往学者对于动态套期保值模型改进的方式，将投资者情绪因素合理引入动态套期保值模型中，并提出两种情绪引入的方式。其一是直接将情绪引入期货、现货市场条件方差-协方差矩阵中，考察情绪对套期保值效率具体产生多大的影响；其二是结合不同市场态势下，情绪对套期保值的作用不同，从而进一步分析在考虑市场态势转换的条件下，情绪对套期保值效率产生的具体影响。

6.1 复杂动态套期保值模型改进方向

6.1.1 基于基差非对称性的动态套期保值模型

套期保值模型主要分为静态模型和动态模型两类，而较为复杂的套期保值模型一般在动态套期保值模型基础上加以扩展，本节主要介绍其中较为流行的两类复杂模型。

股指期货基差是指股指期货现货价格与期货价格的差值，不仅可以反映股指期货价格发现效率，同时在整个期货合约有效期间，基差波动产生的不确定性也是影响套期保值的关键因素。只有在套期保值之初与结束时基差没有发生改变，才算是实现完全的套期保值。否则，套期保值存在基差风险。因此，有学者在期货、现货协整理论及动态套期保值模型（VECM-DCC-GARCH）基础上，提出将滞后基差分解成正、负两项：$B_{t-1}=B_{t-1}^{+}+B_{t-1}^{-}$，$B_{t-1}^{+}=\max(B_{t-1},0)$，$B_{t-1}^{-}=\min(B_{t-1},0)$，将正、负基差项作为误差修正机制引入，期货和现货市场的条件均值方程可以设定为：

$$\Delta\ln S_t = C_S + \sum_{i=1}^{p} \alpha_{Si}\Delta\ln S_{t-i} + \sum_{j=1}^{q}\beta_{Si}\Delta\ln F_{t-i} + \gamma_{Sk}B_{t-1}^{+} + \gamma_{Sj}B_{t-1}^{-} + \varepsilon_{St} \tag{6.1}$$

$$\Delta\ln F_t = C_S + \sum_{i=1}^{p} \alpha_{Fi}\Delta\ln S_{t-i} + \sum_{j=1}^{q}\beta_{Fi}\Delta\ln F_{t-i} + \gamma_{Fk}B_{t-1}^{+} + \gamma_{Fj}B_{t-1}^{-} + \varepsilon_{Ft} \tag{6.2}$$

其中，S_t和F_t分别表示 t 时现货和期货的价格，$\Delta\ln S_t$和$\Delta\ln F_t$则分别表示现货和期货价格的对数收益率，$B_{t-1}=\ln(S_{t-1})-\ln(F_{t-1})$。调整系数$\gamma_{Sk}$，$\gamma_{Sj}$，$\gamma_{Fk}$和$\gamma_{Fj}$用来衡量正、负基差对偏离长期均衡的调整力度。

为体现式（6.1）和式（6.2）中残差项的条件方差-协方差矩阵的时变性，令$\xi_t=$（ε_{St}，ε_{Ft}）^{T}为残差向量，满足$\xi_t|\Omega_{t-1}\sim N$（0，H_t），并且

$$H_t=\begin{bmatrix} h_{SS,t} & h_{SF,t} \\ h_{SF,t} & h_{FF,t} \end{bmatrix} \tag{6.3}$$

其中，Ω_{t-1}表示 t-1 时刻的信息集，H_t表示条件方差-协方差矩阵。$\sigma_{SS,t}$和$\sigma_{FF,t}$分别表示现货市场和期货市场的条件方差。值得注意的是，分别将正基差B_{t-1}^{+}和负基差的绝对值$|B_{t-1}^{-}|$引入，以考虑基差对条件方差-协方差矩阵的非对称影响。

$$h_{SS,t}=w_S+\theta_S\varepsilon_{S,t-1}^2+\delta_S h_{SS,t-1}+\xi_{Sp}B_{t-1}^{+}+\varphi_{Sn}\mid B_{t-1}^{-}\mid \tag{6.4}$$

$$h_{FF,t}=w_F+\theta_F\varepsilon_{F,t-1}^2+\delta_F h_{FF,t-1}+\xi_{Fp}B_{t-1}^{+}+\varphi_{Fn}\mid B_{t-1}^{-}\mid \tag{6.5}$$

$$\rho_{SF,t}=（1-\kappa_1-\kappa_2）\bar{\rho}_{SF}+\kappa_1\rho_{SF,t-1}+\kappa_2（\eta_{S,t-1}\eta_{F,t-1}）+\mu_p B_{t-1}^{+}+\mu_n\mid \bar{B}_{t-1}\mid \tag{6.6}$$

其中，$\rho_{SF,t}$表示 t 时刻期现货市场相关系数，$\bar{\rho}_{SF}$是期现货市场无条件相关系数，$\eta_{S,t-1}$和$\eta_{F,t-1}$是标准化后的残差，$h_{SS,t}$和$h_{FF,t}$分别为股指现货和股指期货收益率的条件方差。式（6.4）—式（6.6）称为 Basis-asymmetric-effect DCC-BGARCH 模型。使用两阶段估计法，可以计算出时刻 t 的残差、条件方差和条件协方差。t 时刻的最优套期保值比率为：

$$h^*=\frac{\mathrm{Cov}（\Delta\ln S_t，\Delta\ln F_t|\Omega_{t-1}）}{\mathrm{Var}（\Delta\ln F_{t-1}|\Omega_{t-1}）}=\rho_{SF,t}\frac{\sqrt{h_{SS,t}}}{\sqrt{h_{FF,t}}} \tag{6.7}$$

其中，h^*为最优套期保值比率，$\rho_{SF,t}$表示 t 时刻期现货市场相关系数，$h_{SS,t}$和$h_{FF,t}$分别为股指现货和股指期货收益率的条件方差，Ω_{t-1}表示 t-1 时刻的信息集。基于基差角度的动态套期保值能够密切跟踪基差的动态变化，充分考虑基差对期货、现货相关性非对称影响，测算基差风险。当基差出现过度偏离现象能够及时调整套期保值头寸，有利于控制基差风险。显然，只要基差因

素的估计系数是显著的，在考虑与不考虑基差因素的两种情形下，均值方程与方差方程的估计系数则会显著不同。这充分证实了基差对期货、现货收益率、波动率及其相关性的非对称影响，基差引入动态套期保值模型是合理的。

6.1.2　马尔科夫状态转换模型下的套期保值

单一状态下套期保值模型假定市场处于一个稳定的状态中，期货与现货之间的关系并不会随市场状态的改变而不同。而马尔可夫状态转换方法是一种非常重要和流行的非线性状态转换模型，能够有效反映市场处于高、低波动的两种状态下的期货、现货市场关系。也有学者将转换的态势扩展为三种，即考虑了期货合约因换月引起的期货价格跳跃性波动，这种情况有别于平稳、动荡市场的常规转换（Alizadeh et al.，2008）。

若在动态套期保值模型的基础上将马尔科夫状态转换方法引入套期保值最优比率的计算中，可以将基差信息包含在模型中，提高套期保值策略的稳定性。

假设股市处于平稳或动荡的两种态势，用$X_t=1$，2 表示，则H_{ij}为两种市场态势下的方差-协方差矩阵。由于预期市场态势的不可观测性，通常假设其状态转换服从一个马尔科夫过程（Mero，2016），即状态转换概率P_{ij}表示 $t-1$ 时刻市场处于 i 状态，而 t 时刻处于 j 状态的概率。由于马尔科夫过程的无记忆性，股市下一刻所处状态只与现在所处状态有关，跟过去时刻的状态无关，则股市状态的转换概率为：

$$\Pr(X_t=j|X_{t-1}=i, X_{t-2}=k, \cdots)=\Pr(X_t=j|X_{t-1}=i)=P_{ij} \tag{6.8}$$

假设市场有两种状态，即高波动状态和低波动状态，因此$X_t=1$，2，P_{ij}表示 $t-1$ 时刻市场处于 i 状态，而 t 时刻处于 j 状态的概率。状态转换概率矩阵可以表示为：

$$P=\begin{pmatrix} P_{11} & P_{12} \\ P_{21} & P_{22} \end{pmatrix} \tag{6.9}$$

且满足：$P_{i1}+P_{i2}=1$，且 $i=1$，2，并且处于状态 1（Π_1）和状态 2（Π_2）的概率为：

$$\Pi_1=\frac{1-P_{22}}{2-P_{11}-P_{22}},\quad \Pi_2=\frac{1-P_{11}}{2-P_{11}-P_{22}} \tag{6.10}$$

在股指期货市场中，基差能够提供一定的价格信息，也可使用滞后的基差项构造马尔科夫转换概率（Logistics 函数型）：

$$P_{12,t}=\frac{1}{1+\exp(a_1+b_1(\sum_{i=0}^{3}Basis_{1,t-i})/4)},$$
$$P_{21,t}=\frac{1}{1+\exp(a_2+b_2(\sum_{i=0}^{3}Basis_{1,t-i})/4)} \tag{6.11}$$

假设状态依赖下收益率服从正态分布，则其联合条件概率密度函数为：

$$f\ (\Delta\ln S,\ \Delta\ln F|X_t;\ \vec{\theta})\ =\frac{\Pi_{1,t}}{2\pi}|H_{t,1}|^{-\frac{1}{2}}\exp\ (-\frac{1}{2}\xi'_{t,1}H_{t-1}^{-1}\xi_{t,1})\ +\frac{\Pi_{2,t}}{2\pi}|H_{t,2}|^{-\frac{1}{2}}\exp\ (-\frac{1}{2}\xi'_{t,2}H_{t-1}^{-1}\xi_{t,2}) \tag{6.12}$$

其中，$\Pi_{1,t}$，$\Pi_{2,t}$分别表示 t 时刻市场处于状态 1 或状态 2 的概率，$H_{t,1}$和$H_{t,2}$分别表示 t 时刻市场处于状态 1 或状态 2 时的股指现货与股指期货的条件方差-协方差矩阵。$\xi_{t,1}=(\varepsilon_{st,1},\ \varepsilon_{ft,1})^T$和$\xi_{t,2}=(\varepsilon_{st,2},\ \varepsilon_{ft,2})^T$分别表示两个市场态势下的股指现货和股指期货收益率条件均值方程的残差。由于$P_{i1}+P_{i1}=1$，可将$\Pi_{1,t}$，$\Pi_{2,t}$带入对应的极大似然函数中，得到参数估计值$\vec{\theta}$，可以得到股市处于平稳或动荡状态时，最小方差的套期保值比率h_1^*和h_2^*，若设ϕ_T为可观测基差的信息集，可根据ϕ_T得到市场处于状态 1 或状态 2 的平滑概率 $\Pr(X_t=i|\phi_T)$，则 t 时刻的最优套期保值比率为：

$$h^*=\sum_{i=1}^{2}h_i^*\Pr(X_t=i|\varphi_T) \tag{6.13}$$

从最优套期保值比率h^*估计的结果来看，最终是将市场处于不同状态的平滑概率与该市场状态下的最优套期保值比率h_i^*的乘积进行加总。当考虑市场态势转换对套期保值效率的影响时，MRS-GARCH 模型得到的是动态套期保值比率。如果想进一步改进动态套期保值模型，则需要将马尔科夫状态转换方法与 DCC-GARCH 相结合。使用 DCC-GARCH 模型来求解套期保值比率的文献较多，尽管这种算法已经具有一定的复杂性。但若在该模型的基础上结合马尔科夫状态转换方法则是更加复杂的求解过程。从以往的研究文献看，国外用此类方法研究的文献寥寥无几，且尚未将其应用于国内股指期货市场。由此可见，基于市场态势转换的动态套期保值方法还没有得到广泛的应用，这主要是因为该方法在具体实证中的运用难度较高，并且该模型的有效性还需得到进一步的实证检验。

6.2 基于情绪改进动态套期保值模型合理性的研究假设

基于基差角度与市场态势转换的套期保值模型的有效性尚有较多文献构成支撑，然而基于情绪的动态套期保值模型改进的相关文献却非常稀少，因此不能从几篇仅有的文献来推断基于情绪的动态套期保值模型的合理性和有效性。本部分试图从以下两个角度展开说明。

6.2.1 投资者情绪对期货、现货市场存在影响

前面所介绍的两种复杂的动态套期保值模型改进虽是从两个不同的角度分析（基差与市场态势转换），但无论哪种改进皆是充分考虑了这种因素对期货、现货市场价格收益率及条件方差-协方差矩阵的影响，因为期货、现货市场的动态关系及运行特征改变才是影响套期保值效率的根本原因。从这个角度来看，只要可以证明投资者情绪同样可以对期货、现货市场价格收益率及条件方差-协方差矩阵产生影响，那么就可以说明基于投资者情绪改进套期保值模型是有效的。这一点可以从第五章的实证结果中看出：投资者情绪不仅对期货、现货市场收益率和波动率存在影响，也对两个市场间的动态相关性存在影响，即可以证明，投资者情绪与基差和市场态势的作用相同，可能会使得期货、现货市场的条件方差-协方差矩阵发生改变，进而改变最优套期保值比率。第 5 章是分别构建各自的模型研究投资者情绪对收益率、波动率和动态相关性的影响，在下一章（第 7 章）会使用基于投资者情绪改进后的动态套期保值模型分析投资者情绪在整体上对期货、现货市场的条件方差、协方差的影响。基于情绪的动态套期保值模型在结构上的改进与基于基差角度的套期保值模型的改进是非常类似的，这种改进方法尚未得到广泛的应用，属于较新颖的改进方法。但根据噪声交易理论之“价格压力效应”和“空间创造效应”不难推断投资者情绪会对期货、现货市场价格及其间的动态关系产生影响。这种影响从套期保值理论和模型两个角度都能证明动态套期保值模型引入情绪因素的合理性。相比于国外的情绪指数或是通过直接调查取得数据，或是用数理方法量化情绪指数，我国投资者情绪缺乏官方权威的指标或数据，情绪指标数据发展还不成熟。如果采取构建投资者情绪指标的方式，难免会在合成指标的过程中产生误差，导致套期保值效率衡量出现误差，这也是基于情绪的动态套期保值改进模型应用于我国股指期货市场的困难之处。

6.2.2 改进动态套期保值模型因素之间存在某些内部联系

套期保值主要功能是规避价格风险，但基差风险的存在也会影响套期保

值功能及有效性。需要注意的是，影响基差变化的因素十分众多，如噪声交易、交易成本、流动性、波动性、信息效率和供需环境变化等（Marcinkiewicz，2014）。这些因素同时能够反映出市场态势的变化，而基差水平的大小也一定程度地反映了市场的态势水平。比如，市场态势变化会引起市场流动性、波动性和供需环境等变化，导致基差水平随之变化；而从期货市场升贴水的规律也可以推测出未来现货指数的价格趋势（上涨、下跌或波动的市场态势），两者具有某种内在关联性。

首先从情绪与基差内部的关联性分析，主要总结出以下三点内容。其一，投资者情绪既可以直接通过供求关系影响基差，也可以通过影响市场流动性和波动性对基差产生间接影响。投资者情绪走强时，套期保值和套利对投资者的吸引力不大，投资者倾向于对股指期货（高风险资产）进行单边投机。增强的市场流动性与波动性进一步缩小基差，容易形成期货升水。反之，当市场情绪走低时，投资者对指数走势的悲观判断会在股指期货的价格中有所反映，易推动股指期货贴水，基差走强。可以认为，投资者情绪是基差水平变动的影响因素之一，且基差随着投资者情绪指数的上涨而减小，随投资者情绪指数的下跌而增大。其二，在不同市场态势下，投资者的心理和行为会受到市场环境的影响，基差受情绪影响也会出现差别。这是因为市场态势能够体现在资本市场价格和波动特征中，市场的平稳动荡与否都会影响投资者对于资本市场形势的判断（投资者会产生乐观或悲观的情绪），这种主观判断（某种市场态势下的投资者情绪）会带来相应的交易行为，并体现在股指期货的升贴水中，即股指期货基差中。综上所述，投资者在高涨或悲观的情绪作用下会因市场态势的不同产生不同的交易行为，因而对基差的影响也会存在差异。其三，现货市场的非对称做空机制使得期现反向套利往往遭受限制，是投资者情绪对基差产生非对称效应的首要原因；另外，基差变动所受影响因素众多，期货升贴水阶段投资者存在的心理和行为偏差，也会导致这些影响因素对基差的敏感性产生非对称影响。

进一步从市场态势与基差内部的关联性来看，亦可以发现投资者情绪与这两者存在关系。国外学者有关基差的影响因素文献中，大多支持流动性对基差的主导作用（Roll et al.，2007；Lien et al.，2013），这些学者们发现股票市场流动性及其成分股指数的期现基差之间互为格兰杰因果关系，我国学者（郑振龙和林璟，2015）也发现流动性与沪深300股指期货定价偏差之间也存在关系，但进一步确定投资者情绪才是我国沪深300股指期货定价偏差的主要作用因素。

从以上研究结果不难发现，基差不仅与市场态势之间存在关联，且会受到投资者情绪的影响，而基差反映了期货市场升贴水程度，也会对噪声交易者产生错误的引导信息，可见投资者情绪与基差间存在因果关系。从另一个角度来看，股票的市场态势也与投资者情绪有密切关系，市场态势会在资本市场价格和波动特征中得以体现，市场的平稳或动荡都会影响投资者对于资本市场形势的判断，这种主观判断带来的交易行为反映了在该市场态势下投资者情绪的大小。综上所述，基差、市场态势与情绪之间均存在某种程度的内部关联，存在潜在的因果关系。既然基差与市场态势对最优套期保值比率存在影响，那么投资者情绪也在理论上具有相同的作用，那么可以将投资者情绪引入 DCC-GARCH 条件方差-相关系数中改进动态套期保值模型。因此提出如下待检验假设。

假设 6.1：投资者情绪与基差之间存在单向或双向引导关系和因果关系。

假设 6.2：投资者情绪与市场态势之间存在单向或双向引导关系和因果关系。

假设 6.3：市场态势与基差之间存在单向或双向引导关系和因果关系。

在对投资者情绪、市场态势与基差间的关系研究之前，对基差与投资者情绪指数在第 4 章已有所阐述，但市场态势指标的构建尚不明朗。现有文献中，基于市场态势的套期保值模型在改进的过程中，均是将市场态势分为两种，即熊市与牛市。在不同市场态势下研究资本市场运行规律时往往利用收益率和波动率将其刻画为两个阶段或多个阶段加以研究，而在描述投资者情绪、基差与市场态势三者之间的关系时，需使用市场态势的代理变量形成一个时间序列加以分析。这里使用股市趋势指标衡量市场态势的三个依据如下：第一，股指现货市场与股指期货市场是高度相关的，且具有长期或短期的协整关系。套期保值所关注的市场态势包含两个市场，分别是股指现货市场与股指期货市场，可以视股指现货市场的态势为市场态势。第二，市场态势代表市场所处的态势，学者通常将其分成熊市和牛市，熊市指价格长期呈下跌趋势的证券市场，总趋势特征是大跌小涨，牛市市场与之相反。因此选取股票市场趋势指标作为市场态势的代理变量。第三，股票市场趋势指标较多，其中 MA 是最典型的趋势指标，又称移动平均线指标。移动平均线指标具有平稳与趋势的双重特点，越长期的移动平均线越能稳定地体现趋势是否终结或反转。通常移动平均线的参数设定为：$N_1=5$，$N_2=10$，$N_3=20$，$N_4=60$，$N_5=120$，$N_6=250$。通过使用 EWMA 方法，将参数设定为 20 来计算市场态势指标。

EWMA 模型（指数移动平均）是在简单移动平均的方法基础上对不同时间的数据赋予不同的权重，以克服等权重下的移动平均法对数据产生的“幽灵效应”。考虑到接下来要分析市场态势变化、投资者情绪变化与基差是否存在引导关系，市场态势的变化不能过于平滑，因此为了突出市场态势变化，不能对 n 取过大的数值。对于一个时间序列而言，$\{x_t\}$ 的 n（$n=20$）期加权指数移动平均定义为：

$$EWMA_n=\frac{x_{t-1}+\lambda x_{t-2}+\lambda^2 x_{t-2}+\cdots\lambda^n x_{t-n}}{1+\lambda+\lambda^2+\cdots+\lambda^n} \tag{6.14}$$

其中，参数 λ 的取值在 0 到 1 之间，其决定了权重的大小，且当 $n\to\infty$时，分母收敛到 $1/(1-\lambda)$，此时的 $EWMA_\infty=(1-\lambda)\sum_{i=1}^{\infty}\lambda^{i-1}x_{t-i}$。

6.3 情绪引入套期保值模型合理性的实证研究

市场态势会在资本市场价格和波动特征中得以体现，这会影响投资者对于资本市场形势的判断，这种主观判断带来的交易行为反映了在该市场态势下投资者情绪的大小。市场态势变化会引起市场流动性、波动性和供需环境等变化，导致基差水平随之变化。从期货市场升贴水的规律也可以推测出未来现货指数的价格趋势（上涨、下跌或波动的市场态势），投资者情绪、基差与市场态势之间具有某种内在关联性。

6.3.1 基于 VAR 模型的投资者情绪、市场态势与基差间关系实证研究

这里使用 VAR 模型分析投资者情绪、市场态势和基差间的关系，其中投资者情绪指标使用第 4 章利用 PLS 方法构建的S^{PLS}指标，使用沪深 300 指数的日基差，即$Basis_t=\ln(S_t)-\ln(F_t)$代表基差变量。在建立模型前，首先保证系统内的变量是平稳的。基差是平稳的，而市场态势和投资者情绪是非平稳的，所以使用的是市场态势和投资者情绪差分后的数据。进一步使用赤池信息准则（AIC）等方法对以基差、市场态势和投资者情绪三个变量为系统的 VAR 模型进行滞后阶数检验。检验结果如表 6.1 所示，合适的最大滞后期为 4 阶，另外通过似然值比较也得出 4 阶是最优的。由于 VAR 模型建立本身需要时间序列具有平稳性，故建立以三个变量S^{PLS}、$Basis_t$和$Status_t$为系统的 VAR（4）模型时，考虑到基差使用现货与期货对数价格的差分，那么市场态势与投资者情绪采用一阶差分后平稳的数据，以分析市场态势变化、投资者情绪变化与基差之间的潜在关系：

$$\begin{pmatrix} Basis_t \\ S_t^{PLS} \\ Status_t \end{pmatrix} = \begin{pmatrix} c_{1t} \\ c_{2t} \\ c_{3t} \end{pmatrix} + B_1 \begin{pmatrix} Basis_{t-1} \\ S_{t-1}^{PLS} \\ Status_{t-1} \end{pmatrix} + \cdots + B_k \begin{pmatrix} Basis_{t-k} \\ S_{t-k}^{PLS} \\ Status_{t-k} \end{pmatrix} + \begin{pmatrix} e_{1t} \\ e_{2t} \\ e_{3t} \end{pmatrix} \quad t=1, 2, \cdots, T \tag{6.15}$$

表 6.1　VAR 模型滞后期的选择性检验

滞后阶数	1	2	3	4	5
AIC（n）	-2. 695 9	-2. 766 0	-2. 789 1	-2. 905 7	-2. 918 9*
HQ（n）	-2. 672 2	-2. 724 5	-2. 729 9	-2. 828 7*	-2. 824 1
SC（n）	-2. 633 7	-2. 657 2	-2. 633 7	-2. 703 6*	-2. 670 2
FPE（n）	0. 067 5	0. 062 9	0. 061 5	0. 054 7	0. 054 0*

注：* 表示个各个准则选定的最佳滞后期。

在进行脉冲响应分析以前，首先确保 VAR 模型的稳定性，考虑 VAR（4）模型回归结果所提取出全部根的模的倒数值分别为：0. 966 7，0. 689 6，0. 689 6，0. 634 6，0. 554 3，0. 554 3，0. 485 8，0. 485 8，0. 429 5，0. 429 5，0. 388 8，0. 388 8，因此建立的系统是稳定的。图 6. 1 给出对残差累积和的检验，其中图上的曲线表示的是残差累积和，纵轴表示范围，横轴代表时间。

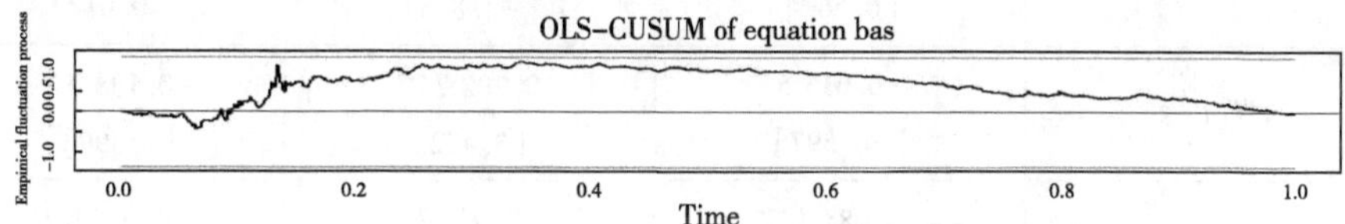

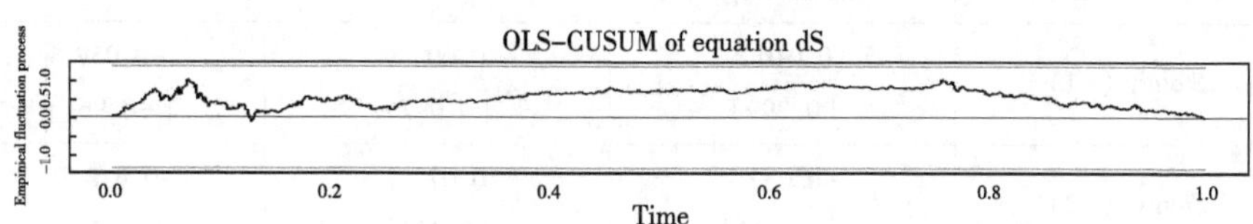

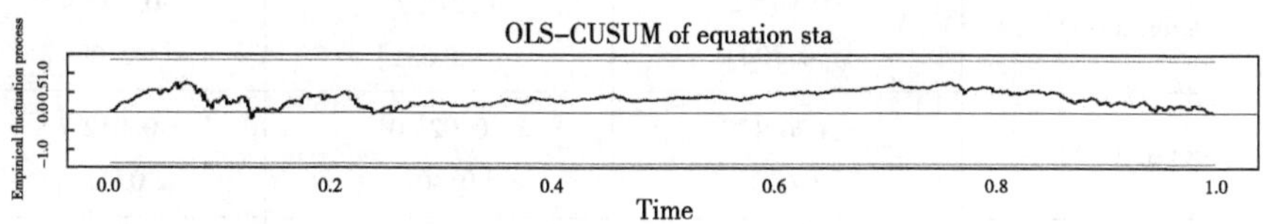

图 6. 1　VAR 模型稳定性检验

注：图中“bas”代表股指期货基差，“dS”表示投资者情绪，“sta”代表市场态势。

判断 VAR 模型参数是否稳定的条件是，考虑图中上、下两条边界线是否覆盖了曲线路径，如果全部覆盖，则表明所构建的模型稳定，反之则不稳定。在选择合适的滞后期并进行稳定性验证后，可对 VAR（4）模型进行参数估计。参数估计结果如表 6.2 所示。

表 6.2　VAR（4）模型各参数估计结果

Panel A：VAR（4）回归结果			
解释变量	$Basis_t$	S^{PLS}	$Status_t$
$Basis_t$（−1）	0.752 1*** [23.365]	−0.129 9* [−1.798]	−0.313 9*** [−4.386]
$Basis_t$（−2）	−0.051 6 [−1.274]	0.153 3* [1.688]	0.467 1*** [5.192]
$Basis_t$（−3）	−0.101 5* [−2.450]	−0.131 9 [−1.419]	−0.121 9 [−0.807]
$Basis_t$（−4）	0.338 7*** [10.259]	0.032 3 [0.463]	−0.108 7 [−1.481]
S^{PLS}（−1）	0.050 9* [1.944]	−0.039 9 [−0.679]	0.098 9* [1.699]
S^{PLS}（−2）	0.014 7 [0.560]	−0.111 1* [−1.876]	−0.035 9 [−0.612]
S^{PLS}（−3）	−0.015 5 [−0.597]	0.202 7*** [3.472]	−0.138 7** [2.399]
S^{PLS}（−4）	−0.084 1*** [−3.270]	0.043 7 [0.758]	0.039 0 [0.683]
$Status_t$（−1）	0.010 8 [0.399]	0.005 8 [0.097]	−0.057 6 [−0.961]
$Status_t$（−2）	−0.032 7 [−1.213]	0.027 4 [0.453]	0.018 7 [0.312]
$Status_t$（−3）	−0.018 3 [−0.700]	−0.212 9*** [−3.631]	−0.121 9** [−2.098]
$Status_t$（−4）	0.076 8*** [3.010]	0.023 0 [0.402]	0.012 7 [0.224]
C	0.001 7 [0.116]	0.002 7 [0.085]	0.002 2 [0.070]

续表

Panel B：格兰杰因果检验结果		
H_0	F-value	P-value
S^{PLS}不是 *Basis* 的格兰杰原因	5.652 0	0.000 0***
Basis 不是S^{PLS}的格兰杰原因	32.418	0.000 0***
S^{PLS}不是 *Status* 的格兰杰原因	377.19	0.000 0***
Status 不是S^{PLS}的格兰杰原因	3.335 2	0.009 9***
Status 不是 *Basis* 的格兰杰原因	59.508 0	0.000 0***
Basis 不是 *Status* 的格兰杰原因	8.802 6	0.000 0***

注：***、**、*表示在1%、5%、10%水平下显著。

基于建立的 VAR（4）模型，为了更好地观察投资者情绪（S^{PLS}）、基差水平（$Basis_t$）和市场态势之间的动态影响关系，也可以从脉冲响应图上来考察。当三者之间具有相互影响并具有 Granger 因果关系时，考虑到基差和市场态势均能够改变股指期货、现货市场的条件方差-协方差矩阵，可以用来改进套期保值模型，那么投资者情绪也能够起到类似的作用，可以用来改变最优套期保值比率。

图 6.2 分别描绘了投资者情绪、基差和市场态势分别受到来自各个变量的一个单位的标准差的乔列斯基（Cholesky）信息冲击后的反应。其中，横轴表示冲击后的滞后期（单位：天），最大滞后期为 20 天，纵轴分别表示投资者情绪、基差和市场态势，实线表示脉冲响应函数值。首先，分析投资者情绪与基差的关系，从脉冲响应图中可以看出，基差对投资者情绪变化的影响是负向的，并且是非常显著且迅速的。而投资者情绪的变化冲击对基差的影响是正向的，但影响幅度是较弱的。从回归估计结果也能发现这一点，基差对投资者情绪变化的负向影响是显著的，但投资者情绪变化对基差的负向影响直到滞后 4 期才是显著的。出现这种情况可能有以下几个原因：其一，由于样本量覆盖三年之多，在不同的阶段，由于市场情绪和政策变化，基差走势与投资者情绪之间的关系是不稳定的，很难得到一致的回归系数；其二，考虑到资本市场处于较为稳定的状态时，基差也同样处于平稳的状态，不会出现大幅升贴水现象。这种情况下，基差不易受到投资者情绪的影响，但基差的微小变化却足以改变投资者对市场整体的看法，因此投资者情绪与基差间的显著影响可能只存在于市场处于极端环境时。而回归分析仅是从整体上，以均值回归的方式描述两个变量之间的关系，因此在极端情况下的关系很难

表示出来。其三，考虑到只有平稳序列才可以做 VAR 模型，投资者情绪指数与市场态势并非平稳的时间序列，差分后经济意义发生变化，无法直观地观察到投资者情绪对基差显著的负向影响。但从 Granger 因果检验来看，两者在整体上具有显著因果关系。

其次，投资者情绪对市场态势有明显的正向影响，即市场态势会随着投资者情绪的高涨而出现上涨态势，随着投资者情绪的低迷而出现下跌态势。那么反之，市场态势转暖会使投资者更加乐观，市场态势转寒会促使投资者更加悲观。从脉冲响应图上也可以说明，当投资者情绪发生变化时，市场的走势会因受到投资者情绪冲击的影响而变化，而且这种基于情绪而产生的噪声交易者的大量交易行为对市场态势的冲击会出现瞬间的变化，这主要归因于我国投资者存在散户化现象，导致股市上存在大量的投机性交易行为，这种大量买进或卖出行为对市场走势的影响非常迅速。而市场态势对投资者情绪的冲击则没有出现显著的正向影响，而滞后三阶的市场态势对情绪存在负向冲击。这是因为市场态势本身就对资本市场释放出上涨趋势或下跌趋势的信号，但我国市场上大量的噪声交易者更多是追涨杀跌行为和短线交易行为，一段时间后会将市场态势看作是反转信号，从而对情绪产生反向作用。

最后，从市场态势与基差的角度分析，市场态势的冲击对基差的响应总体是负向的，但是在瞬时会有一个正向的反应。这是因为当市场态势转暖时，市场态势变化的增加意味着市场处于上升态势，股指现货市场处于稳步上升的状态，此时基差会增加，与脉冲相应图吻合。现货市场的利好消息会很快传导到期货市场，期货市场的价格发现功能作为先行市场会率先做出反应，上涨幅度会大于现货市场，这使得期货市场升水或减少贴水，此时基差是减小的，与 4 期以后的脉冲响应相吻合。同理，当市场态势受到基差一个标准差大小的冲击后，市场态势也会受到负向冲击。基差的正向冲击意味着期货贴水或减小升水，此时市场态势有下跌趋势，反之，市场态势则有上升趋势。

根据投资者情绪、基差和市场态势之间的脉冲响应分析及 Granger 因果关系分析，显然可知情绪、基差和市场态势之间存在显著的因果关系及引导关系。这证实了投资者情绪指数可能与基差和市场态势起到相同的作用，即可以用于改进动态套期保值模型。

6.3.2 基于 QVAR 模型的投资者情绪、市场态势与基差间关系实证研究

向量自回归模型自提出以来就被广泛地应用到经济和金融等相关问题的

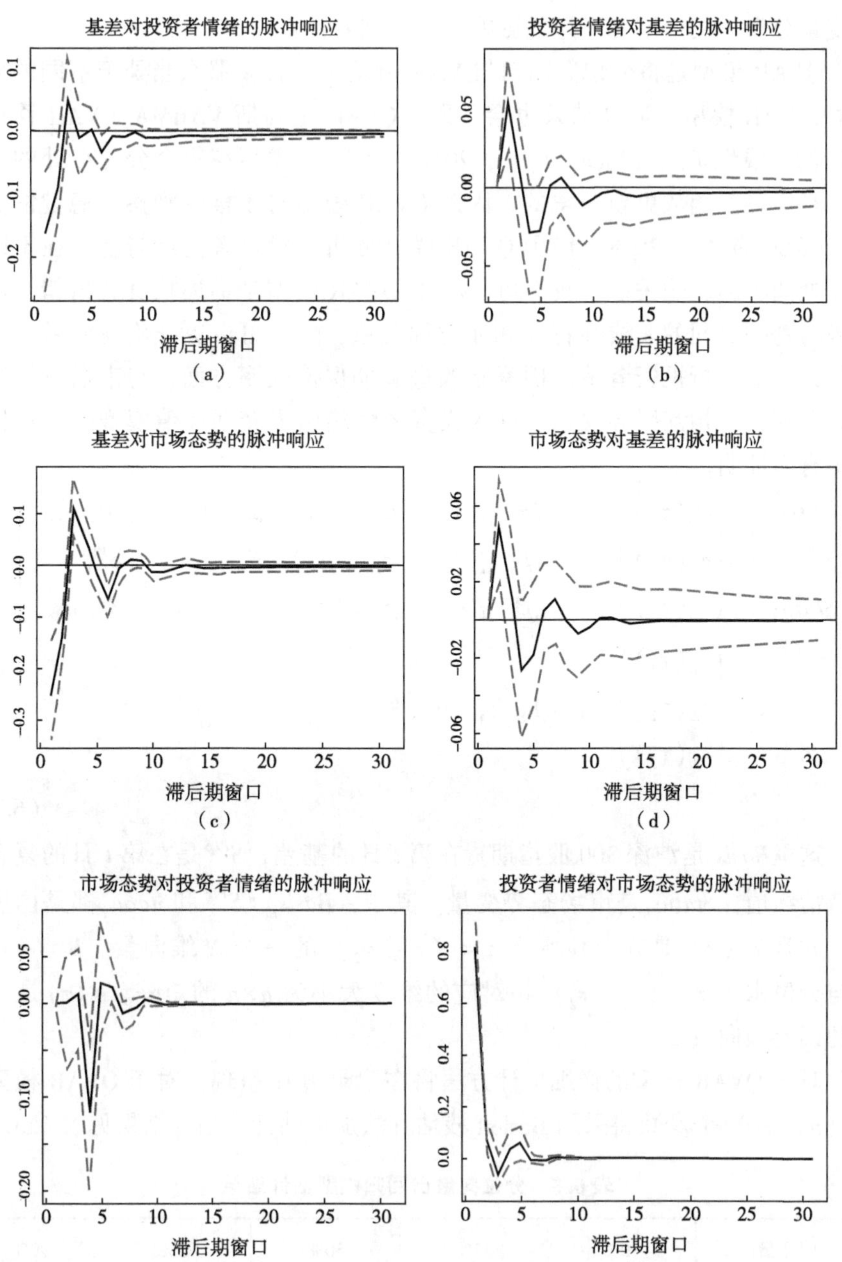

图 6.2 投资者情绪、基差和市场态势的脉冲响应图

研究中，基于 VAR 的 Granger 因果分析和脉冲响应等分析是解释经济变量之间密切关系的方法。但在传统 VAR 模型中却无法衡量变量间的非线性影响，而分位数回归模型所感兴趣的问题是：当多元回归中的条件变量变化时，对因变量分布中的上尾和下尾的影响有无区别变化?

QVAR 模型是将分位数回归与 VAR 模型相结合，那么当处于不同的分位点时，VAR 模型的估计结果也会不同。QVAR 是高斯 VARMA（VAR 移动平均）的非线性扩展（Licht et al.，2018），QVAR 模型在每个分位点处的因变量都是由得分函数更新获得的，因此 QVAR 模型对于极端观察是稳健的。刘和安（Liu & An，2018）使用 QVAR 模型分析了投资者情绪与基差在不同分位点处两者的影响关系，我们可以利用 QVAR 模型来描述投资者情绪、市场态势与基差之间的非线性特征和非对称关系，除了可以更准确地衡量三者关系外，还能分析投资者情绪因素在改进套期保值效率方面，与市场态势和基差有着密切的相互引导关系。这为投资者情绪引入套期保值模型的合理性给出了有力证明。

$$\begin{pmatrix} Basis_t \\ S_t^{PLS} \\ Status_t \end{pmatrix} = \begin{pmatrix} c_{1t}(\tau_1) \\ c_{2t}(\tau_2) \\ c_{3t}(\tau_3) \end{pmatrix} + \sum_{i=1}^{p} \begin{pmatrix} \beta_{i,\ 11}(\tau_1) & \beta_{i,\ 12}(\tau_1) & \beta_{i,\ 13}(\tau_1) \\ \beta_{i,\ 21}(\tau_2) & \beta_{i,\ 22}(\tau_2) & \beta_{i,\ 23}(\tau_2) \\ \beta_{i,\ 31}(\tau_3) & \beta_{i,\ 32}(\tau_3) & \beta_{i,\ 33}(\tau_3) \end{pmatrix} \begin{pmatrix} Basis_{t-i} \\ S_{t-i}^{PLS} \\ Status_{t-i} \end{pmatrix} + \begin{pmatrix} e_{1t}(\tau_1) \\ e_{2t}(\tau_2) \\ e_{3t}(\tau_3) \end{pmatrix} \quad t = 1,\ 2,\ \cdots,\ T \tag{6.16}$$

这里$Basis_t$是沪深 300 股指期货在第 t 日的基差，S^{PLS}是在第 t 日的复合投资者情绪值，$Status_t$是市场态势变量。其中，$Basis_t$，S^{PLS}和$Status_t$都是内生变量，并且 c（τ）是在分位水平 $\tau=$（τ_1，τ_2）的一个 N 维向量。B_i（τ）代表与分位水平 $\tau=$（τ_1，τ_2）相对应的维度大小为 $n\times n$ 的矩阵。$e_i(\tau)$是 $n\times1$ 维的误差项向量。

对于 QVAR 模型的详细估计方法将在附录 B 中呈现，对于 QVAR 模型中的（$n\,p^2+n$）个参数将采用 Barlett 核估计法加以估计，估计结果见表 6.3。

表 6.3 分位向量自回归模型估计结果

因变量	10%	25%	50%	75%	90%
$\beta_{i,Basis,Basis}$（−1）	0.501 27*** [14.393 67]	0.590 22*** [10.253 75]	0.662 67*** [5.559 08]	0.781 76*** [6.585 95]	0.815 31*** [15.525 97]
$\beta_{i,Basis,S^{PLS}}$（−1）	0.021 02 [0.617 64]	−0.001 15 [−0.033 81]	0.006 81 [0.251 25]	0.024 38 [0.941 68]	0.053 79* [1.694 58]

续表

因变量	10%	25%	50%	75%	90%
$\beta_{i,Basis,Status}$ (−1)	0. 005 54 [0. 165 74]	0. 016 29 [0. 469 69]	0. 011 24 [0. 418 54]	0. 004 62 [0. 207 96]	−0. 015 80 [−0. 503 51]
$\beta_{i,Basis,Basis}$ (−2)	0. 056 11 [0. 855 86]	0. 110 90 * [1. 804 49]	0. 090 23 [0. 633 40]	0. 094 14 [0. 844 57]	0. 180 40 ** [2. 238 08]
$\beta_{i,Basis,S^{PLS}}$ (−2)	−0. 010 01 [−0. 341 75]	−0. 005 86 [−0. 229 70]	−0. 008 07 [−0. 246 89]	0. 000 44 [0. 016 68]	0. 004 33 [0. 091 72]
$\beta_{i,Basis,Status}$ (−2)	0. 011 06 [0. 352 76]	0. 036 51 [1. 744 75]	0. 021 97 [0. 852 12]	0. 010 63 [0. 418 34]	0. 005 18 [0. 118 37]
$\beta_{i,Basis,Basis}$ (−3)	−0. 022 31 [−0. 487 71]	−0. 008 68 [−0. 144 40]	0. 067 65 [0. 698 71]	0. 069 62 [0. 975 57]	−0. 104 02 [−1. 182 81]
$\beta_{i,Basis,S^{PLS}}$ (−3)	−0. 010 53 [−0. 532 00]	−0. 055 67 ** [−2. 510 68]	−0. 045 72 [−1. 549 11]	−0. 013 91 [−0. 549 80]	−0. 036 25 [−0. 772 88]
$\beta_{i,Basis,Status}$ (−3)	−0. 013 51 [−0. 507 84]	0. 024 29 [1. 173 52]	0. 029 55 [1. 048 64]	−0. 030 56 [−1. 077 60]	−0. 034 87 [−0. 656 46]
$\beta_{i,Basis,Basis}$ (−4)	0. 213 12 *** [3. 623 98]	0. 161 73 *** [2. 717 16]	0. 122 57 [0. 935 96]	0. 091 93 [1. 228 19]	0. 247 90 ** [2. 174 23]
$\beta_{i,Basis,S^{PLS}}$ (−4)	−0. 077 09 *** [−3. 025 61]	−0. 040 04 [−1. 291 56]	−0. 012 62 [−0. 409 15]	−0. 008 50 [−0. 272 13]	−0. 066 83 * [−1. 653 84]
$\beta_{i,Basis,Status}$ (−4)	0. 054 93 * [1. 726 74]	0. 038 84 [1. 369 34]	0. 021 41 [0. 751 09]	0. 016 63 [0. 761 29]	0. 058 83 [1. 503 52]
$\beta_{i,S^{PLS},Basis}$ (−1)	−0. 128 76 [−1. 084 63]	−0. 286 31 [−2. 294 68]	−0. 186 41 * [−1. 888 97]	−0. 145 31 ** [−1. 586 51]	−0. 201 28 [−2. 066 95]
$\beta_{i,S^{PLS},S^{PLS}}$ (−1)	−0. 011 49 [−0. 134 70]	−0. 089 86 [−0. 905 80]	−0. 555 76 [−0. 611 76]	0. 039 97 [0. 456 93]	0. 123 26 [1. 185 77]
$\beta_{i,S^{PLS},Status}$ (−1)	0. 124 47 [1. 068 68]	−0. 024 17 [−0. 226 62]	−0. 069 27 [−0. 804 25]	−0. 135 73 * [−1. 655 56]	−0. 132 80 [−1. 201 55]

续表

因变量	10%	25%	50%	75%	90%
$\beta_{i,S^{PLS},Basis}$（−2）	−0. 066 80 [−0. 356 01]	0. 157 95 [0. 865 23]	0. 254 75 ** [2. 072 64]	0. 355 45 *** [2. 661 79]	0. 403 21 *** [2. 714 31]
$\beta_{i,S^{PLS},S^{PLS}}$（−2）	−0. 163 04 ** [−2. 233 07]	−0. 144 40 * [−1. 974 19]	−0. 125 25 [−1. 540 05]	−0. 107 63 [−1. 255 37]	−0. 194 98 ** [−2. 063 11]
$\beta_{i,S^{PLS},Status}$（−2）	0. 189 17 ** [2. 415 48]	0. 143 98 * [1. 908 69]	0. 092 23 [1. 139 73]	0. 017 94 [0. 251 57]	0. 042 72 [0. 574 11]
$\beta_{i,S^{PLS},Basis}$（−3）	−0. 082 70 [−0. 291 06]	−0. 021 42 [−0. 178 19]	−0. 137 45 [−1. 111 12]	−0. 255 51 ** [−2. 449 57]	−0. 231 56 ** [−1. 972 79]
$\beta_{i,S^{PLS},S^{PLS}}$（−3）	0. 173 09 [1. 627 18]	0. 066 21 [0. 809 57]	0. 142 97 [1. 596 34]	0. 147 09 [1. 455 39]	0. 258 03 *** [3. 328 13]
$\beta_{i,S^{PLS},Status}$（−3）	−0. 103 66 [−1. 019 19]	−0. 074 66 [−1. 126 49]	−0. 131 83 [−1. 622 63]	−0. 224 02 ** [−2. 565 83]	−0. 305 95 *** [−4. 141 82]
$\beta_{i,S^{PLS},Basis}$（−4）	0. 058 18 [0. 487 94]	0. 011 93 [0. 138 47]	0. 016 24 [0. 183 66]	0. 039 23 [0. 475 57]	0. 008 08 [0. 109 06]
$\beta_{i,S^{PLS},S^{PLS}}$（−4）	0. 015 43 [0. 117 61]	−0. 044 94 [−0. 480 33]	−0. 065 65 [−0. 716 94]	0. 044 30 [0. 623 33]	0. 050 28 [0. 702 53]
$\beta_{i,S^{PLS},Status}$（−4）	0. 129 55 [1. 017 18]	0. 068 62 [0. 770 33]	0. 061 21 [0. 826 09]	−0. 043 42 [−0. 591 70]	−0. 061 92 [−0. 811 45]
$\beta_{i,Status,Basis}$（−1）	−0. 53 51 *** [−3. 520 87]	−0. 597 27 *** [−4. 861 75]	−0. 279 10 ** [−2. 347 20]	−0. 191 34 ** [−2. 024 77]	−0. 154 89 [−1. 641 88]
$\beta_{i,Status,S^{PLS}}$（−1）	−0. 011 64 [−0. 097 32]	0. 051 875 [0. 650 07]	0. 031 92 [0. 384 93]	0. 166 14 ** [2. 145 56]	0. 154 35 [1. 529 17]
$\beta_{i,Status,Status}$（−1）	0. 145 76 [0. 834 02]	−0. 064 96 [−0. 727 48]	−0. 059 11 [−0. 721 55]	−0. 181 73 ** [−2. 357 33]	−0. 125 42 [−1. 196 17]
$\beta_{i,Status,Basis}$（−2）	0. 136 21 [0. 706 15]	0. 478 83 *** [3. 277 88]	0. 356 31 ** [2. 437 57]	0. 295 12 ** [2. 437 34]	0. 504 31 *** [4. 220 90]

续表

因变量	10%	25%	50%	75%	90%
$\beta_{i,Status,S^{PLS}}$ (−2)	−0.098 69 [−0.929 14]	−0.042 90 [−0.539 10]	−0.011 34 [−0.183 35]	−0.085 27** [−1.187 41]	−0.165 34** [−2.386 34]
$\beta_{i,Status,Status}$ (−2)	0.213 78** [2.105 77]	0.146 03* [1.894 22]	0.017 50 [0.253 96]	−0.067 52 [−0.859 35]	0.008 45 [0.104 47]
$\beta_{i,Status,Basis}$ (−3)	0.182 11 [1.126 34]	−0.113 34 [−0.855 88]	−0.029 21 [−0.185 61]	0.020 20 [0.188 21]	−0.044 83 [−0.330 41]
$\beta_{i,Status,S^{PLS}}$ (−3)	0.225 31** [2.463 41]	0.056 82 [0.948 24]	0.072 57 [0.959 36]	0.125 12 [1.579 65]	0.223 14*** [2.832 06]
$\beta_{i,Status,Status}$ (−3)	−0.014 36 [−0.153 81]	0.015 57 [0.218 51]	−0.081 37 [−1.176 83]	−0.179 09** [−2.359 94]	−0.282 49*** [−2.823 87]
$\beta_{i,Status,Basis}$ (−4)	−0.045 61 [−0.316 53]	0.097 87 [1.466 54]	−0.040 78 [−0.454 98]	−0.090 71 [−1.315 81]	−0.146 66** [−2.433 42]
$\beta_{i,Status,S^{PLS}}$ (−4)	0.095 03 [1.075 83]	−0.009 23 [−0.111 30]	−0.007 07 [−0.087 38]	−0.025 44 [−0.388 39]	−0.001 29 [−0.020 35]
$\beta_{i,Status,Status}$ (−4)	0.096 12 [0.825 37]	0.073 31 [0.941 24]	−0.000 27 [−0.003 17]	−0.003 52 [−0.047 75]	−0.039 45 [−0.510 60]

注：方括号内的数值为 t 统计量，***、**、*表示在1%、5%、10%水平下显著。

限于篇幅，表6.3主要对分位点为25%，50%和75%的结果进行描述，根据最优滞后阶数构建的QVAR（4）模型结果不仅能够展现投资者情绪、基差与市场态势三者的相互影响关系，同时还可以展现三者之间的非对称影响关系。通过QVAR（4）的回归结果可以看出除投资者情绪与市场态势之间的相互影响在所有分位点处都是显著的以外，投资者情绪与基差、基差与市场态势之间的相互影响只在个别分位点处是显著的。通常来看，25%分位点处可以代表股指期货市场处于升水状态，50%分位点处代表股指期货市场的基差在0附近振荡，而75%分位点处则表明股指期货处于贴水阶段。在整个样本期间容易发现，滞后阶投资者情绪指数对基差的影响只有在极端情况（75%分位点和90%分位点）才是显著的，总体上投资者情绪对基差的影响并不显著。反之，在大多数分位点处，投资者情绪随着基差的上涨而减小，随基差的下跌而增大。这个结论如果仅使用VAR模型是无法得到的，因为在基差处于稳定的状态下，投资者情绪对基差的影响关系并不是显著的。

然而利用 QVAR 模型得到的回归系数能够更清楚地揭示投资者情绪与基差之间相互影响的非对称关系：在整个样本期间，当基差偏离 0 较大时，即期货市场处于深度贴水或升水状态时，投资者情绪对其存在较大的影响。当股指期货贴水时，基差更容易受到投资者情绪的影响，这是因为由于价格升高而带来的投资者情绪的高涨，会吸引更多的噪声交易者频繁交易，随着交易换手率的增加，期货市场的流动性也随之增加，价格预期会被进一步推高引起更高的升水。而当股票市场、期货市场的价格走低时，股票现货市场的做空限制会使得投资者变得恐慌，其悲观情绪也会被非理性投资者所放大，这使得投资者情绪对基差产生更加显著的影响。从基差对投资者情绪的影响方面来看，在多个分位点处，基差对投资者情绪的影响都是显著的，尤其是在投资者情绪过度高涨或低迷的时刻。不难理解，当投资者情绪处于相对稳定的状态时，可以认为投资者中有较大的比例是较为理性的，在投资者做出交易决策时，不会轻易受到股指期货市场升贴水的影响，而当投资者情绪过于高涨或低迷时，在投资者情绪影响下的噪声交易者被非理性情绪所主导，使得投资者的交易决策容易受到股指期货市场升贴水的影响。由于做空机制的不完善，股指期货作为中国为数不多的风险管理工具之一，很容易被投资者过度使用。尤其是当价格异常下跌时，现货市场承受巨大的抛售压力。由市场机制不健全所带来的股市异常波动，也是股指期货市场持续大幅贴水的重要原因之一。

同理，基于 VAR 模型得到的结论，投资者情绪与市场态势、市场态势与基差之间存在显著的因果关系。而 QVAR 模型可以将这三个变量中两两之间的关系更完整地表达出来，前面我们已经根据回归系数和脉冲响应图分析了投资者情绪与市场态势、市场态势与基差之间的关系，从 QVAR 模型的结果可以看出，投资者情绪与市场态势、市场态势与基差之间在极端情况具有更为显著、更明显的相互影响。从投资者情绪与市场态势的关系来看，当市场态势处于涨势猛烈或下跌剧烈时，投资者情绪受到的影响较大，因为投资者情绪更容易被过高溢价或折价的资产所吸引，产生乐观或悲观的情绪；反之，在投资者情绪过于高涨或过于悲观时，噪声交易者的非理性行为会表现在对资本市场交易层面，对股票进行过度抛压或拉升，引起市场态势的大幅上涨或下跌。从市场态势和基差的关系来看亦是如此，当市场态势处于涨势猛烈或下跌剧烈时，此时由于期货市场的价格发现功能，加上期货市场的高杠杆特征（低成本）和“T+0”交易制度（交易便利），价格会率先反映在期货市场上，并且在市场态势处于极端情况时，期货市场更容易被投资者拉升或抛压，因此基差的变化幅度也会增加。

本节系统地研究了投资者情绪、基差及市场态势之间的关系，假设6.1、假设6.2与假设6.3都得以验证。既然基差与市场态势对最优套期保值比率存在影响，而投资者情绪又与基差和市场态势存在千丝万缕的关系，那么投资者情绪也在理论上具有影响套期保值比率的作用。因此可以参考基差改进动态套期保值的方法将投资者情绪引入动态套期保值模型中，这部分将在第7章给出详细讨论。鉴于基差与市场态势改进动态套期保值模型方式的不同，本章在6.4节中提出将市场态势转换与基于情绪的动态套期保值模型加以结合的构想。

6.4 不同市场态势下投资者情绪对基差的影响

在6.3节中，我们已经证明将投资者情绪引入动态套期保值模型的合理性，并且也有了具体的改进方式，但在结尾处也提出了将市场态势与基于情绪的动态套期保值模型加以结合的构想。考虑将基于投资者情绪的套期保值模型做进一步改进的依据如下：①参考以往学者对于动态套期保值结合市场态势的改进方式。②考虑到基差是影响套期保值效率的关键因素，而投资者情绪对基差的非对称影响也可能会随着市场态势转换而发生改变。③6.3节为了说明投资者情绪与基差、市场态势之间的相互影响，使用差分后的投资者情绪分析其与基差的关系，并没有讨论投资者情绪与基差的直接关系。为了进一步证明观点，在不同市场态势下，对于投资者情绪对基差的非对称影响，给出基于投资者情绪的动态套期保值模型结合马尔科夫转换方法改进的依据，本节将讨论市场处于不同态势下，投资者情绪对基差产生的不同的非对称影响，因而提出假设6.4和6.5。

假设6.4：同一市场态势下，基差随着投资者情绪指数的上涨而减小，随投资者情绪指数的下跌而增大，并且存在非对称效应。

假设6.5：不同市场态势下，投资者情绪对基差的非对称影响不同。

6.4.1 不同市场态势下投资者情绪对基差影响的研究方法

在6.3节中利用VAR及QVAR模型讨论了投资者情绪、基差和市场态势之间的关系，结合以往学者对动态套期保值模型的改进方式，可以将投资者情绪引入股指期货、现货的方差-协方差矩阵中。为了进一步证明基于投资者情绪的动态套期保值与市场态势转换结合的合理性，从而使第8章得到的结论更加具有理论依据，在这一节中重点分析不同市场态势下，投资者情绪对基差的非对称影响，证明投资者情绪在不同市场态势下会影响套期保值效率。现具体使用分位数回归模型检验投资者情绪对基差的影响，具体模型如下所示：

$$Basis_t(\tau \mid S,\ Control) = \alpha(\tau) + \beta_1(\tau)\ S_t^{PLS} + \sum_{j=2}^{n} \beta_j(\tau)\ Control_{t-1} + \varepsilon_t \tag{6.17}$$

其中，$Basis_t$表示第 t 周的沪深 300 期货基差，S^{PLS}表示第 t 周复合投资者情绪指数，对控制变量$Control_{t-1}$进行滞后一阶处理能够避免回归模型的内生性问题。为了更好地比较不同因素对基差影响的效果，这里将对被解释变量以外的所有变量进行标准化处理。这样可以更方便地比较出各因素发生 1 单位变化对基差产生的具体影响。

估计 $Basis$ 在 τ 分位点处的 β 系数的估计方法是使下面的目标函数最小化：

$$\hat{\beta}_\tau = \arg \min_{\beta \in R^k} \sum_{i=1}^{n} \rho_t\ (Basis_t - \alpha + \beta_1 S_t^{PLS} + \sum_{j=2}^{n} \beta_j\ Control_{t-1}) \tag{6.18}$$

其中，$\rho_\tau(u) = (\tau - I\ (u<0)\ )\ u$，其中 $I\ (z)$ 为示性函数，当作为条件式 z 为真时，$I(z)=1$，反之 $I\ (z)\ =0$。基于（$Basis$，S^{PLS}，$Control_i$）的一组样本得到的β_τ则被称为分位数回归估计值。基于该方法获得的 β 系数的估计是稳健的，可以方便地使用 R 语言估计分位数的软件包“quantreg”完成估计。具体的变量选取如下。

（1）投资者情绪指标。第 4 章使用 PLS 方法构建而得。

（2）期现基差（被解释变量）。为研究投资者情绪对沪深 300 股指期现基差的影响，使用沪深 300 指数的日度基差作为被解释变量，并且将 t 时刻的基差定义为：$Basis_t = \ln(S_t) - \ln\ (F_t)$。其中，$S_t$、$F_t$分别为 t 时刻的沪深 300 指数价格和根据持仓量加权得到的期货价格。

（3）控制变量是市场利率（持有成本）。市场利率 r 能够影响市场资金的流向，并影响投资者投资现货市场和期货市场的成本。当市场利率升高时，融资成本增加会缩小期现套利空间，进一步对基差产生影响。为了与其他周度变量得到实时统一的匹配，这里使用国债回购周利率作为无风险利率。

套利成本。套利成本分为直接成本和间接成本。其中，股票市场的直接成本包括佣金和印花税，期货市场的直接成本只有佣金。虽然在 2015 年股灾期间，沪深 300、上证 50 股指期货合约的非套期保值持仓的交易保证金和手续费均有不同程度的提高，但由于现货市场是“T+1”交易，因此套利交易的直接成本仍然固定，需主要考虑可变动的间接套利成本对基差调整的作用。间接交易成本主要包括冲击成本和等待成本，冲击成本不仅可以衡量交易成本中流动性溢价的部分，还能估测等待过程中价格向不利方向变化而带来的风险。在国外学者对冲击成本的研究中，有哈里斯（Harris，1990）提出的基于市场分笔数据的统计类测算指标，也有基于计量模型方法的价格冲击模型（Glosten & Harris，1988；Hasbrouck，1991）。由于这些方法所需的高频分笔数据较难获取且计算复杂，我们可以借鉴阿尔姆格伦（Almgren，2005）采用的冲击成本模型计算冲击成本。另外，沪深 300 期货与成分股的冲击成本不同，因此需分别计算沪深 300 股指期货、成分股的冲击成本（impact-F、impact-S）。等待成本使用沪深 300 指数收益率的波动率（rsigma）和沪深 300 股指期货收益率的波动率（frsigma）表示。然后使用以下步骤计算冲击成本。基于永久冲击和短暂冲击的性质和特征，我们首先根据前人的研究结论（魏平和梁晨，2013）定义冲击成本如下：

$$IC_t = I + J - \frac{I}{2} = g(v) + h(v) = \gamma v + \tau v \tag{6.19}$$

其中，IC_t是冲击成本，I 和 $J-I/2$ 分别表示永久冲击成本和短暂冲击成本。我们假设冲击成本是线性形式，γ 和 τ 分别是永久冲击成本和短暂冲击成本的参数。假设某个股票的单一交易量为 X，我们选择标准化的每日市场交易量（N）来获得标准化的交易速度（$v = X / NT$）。由于交易速度"v"与交易量是单调变化的，我们使用"NT"来表示从时间t_0到时间t_N的平均交易量，这样可以避免直接估计 T。因此计算冲击成本的计量经济模型如下：

$$IC_t = I + J - \frac{I}{2} = g(v) + h(v) = \sigma \mathrm{Tsgn}(X)\,\gamma \left|\frac{X}{NT}\right| + \sigma \mathrm{Tsgn}(X)\,\tau \left|\frac{X}{NT}\right| + \varepsilon + \omega \tag{6.20}$$

其中，σ 是利用股指期货价格计算而出的盘中波动率，X 是利用过去 10 个交易日的平均市场交易量计算的每日市场交易量；通过一段时间内观察到的净资本流动的平均价格（$\bar{S}$）和当相应的影响消失时的价格(S_p)来获得价格永久冲击（I）和短暂冲击成本（$J-I/2$）。S_0表示交易开始时的股票价格，S_t表示时刻 t 时的股票价格。然后我们可以将得到冲击成本（I）和短暂冲击成本（$J—I/2$）用来估计参数 γ 和 τ，其中：

$$I = (S_p - S_0)/S_0 \tag{6.21}$$

$$J = (S_j - S_0)/S_0 \tag{6.22}$$

因此我们同样使用由上述方法得到的参数估计值 γ 和 τ 来计算冲击成本（impact-F，impact-S）。

均值回复特征（reversion）。市场上的套利机制使股指期货与现货之间具有长期均衡关系。如果基差处于无风险套利区间之外，大量的套利活动会造成均值回复现象。国内外学者（Theobald & Yallup，2001；Monoyios & Sarno，2002；易蓉等，2010）的各项研究均证明了股指期货基差呈现非线性的均值回复特征。在我国，由于股票现货市场存在卖空机制约束，这种均值回复具有更明显的非对称性。这里将参考李和瓦迪姆（Li & Vadim，2014）的 O-U 均值回复模型，使用基差与均值之差再除以沪深 300 股指期货与现货指数的相对波动率对这种均值回复的特征进行解释。

在本章中，假设基差服从以下的随机过程：

$$\begin{cases} \mathrm{d}basis_t = \alpha\ (\mu_{t-1} - Basis_{t-1})\ \mathrm{d}t + \sigma\ (t)\ \mathrm{d}W_t^1 \\ \mathrm{d}\mu_t = \beta\ (\gamma - \mu_{t-1})\ \mathrm{d}t + \varphi \mathrm{d}W_t^2 \end{cases} \tag{6.23}$$

其中，$basis_t$是符合条件的 SCI 300 股指期货的基差，且$\mathrm{d}w_t^1\mathrm{d}w_t^1=0$。$\alpha$，$\beta$ 和 γ 是风险中性市场的参数。μ_t是基差的长期均衡值。我们应该对式（6.23）的两边同时做数学期望。

$$\begin{cases} \mathrm{d}\ \overline{Basis_t} = \alpha\ (\overline{\mu_{t-1}} - \overline{Basis_{t-1}})\ \mathrm{d}t \\ \mathrm{d}\ \overline{\mu_t} = \beta\ (\gamma - \overline{\mu_{t-1}})\ \mathrm{d}t \end{cases} \tag{6.24}$$

其中，$\overline{Basis_t}$，$\overline{\mu_t}$是$basis_t$和 μ_t在第 t 日的期望值。第二个常微分方程的边界条件是：$t=t^*$，$\mu_t=\mu_t^*$。所以第二个常微分方程的通解是$(\overline{\mu_t}-\gamma)\ e^{\beta(t-t)}+\gamma$。然后我们将第二个常微分方程的解代入第一个常微分方程中，得到基差的期望值（第二个常微分方程的边界条件为：$t=t^*$，$Basis_t=Basis_t^*$）：

$$\overline{Basis_t} = Basis_t^*\ e^{\alpha(t^*-t)} + \frac{\alpha}{\alpha-\beta}\ (\mu_t^* - \gamma)\ (e^{\beta(t^*-t)} - e^{\alpha(t^*-t)})\ - \gamma\ (1 - e^{\alpha(t^*-t)}) \tag{6.25}$$

我们可以结合方程得到基差的长期均衡值（μ_t）和方差 σ（t）：

$$\gamma = \frac{\alpha\ (\mu_t - Basis_t)}{\sigma\ (t)} \tag{6.26}$$

其中，α 是风险中性市场的参数，那么 γ 可以用来解释均值回归特征，具体而言，是通过使用 SCI 300 股指期货和现货指数之间的相对波动率除以基差和均值之间的差值求得 γ 值。

6.4.2 不同市场态势下投资者情绪对基差影响的实证研究

考虑到样本选取区间为 2015 年 3 月 2 日到 2018 年 12 月 31 日，中国股票市场和期货市场一共经历了两次牛市和两次熊市。从 2015 年 3 月 2 日到 2015 年 6 月中旬，中国股票市场一路持续上涨，在短短半年时间内，从 3 850 点一路上涨，最高达到 5 380 点，是一次全面牛市，这期间伴随着投资者情绪的一路高涨；从 2015 年 6 月中旬到 2016 年 1 月 28 日，因融资融券业务遭受管控和约束，中国股市经历了一次全面熊市，从 5 380 点狂泻到 2 839 点，跌幅近 90%。本章将在牛市、熊市的判别方法的基础上，使用日度数据计第 t 日前后三个月的波动率区分市场态势。当 t 日及以后的波动率持续低于 t 日前波动率的 20%，即认为股市进入平稳阶段。因此，市场被分成股市动荡阶段（2015 年 3 月 2 日—2016 年 10 月 17 日）和股市平稳阶段（2016 年 10 月 18 日—2018 年 12 月 28 日）。其中，被解释变量、解释变量、控制变量及调节变量数据均来自于 wind 数据库。然后使用 R3. 3. 0 进行分位数回归分析，描述性统计分析如表 6. 4 所示。通过对两个不同市场态势下的变量做方差分析，可以看出两个市场态势下，变量都呈现出显著的区别，这说明了所划分的两个市场态势确实是有区别的，划分市场态势的方法是科学的。

表 6. 4 变量的描述性统计分析

变量	单位	市场态势稳定		市场态势动荡		方差分析	
		mean	Std.	mean	Std.	F	Pr
被解释变量							
basis	300yuan/point	0. 005 8	0. 005 2	0. 020 6	0. 020 6	257. 71	2. 2E-16 ***
控制变量							
r	%	2. 739 6	0. 149 1	2. 493 4	0. 519 6	108. 12	2. 2E-16 ***
impact-F	300yuan/point	-0. 027 4	0. 013 2	0. 150 1	0. 342 9	145. 1	2. 2E-16 ***
impact-S	300yuan/point	-0. 053 1	0. 026 6	0. 206 4	0. 495 9	148. 02	2. 2E-16 ***
rsigma	%	0. 009 2	0. 004 9	0. 018 4	0. 010 9	304. 85	2. 2E-16 ***
frsigma	%	0. 010 6	0. 005 5	0. 022 0	0. 014 6	279. 75	2. 49E-07 ***
reversion	300yuan/point	0. 746 7	0. 760 8	-0. 278 7	0. 817 4	392. 32	2. 49E-07 ***
投资者情绪源指标							
num	万户	29. 126 4	7. 984 6	48. 988 7	30. 674 8	207. 48	2. 2E-16 ***
prem	比值	-3. 031 1	2. 176 6	2. 259 4	2. 196 3	133 3. 1	2. 2E-16 ***
turnover	比值	0. 408 8	0. 136 3	0. 877 7	0. 647 0	269. 15	2. 2E-16 ***
PE	比值	13. 097 0	1. 267 6	13. 368 9	1. 912 5	6. 876	0. 008 9 ***
buyrate	比值	-0. 157 1	0. 195 2	-0. 118 9	0. 225 7	6. 625 6	0. 010 2 **
iVIX	比值	0. 172 7	0. 062 1	0. 313 5	0. 147 5	401. 59	2. 2E-16 ***

续表

变量	单位	市场态势稳定		市场态势动荡		方差分析	
		mean	Std.	mean	Std.	F	Pr
投资者情绪源指标							
TV	手	22 707.7	11 234.5	575 257.4	840 903.1	234.47	2.2E-16 ***
MTR	比值	0.230 8	0.053 2	0.157 5	0.047 4	477.64	2.2E-16 ***
解释变量							
S^{PLS}	——	0.013 8	0.419 8	-0.018 6	0.863 4	213.9	2E-16 ***

注：上表对本节所需的时间序列加以描述性统计，其中，被解释变量“*basis*”代表沪深 300 股指现货日基差；“*Structure*”是机构投资者的持股比例。市场利率、套利成本和均值回复特征变量是控制变量。这里使用国债回购周利率作为无风险利率。“*impact-F*”和“*impact-S*”分别是股指期货和股指现货的冲击成本。“*rsigma*”“*frsigma*”分别表示股指期货和股指现货的持有成本。“*num*”代表期末新增 A 股参与交易的投资者数量。“*prem*”代表封闭式基金折溢价率，是同时期封闭式基金折溢价率加权得到的。“*turnover*”代表换手率，采用交易量与流通市值之比。“PE”代表 A 股市盈率。“*buyrate*”代表主买率，使用沪深 300 板块的净流入金额作为主动买入金额和主动卖出金额的差值的代理变量，剔除股市熔断等极端情况，使用周内平均净流入金额作为现货市场主买率指标。“*MTR*”代表融资余额占比。“iVIX”代表中国 50ETF 期权波动率指数，利用平价期权的看涨-看跌价格及 BS 模型计算得到。其中，“*num*”“*turnover*”“PE”“*buyrate*”“*TV*”“*MTR*”“*prem*”“iVIX”是代表投资者情绪的源指标，S^{PLS}是基于投资者情绪的源指标通过 PLS 方法得到的复合投资者情绪指标，记为第 t 周的投资者情绪指数。*** 表示在 1%水平下显著。

受篇幅所限，表 6.5 只列出了具有代表性的分位点 25%、50%和 75%的回归结果。通常情况下，25%分位点代表期货市场升水，50%分位点表示基差处于 0 附近，75%分位点表示期货市场贴水。观察投资者情绪对基差的整体影响，在两个市场态势下，投资者情绪复合指数系数在所有分位点均为负，并且在股市动荡阶段的显著性最高，系数的绝对值最大，这说明在其他条件一定时，同样幅度的情绪变动在暴涨暴跌的市场中对基差的影响作用更强。这证实了假设 6.4 和假设 6.5。

投资者情绪对基差的非对称影响能够从分位数模型回归结果看出，这证实了假设 6.5。这也说明了使用分位数回归模型的必要性和合理性。观察回归系数可知，在不同市场态势下，投资者情绪对基差的非对称影响效果亦不相同。股市在较为平稳的阶段，投资者情绪对期货升贴水的影响相近。但在股市动荡期间，投资者情绪对基差的影响更大，作用更显著，且对基差的影响存在非对称效果，在贴水期间基差更容易受到投资者情绪的影响。这是因为市场处于暴涨阶段，投资者情绪高涨，会吸引大量的投机者频繁交易，在市场流动性提高的同时，价格预期也进一步被推高，形成更高的升水。而当市场处于暴跌阶段，现货市场的做空限制会引发投资者的恐慌心理，悲观的情绪会放大投资者的非理性行为，导致情绪对基差调整的作用更加显著。同时，正是由于做空机制的不完善，在市场出现异常下跌行情时，作为我国资本市场上为数不多的风险管理工具，股指期货被情绪悲观的投资者们过度使用，承接了大量来自现货市场的抛压。这一市场机制问题也是股市异常波动期间股指期货持续深度贴水的重要成因之一。

表 6.5 分位数模型回归结果

解释变量	第一阶段（股市平稳）			第二阶段（股市动荡）		
	25%	50%	75%	25%	50%	75%
S^{PLS}	−0.035 7* [−1.979]	−0.048 3* [−1.890]	−0.092 6*** [−3.630]	−0.074 7** [−2.137]	−0.093 3*** [−2.803]	−0.135 8*** [−4.149]
r	−0.004 0 [−0.279]	0.007 3 [0.414]	0.015 5 [0.840]	0.021 9 [1.008]	0.074 2** [2.528]	0.063 1 [1.598]
Impact−F	21.880 9 [1.356]	91.002 7*** [3.514]	162.693 2*** [6.061]	−0.373 2 [−1.504]	−0.536 1*** [5.114]	−0.247 6 [−1.328]
Impact−S	−24.722 6** [−2.010]	−78.049 0*** [−4.062]	−136.832*** [−6.819]	0.195 2 [0.812]	−0.065 1 [−0.916]	0.300 5* [−1.760]
frsigma	2.748 2 [1.323]	11.778 8*** [3.522]	21.130 2*** [6.107]	0.566 2 [6.331]	0.506 9 [1.033]	0.634 0*** [−6.215]
rsigma	−4.075 8** [−2.115]	−12.481 8*** [−4.138]	−21.657 4*** [−6.890]	−0.145 7** [−2.115]	−0.065 1 [−0.916]	−0.106 0 [−1.513]
reversion	−0.440 8*** [−17.346]	−0.368 6*** [−15.263]	−0.278 1*** [−17.744]	−0.881 8*** [−16.224]	−0.997 1*** [−16.458]	−0.908 8*** [−14.027]
Intercept	−1.845 0** [−1.268]	3.147 2 [1.332]	7.036 9*** [−2.980]	−0.413 3** [−11.287]	−0.346 1*** [−9.137]	−0.116 3*** [−2.794]

注：方括号内的数值为 *t* 统计量，***、**、* 表示在 1%、5%、10%水平下显著。

为了更直观地看出情绪指标对基差不同分位数的整体影响情况，图 6.3 给出基差影响因素的分位数回归系数变化情况。从图上可以看出，基差随着投资者情绪指数的上涨而减小，随投资者情绪指数的下跌而增大，且动荡市

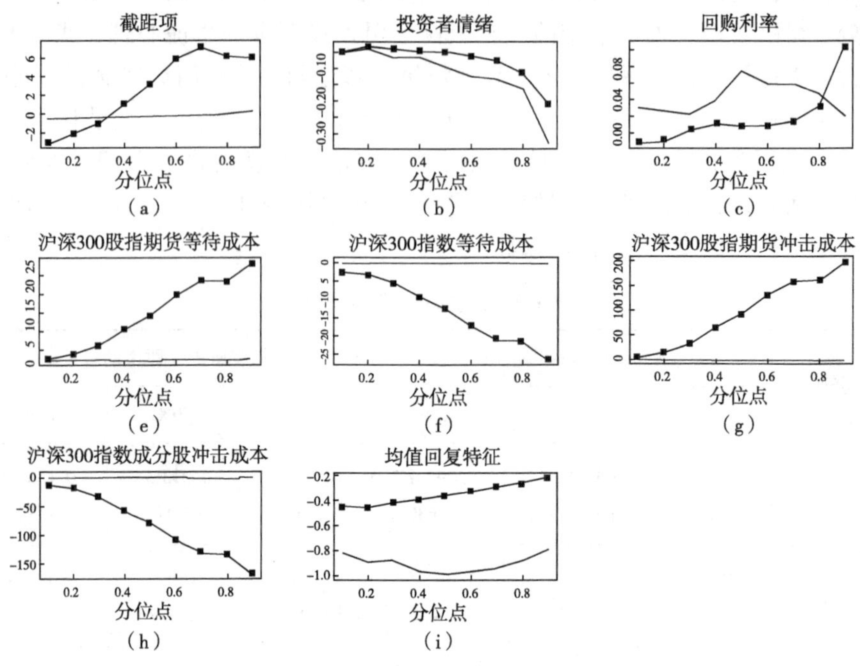

图 6.3　基差影响因素的分位数回归系数变化

注：图中带方形点的实线表示股市平稳态势下的分位数回归结果，实线表示动荡态势下的分位数回归结果；横轴表示基差水平的不同分位点，纵轴表示各变量的回归系数。

场态势各分位点系数均小于平稳态势，表明市场处于动荡态势下，投资者情绪对基差的影响更大。在平稳市场态势下，投资者情绪对基差的影响呈现较平稳的曲线型，而在非平稳市场态势下，投资者情绪对基差的影响呈现较倾斜的曲线型。这说明投资者情绪对基差存在非对称影响，而市场处于动荡态势时，投资者情绪对基差的非对称影响更明显，无论哪种市场态势，都是在贴水期间基差更容易受到投资者情绪的影响。从分位数回归结果的显著性来看，套利成本也是影响基差的显著因素之一，冲击成本和持有成本在市场态势平稳时对基差的影响更加显著。从相关系数来看，股指期货市场的冲击成本对基差的影响是正向的，而现货市场的冲击成本对基差的影响是负向的。这个结论也是符合现实市场的，当股指期货市场冲击成本增加时，股指期货价格会因成本高而降低实际价格，那么基差增加；反之，当现货市场冲击成本增加时，基差减小。基差的均值回复特征的负向影响也非常显著，根据均值回复原理，当基差过度偏离 0 水平时，会在均值回复的作用下向 0 水平回归，并且这种均值回复特征在动荡市场作用更加显著。虽然回购利率对基差影响在统计上不显著，但从图中可以明显看出两个市态下回购利率对基差的影响存在明显差别，这可以用持有成本理论来解释。无论在股市平稳的态势下，还是在动荡的态势下，回购利率与基差都呈现正相关关系。融资成本的提高更容易降低市场热度及收益率预期，引起基差进一步走弱。融资成本对基差的正向影响在市场动荡时的作用更为明显，尤其是在深度贴水时，股指期货的贴水本就不利于投资者入市现货市场，在持有成本增长的情况下，基差会进一步走弱。因此持有成本对基差也存在一定的影响，只是相对于其他影响基差的因素而言，回购利率对其的作用不甚明显。

通过本节的实证分析，总结出相关的研究结论：投资者情绪对沪深 300 指数期货基差具有非对称影响，我国资本市场运行存在以下三方面问题。第一，投资者情绪对基差是负向影响，即基差随着投资者情绪指数的上涨而减小，随投资者情绪指数的下跌而增大，但存在非对称性。非对称性体现在：①不同市场态势下，投资者情绪对股指基差的负向影响程度不同。②股市动荡的态势下，当市场分别处于升水和贴水情形时，投资者情绪对基差的负向影响程度不同。当股指期货贴水时，基差更容易受到投资者情绪因素的作用。第二，投资者情绪指标中，市盈率、换手率和主买率指标能够更有效地对基差变动做出解释。相比于流动性，投资者情绪是我国基差调整的主要影响因素。

我国期现基差变动中蕴含大量的投资者情绪因素，反映了我国资本市场投机氛围重、市场效率低的现状，对认识资本市场运行和调整资本市场政策有三点重要启示。首先，期货、现货市场较高的套利成本抑制了套利交易与套期保值的实现，使基差更容易受到投资者情绪的影响，不利于基差水平的合理回归。其次，投资者情绪对基差的非对称影响主要归因于现货市场做多与做空机制的非对称性以及金融期货等风险管理工具种类少，说明我国资本市场的做空机制有待完善，风险管理工具的种类有待丰富。最后，我国资本市场个人投资者占比较大，且存在机构散户化现象。一旦投资者出现整体的非理性行为，其交易策略制定及效果就会受到严重影响，并进一步增大资本市场的系统性风险。

6.4.3 不同市场态势下投资者情绪对基差影响的稳健性分析

（1）投资者情绪指标的稳健性分析。检验流动性与沪深 300 期货基差的关系，可以避免因投资者情绪指标体系中含有流动性指标成分，而否定投资者情绪对基差的影响。基于李和吴（Li & Wu，2006），郦金梁等（2012），郑振龙和林璟（2015）的研究分析，交易量作为流动性指标包含两个部分：流动性（期望交易量）和信息交易量。其中，信息交易量可以体现出投资者情绪。因此，可以采用阿米胡德（Amihud，2002）的一阶自回归方法，将沪深300股指期货与现货的交易量进行分解，以期望交易量代表市场流动性指标。同时，我们还可以借鉴李凤宇（2014）关于稳健性检验的处理方法，使用5个单一投资者情绪指标分别代替投资者情绪指数，利用分位数回归模型重新拟合，以更清楚地说明投资者情绪对基差的主导作用以及各个投资者情绪源指标对基差的影响程度。最终的回归结果表明：在多个分位点处，期货市场预期交易量的回归系数不显著，信息交易量的回归系数则显著；现货市场的预期交易量和信息交易量的回归系数均显著。该结论与国外学者的研究相反，说明我国投资者情绪对基差的影响占据主导地位。另外，在多个分位点处，除主买率与融资余额占比的回归系数不显著外，其余投资者情绪源指标的回归系数均在某一市场态势下显著，这表明能够反映投资者情绪变化的新增开户数（新增A股参与交易的投资者数量）、市盈率、换手率、期权波指、成交量与封闭式基金折溢价率比流动性代理指标（融资余额占比和主买率）更能对基差变动做出解释，可以更有效地反映我国投资者情绪的变化。其中，在动荡的市场态势下，新增开户数、市盈率、换手率、期权波指能够更有效地解释投资者情绪的变化，而封闭式基金折溢价率则在平稳市场态势下更有效地解释投资者情绪的变化。

（2）内生性分位数回归的稳健性分析。本书所设定的模型中虽然引入了很多关键的控制变量进行回归分析，但仍可能忽略其他影响基差的因素，遗漏变量和测量误差所带来的内生性问题会导致模型估计结果有偏且不一致。大部分国内学者使用分位数回归时通常使用基于工具变量的两阶段回归模型来解决内生性问题，但估计得到的结果不一定是一致的（Terza et al.，2008）。可以认为，在回归模型的右侧引入滞后两期的投资者情绪值作为工具变量，基于工具变量分位数回归法可以相对有效地缓解模型的内生性问题，同时对控制变量$Control_{t-1}$进行滞后一阶处理能够避免回归模型的内生性问题，即可将$Control_{t-1}$视作外生解释变量，以克服回归中存在的反向因果问题（朱涛等，2017）。根据稳健性回归结果，投资者情绪在多个分位点处的回归系数仍然显著为负，并且投资者情绪系数大小及其显著性与表6.5得到的结论相似。说明遗漏变量、测量误差等带来的内生性问题不会影响前文所得出的结论。

由于投资者情绪指标的稳健性检验结果表格较多，将在附录E中予以补充。经过第6.4部分的讨论，容易看出投资者情绪对套期保值效率影响会随着市场态势的变化而改变，因此利用投资者情绪改进套期保值模型时，也应该进一步考虑市场态势变化因素。

表 6.6 基于工具变量的分位数回归估计结果

	第一阶段（股市平稳）			第二阶段（股市动荡）		
解释变量	25%	50%	75%	25%	50%	75%
S^{PLS}	-0.035 7** [-1.979]	-0.048 3* [-1.890]	-0.092 6*** [-3.630]	-0.188 7** [-3.124]	-0.174 2*** [-3.400]	-0.206 7*** [-3.349]
r	-0.004 0 [-0.279]	0.007 3 [0.414]	0.015 5 [0.840]	-0.022 1 [-0.757]	-0.007 9*** [-0.211]	-0.018 0 [-0.329]
Impact-F	21.880 9 [1.356]	91.002 7*** [3.514]	162.693 2*** [6.061]	-0.221 3 [-0.400]	-0.157 0 [-0.402]	-0.515 1* [-1.665]
Impact-S	-24.722 6** [-2.010]	-78.049 0*** [-4.062]	-136.832*** [-6.819]	0.093 4 [0.173]	0.161 5 [0.425]	0.565 2* [1.823]
frsigma	2.748 2 [1.323]	11.778 8*** [3.522]	21.130 2*** [6.107]	0.555 5*** [4.619]	0.467 6***] 2.974]	0.801 9*** [4.760]
rsigma	-4.075 8** [-2.115]	-12.481 8*** [-4.138]	-21.657 4*** [-6.890]	-0.168 1 [-1.613]	-0.004 5 [-0.037]	-0.145 2 [-1.145]
reversion	-0.440 8*** [-17.346]	-0.368 6*** [-15.263]	-0.278 1*** [-17.744]	-0.671 0*** [-9.190]	-0.734 2*** [-9.261]	-0.668 5*** [-9.061]
Intercept	-1.845 0** [-1.268]	3.147 2 [1.332]	7.036 9*** [-2.980]	-0.440 7*** [-7.759]	-0.237 4*** [-4.758]	0.068 3 [1.396]

注：方括号内的数值为 t 统计量，***、**、* 表示在 1%、5%、10%水平下显著。

6.5 小结

第 6 章承接第 5 章的研究结论，即在投资者情绪会影响股指期货套期保值效率的基础上，根据以往学者对套期保值模型优化角度总结套期保值模型的改进方向和方式。从基差角度和市场态势角度，总结改进套期保值的根源在于利用影响股指期货、现货市场的方差-协方差矩阵的因素，提高套期保值的有效性。第 6 章对基差、市场态势和投资者情绪之间的关系作出系统性研究，首先利用 VAR 模型和 Granger 因果关系分析三者的简单关系；然后利用 QVAR 模型进一步总结基差、市场态势与投资者情绪之间的千丝万缕的关系，证明了投资者情绪与基差、市场态势的作用相同，可能会起到影响股指现货市场、期货市场的条件方差、协方差的作用，能够优化套期保值比率（将在

第 7 章证明）。因此将投资者情绪引入套期保值模型是合理的，并给出投资者情绪引入动态套期保值模型的方式。另外，大多数国内外学者已分析得出，不同市场态势下，投资者情绪对资本市场价格和波动率会产生不同的影响。因此借鉴以往学者对股市态势的划分准则，以研究市场态势不同时，投资者情绪与基差之间的非对称影响。最后从理论上给出基于投资者情绪的套期保值模型的进一步改进方向，即分析在不同态势下，投资者情绪对最优套期保值比率也会存在影响，为第 8 章市场态势转换条件下，基于情绪因素优化套期保值比率并提升套期保值效率的再检验做铺垫。

7 投资者情绪对股指期货套期保值效率的影响

第5章与第6章从不同的角度给出投资者情绪对套期保值最优比率和效率影响的说明。第5章讨论了投资者情绪对股指现货、股指期货收益率，波动率及动态相关性的影响；第6章则结合以往学者改进动态套期保值模型的方式，分析投资者情绪与改进因素（基差和市场态势）之间的关系，说明将投资者情绪引入动态套期保值模型的合理性，并给出了改进套期保值模型的方式。本章将继续推进第5章、第6章的研究结论，首先基于投资者情绪改进后的动态套期保值模型验证第6章遗留的尚需验证的结论，即投资者情绪能够影响股指期货、股指现货市场的方差-协方差矩阵，进一步证明投资者情绪引入动态套期保值模型是合理的。其次将投资者情绪引入条件方差-协方差矩阵中时，验证投资者情绪对两个市场波动率及其相关性的影响是否与第5章的结论相同。最后则在总结传统套期保值方法后，实证检验基于投资者情绪改进套期保值模型（Sentiment-DCC-GARCH）的有效性。根据以上研究步骤，提出本章的待检验假设。

假设7.1：投资者情绪对股指期货、股指现货市场的波动率存在正向影响。

假设7.2：投资者情绪对股指期货、股指现货市场间的动态相关系数存在负向影响。

假设7.3：基于投资者情绪改进的套期保值模型能够比传统套期保值模型得到更优的套期保值比率，提高套期保值效率。

7.1 股指期货套期保值策略及其效率

套期保值最优比率的计算与确定最早可以追溯到约翰逊（Johnson，1959），他利用投资组合理论来解释套期保值，即在利用股指期货对现货进行套期保值时，将两者作为一个投资组合整体来考虑，通常情况下所得到的套期保值比率是介于0~1的。第7章和第8章所得到的套期保值比率均是最小方差套期保值比率（minimum variance hedge ratio），目标是实现资产组合的收益方差最小。

假设在 t 时刻由现货和期货组成的投资组合的收益R_t为：

$$R_t = \Delta S_t - h\Delta F_t \tag{7.1}$$

其中，h 代表套期保值比率，假设在 t 时刻的股指现货价格为S_t，而股指期货价格为F_t。ΔS_t是股指现货的对数收益率，ΔF_t是股指期货的对数收益率，即满足：

$$\Delta S_t = \ln S_t - \ln S_{t-1} \tag{7.2}$$

$$\Delta F_t = \ln F_t - \ln F_{t-1} \tag{7.3}$$

根据套期保值者所采用的投资组合，可以得到其期望收益 E（R_t）与方差 Var（R_t）：

$$\mathrm{E}(R_t) = \mathrm{E}(\Delta S_t) - h\mathrm{E}(\Delta F_t) \tag{7.4}$$

$$\mathrm{Var}(R_t) = \mathrm{Var}(\Delta S_t) - 2h\mathrm{Cov}(\Delta S_t, \Delta F_t)\ h^2\mathrm{Var}(\Delta F_t) = \sigma^2_{\Delta S} - 2h\sigma_{\Delta S\Delta F} + \sigma^2_{\Delta F} \tag{7.5}$$

式中，$\sigma_{\Delta S}$和$\sigma_{\Delta F}$分别是ΔS_t和ΔF_t的标准差，$\sigma^2_{\Delta S}$和$\sigma^2_{\Delta F}$分别是ΔS_t和ΔF_t的方差，$\sigma_{\Delta S\Delta F}$分别是$\sigma_{\Delta S}$和$\sigma_{\Delta F}$的协方差，$h$ 代表套期保值比率。通过求下面的无约束问题的最优解，可以得到最优套期保值比率：

$$\min \mathrm{Var}(R_t) = \sigma^2_{\Delta S} - 2h\sigma_{\Delta S\Delta F} + h^2\sigma^2_{\Delta F} \tag{7.6}$$

接下来对式（7.6）中的 h 求导数，并令其为 0，即，

$$-2\sigma_{\Delta S\Delta F} + 2h\sigma^2_{\Delta F} = 0 \tag{7.7}$$

求解方程的最优解为：

$$h = \frac{\sigma_{\Delta S\Delta F}}{\sigma^2_{\Delta F}} = \frac{\rho\sigma_{\Delta S}\sigma_{\Delta F}}{\sigma^2_{\Delta F}} = \rho\frac{\sigma_{\Delta S}}{\sigma_{\Delta F}} \tag{7.8}$$

其中，ρ 是$\sigma_{\Delta S}$和$\sigma_{\Delta F}$之间的相关系数，套期保值最优比率是 ρ 乘以$\sigma_{\Delta S}$和$\sigma_{\Delta F}$的标准差比率。在业界通常采用的最优套期保值比率为 1，虽然股指期货与股指现货之间是高度相关的，但是$\sigma_{\Delta S}$和$\sigma_{\Delta F}$往往是不相等的，且$\sigma_{\Delta S}$和$\sigma_{\Delta F}$的相关系数也不一定是 1。因此，在现实情况下套期保值的比率很难达到 1，在实际操作中如果用 1 作为套期保值比率并不合适。因此学者们给出了常见的几种计算最优套期保值比率的方法。

（1）OLS 计算静态套期保值比率。这里需假设股指期货和现货是呈线性关系的，基于资产组合的思路，利用最小二乘回归法得到最优套期保值比率（Miffre，2010）。具体模型如下：

$$\ln\Delta S_t = \alpha + \beta\ln\Delta F_t + e_t \tag{7.9}$$

其中，$\ln\Delta S_t$和 $\ln\Delta F_t$分别代表股指期货和现货对数价格收益率，方程中待估计的斜率 β 就是最优套期保值比率 h。该模型需要满足股指期货与现货价格收

益率不存在自相关或异方差的假设条件。通过 OLS 得到的套期保值比率是静态的，是最基本、最简单的套期保值方法。

（2）基于协整关系的误差修正模型（VECM）。在第 5 章的论证中我们发现了股指期货与现货市场之间存在协整关系，说明两者的价格序列具有相同的走势，说明两者之间存在长期的平稳关系。误差修正模型能够修正股指期货、现货市场之间的短期偏离，基于误差修正模型（VECM）可以得到最优套期保值比率的算法如下：

$$\Delta \ln S_t = C_s + \sum_{i=1}^{k} \alpha_{si} \Delta \ln S_{t-i} + \sum_{i=1}^{k} \beta_{si} \Delta \ln F_{t-i} + \gamma Z_{t-1} + \varepsilon_{st} \quad (7.10)$$

$$\Delta \ln F_t = C_s + \sum_{i=1}^{k} \alpha_{fi} \Delta \ln S_{t-i} + \sum_{i=1}^{k} \beta_{fi} \Delta \ln F_{t-i} + \gamma Z_{t-1} + \varepsilon_{ft} \quad (7.11)$$

$$Z_{t-1} = \ln S_{t-1} - (a + b \ln F_{t-1}) \quad (7.12)$$

其中，$\ln\Delta S_t$和 $\ln\Delta F_t$分别代表股指期货和现货对数价格收益率，Z_{t-1}是误差修正项，代表了两个市场之间的长期协整关系，且 $h = \mathrm{Cov}(\varepsilon_{St}, \varepsilon_{Ft}) / \mathrm{Var}(\varepsilon_{ft})$。模型中 α、β 和 γ 是待估计参数，a 和 b 是常数，根据协整向量得到，该模型与 OLS 一样，也属于静态套期保值，最优套期保值比率无法随着市场信息的变化而动态变化。

（3）CCC-GARCH 模型与 DCC-GARCH 模型。误差修正模型（ECM）（Fan，Li & Park，2016）在计算套期保值效率时，虽然考虑到两个市场间的协整关系，但属于静态套期保值。学者们在从静态到动态套期保值发展的过程中，提出 GARCH 类模型可以反映时变信息，若与 ECM 结合构造动态套期保值策略，既能够考虑到股指现货与股指期货间的协整关系，也可以利用 GARCH 模型得到残差的时变方差。CCC-GARCH 模型与 DCC-GARCH 模型计算套期保值效率的方法如下。

假设某一收益率序列 $\{y_t\}$，它的一元 GARCH（p，q）的模型可以表示为：

$$y_t = u + e_t \quad (7.13)$$

$$e_t | \psi_{t-1} \sim N(0, \sigma_t^2) \quad (7.14)$$

$$\sigma_t^2 = c + \sum_{i=1}^{p} \alpha_i^2 e_{t-i}^2 + \sum_{j=1}^{q} \beta_j \sigma_{t-j}^2 \quad (7.15)$$

其中，y_t为股指期货或现货处于第 t 期时的收益率，u 为均值。GARCH 模型里对条件方差的分布假设是正态的，e_t为 GARCH 模型均值方程的残差向量，且满足$e_t | \psi_{t-1} \sim N(0, \sigma_t^2)$，$\sigma_t^2$为 GARCH 模型的条件方差，$\psi_{t-1}$为 $t-1$ 期信息集。多元 GARCH 模型由一元不断发展和扩展成更加复杂的结构，如 VECM-GARCH、CCC-GARCH、DCC-GARCH 等模型以不同的方式刻画条件方差。

在多元 GARCH 模型中，通过多个市场的收益率序列（如$y_{i,t}$和$y_{j,t}$）就可以得到时变的条件方差-协方差矩阵H_t，通常所选取的多个市场间具有联动关系，其动态相关系数可以表示为：

$$\rho_{ij,t}=h_{ij,t}/\sqrt{h_{ii,t}h_{jj,t}} \tag{7.16}$$

其中，$h_{ij,t}$是条件协方差矩阵H_t的第 i 行、第 j 列元素，表示$y_{i,t}$和$y_{j,t}$的条件协方差；$h_{ii,t}$和与$h_{jj,t}$分别是矩阵对角线上的第 i 个和第 j 个元素，分别表示$y_{i,t}$和$y_{j,t}$的条件方差。当相关系数$\rho_{ij,t}$是常数时，称为 CCC-GARCH 模型；当相关系数$\rho_{ij,t}$不是常数时，则称为 DCC-GARCH 模型，具有动态条件相关系数。

CCC-GARCH 模型假定$\rho_{ij,t}$为常数ρ_{ij}，则条件方差-协方差矩阵H_t相关结构表示为：

$$H_t=D_tRD_t=\left(\rho_{ij}\sqrt{h_{ii,t}h_{jj,t}}\right) \tag{7.17}$$

$$D_t=\mathrm{diag}\ (\sqrt{h_{11,t}},\ \cdots,\ \sqrt{h_{nn,t}}) \tag{7.18}$$

$$R=(\rho_{ij})_{N\times N} \tag{7.19}$$

其中，H_t是 n 个市场收益率间的条件方差-协方差矩阵，$h_{ii,t}$是第 i 个市场的条件方差（$i=1$，⋯，n）。R 表示条件相关系数矩阵，CCC-GARCH 模型中ρ_{ij}是一个常数。D_t提取了对角矩阵上的元素，代表了每个市场的条件方差，且都满足一个单变量的广义自回归条件异方差过程，即：

$$h_{ii,t}=\omega_i+\theta_ie_{i,t-1}^2+\delta_th_{ii,t-1} \tag{7.20}$$

其中，ω_i，θ_i和δ_i为待估计参数，两个零均值变量$y_{i,t}$和$y_{j,t}$之间的常相关系数ρ_{ij}可以定义为：

$$\rho_{ij}=\mathrm{E}\ (y_iy_j)\ /\sqrt{\mathrm{E}\ (y_i^2)\ \mathrm{E}\ (y_j^2)} \tag{7.21}$$

（2）DCC-GARCH 模型则弥补了 CCC-GARCH 模型的短处，即考虑了多个市场间的联动关系是动态的。它们在条件方差-协方差矩阵的表示上存在区别：

$$H_t=D_tRD_t=\left(\rho_{ij}\sqrt{h_{ii,t}h_{jj,t}}\right) \tag{7.22}$$

$$D_t=\mathrm{diag}\ (\sqrt{h_{11,t}},\ \cdots,\ \sqrt{h_{kk,t}}) \tag{7.23}$$

$$h_{ii,t}=\omega_i+\theta_ie_{i,t-1}^2+\delta_th_{ii,t-1} \tag{7.24}$$

$$R_t=Q_t^{*-1}Q_tQ_t^{*-1} \tag{7.25}$$

$$Q_t=\ (1-k_1-k_2)\ \overline{Q}+k_2\eta_{t-1}\eta'_{t-1}+k_1Q_{t-1} \tag{7.26}$$

$$Q_t^*=\mathrm{diag}\ (\sqrt{q_{11,t}},\ \cdots,\ \sqrt{q_{kk,t}}) \tag{7.27}$$

$$\overline{Q}=\frac{1}{T}\sum_{i=1}^{T}\eta_{t-1}\eta'_{t-1} \tag{7.28}$$

在上述模型中，H_t是 n 个市场收益率间的条件方差-协方差矩阵，D_t中的

$h_{ii,t}$仍假定为一元 GARCH 过程，$\overline{Q}$代表非条件相关系数，Q_t^*能够确保R_t是相关系数矩阵，其中$q_{ii,t}$（$i=1$，2，…，k）是Q_t的对角元素，$R_t=\{\rho_{sf}\}_t$。η_t是标准化残差序列，E_t为多个收益率序列均值方程中的残差向量，即$E_t=$（$e_{1,t}$，$e_{2,t}$，…，$e_{k,t}$），$\eta_t=D_t^{-1}E_t$且$D_t=\text{diag}$（$\sqrt{h_{11,t}}$，…，$\sqrt{h_{kk,t}}$，）。我们假设利用股指期货对股指现货进行套期保值效率的分析，将收益率分别表示为r_{St}和r_{Ft}，考虑到条件方差-协方差矩阵可以表示为以下形式，那么动态套期保值比率可分别表示为式（7.33），它们之间的区别在于动态相关系数是否随时间发生变化：

$$\begin{cases} r_{S,t}=u_S+e_{S,t} \\ r_{F,t}=u_F+e_{F,t} \end{cases} \tag{7.29}$$

$$\begin{pmatrix} e_{S,t} \\ e_{F,t} \end{pmatrix} \mid \psi_{t-1} \sim N\ (0,\ H_t) \tag{7.30}$$

$$H_t=\begin{bmatrix} \sigma_{S,t}^2 & \sigma_{SF,t} \\ \sigma_{SF,t} & \sigma_{F,t}^2 \end{bmatrix}=\begin{bmatrix} \sigma_{S,t} & 0 \\ 0 & \sigma_{F,t} \end{bmatrix}\begin{bmatrix} 1 & \rho \\ \rho & 1 \end{bmatrix}\begin{bmatrix} \sigma_{S,t} & 0 \\ 0 & \sigma_{F,t} \end{bmatrix} \tag{7.31}$$

$$h_{t;CCC}^*=\rho_{SF}\frac{\sigma_{S,t}}{\sigma_{F,t}} \tag{7.32}$$

$$h_{t;DCC}^*=\rho_{SF,t}\frac{\sigma_{S,t}}{\sigma_{F,t}} \tag{7.33}$$

将式（7.29）应用于我国股指期货市场套期保值效率的研究时，$r_{S,t}$和$r_{F,t}$分别是沪深 300 股指现货市场和期货市场的收益率，是两个市场的条件均值方程，且方程中的残差项的条件方差-协方差矩阵为H_t，$\sigma_{S,t}^2$和$\sigma_{F,t}^2$分别是 t 期股指现货与股指期货市场收益率的条件方差，$\sigma_{SF,t}$为股指现货和股指期货市场收益率间的条件协方差，ψ_{t-1}为 $t-1$ 期信息集。$h_{t,CCC}^*$为 CCC-GARCH 模型下 t 期的套期保值比率，公式（7.32）中条件相关系数ρ_{SF}是常数，$h_{t,DCC}^*$为 DCC-GARCH 模型下 t 期的套期保值比率，公式（7.33）中的条件相关系数$\rho_{SF,t}$是随时间动态变化的。根据文献综述的结果，比较现有套期保值策略，学者们普遍认为动态套期保值效率要优于静态套期保值。总体来说，动态套期保值模型比静态套期保值考虑了残差序列方差的时变性，但也有国内外学者表示静态套期保值中 OLS 效率最高。在对以上套期保值策略和创新改进后的套期保值策略进行综合对比后，本章和第 8 章将深入研究以风险最小化作为套期保值目标的策略能否具有进一步的改进空间。

期货作为常见的套期保值衍生工具，在实施套期保值策略时，具体是采用现货头寸相反的期货做对冲，从而达到规避股票市场系统性风险的目的。在实际操作中，会有特定的操作流程（详细见附录）。本章主要是从理论上给出情绪对套期保值最优比率的影响，以达到提高套期保值效率的目的，而在实践操作中，仍需结合实际做进一步检验。

7.2 基于情绪的套期保值最优比率及模型参数估计

7.2.1 基于 DCC-GARCH 的套期保值最优比率估计

根据 7.1 部分的分析，套期保值理论模型发展过程中存在由静态转移到动态的趋势。参考 DCC-GARCH 模型与 ECM 模型各自的优势，既能够体现股指现货与股指期货市场之间的协整关系，也能反映 GARCH 模型中残差项的时变方差性。而将 ECM 模型与 DCC-GARCH 模型相结合，不仅可以体现股指现货、股指期货之间的协整关系，体现 GARCH 模型中残差项的时变方差性，还能得到随时间变化的两个市场间的动态相关系数。基于投资者情绪的套期保值模型也是基于 VECM-DCC-GARCH 模型进行的改进，首先需清楚 VECM-DCC-GARCH 模型原理及估计方法：

$$\Delta \ln S_t = C_s + \sum_{i=1}^{k} \alpha_{si} \Delta \ln S_{t-i} + \sum_{i=1}^{k} \beta_{si} \Delta \ln F_{t-i} + \gamma Z_{t-1} + \varepsilon_{st} \tag{7.34}$$

$$\Delta \ln F_t = C_s + \sum_{i=1}^{k} \alpha_{fi} \Delta \ln S_{t-i} + \sum_{i=1}^{k} \beta_{fi} \Delta \ln F_{t-i} + \gamma Z_{t-1} + \varepsilon_{ft} \tag{7.35}$$

其中，$\Delta\ln S_t$和 $\Delta\ln F_t$分别表示股指现货和股指期货市场的对数价格收益率，$Z_{t-1}=\ln S_{t-1}-（a+b\ln F_{t-1}）$是误差修正项，令$\xi_t=（\varepsilon_{St}，\varepsilon_{Ft})^{\mathrm{T}}$为残差向量，且满足$\xi_t|\Omega_{t-1}\sim N（0，H_t）$，$\Omega_{t-1}$是 $t-1$ 期的信息集，H_t满足：

$$H_t = \begin{bmatrix} h_{S,t} & h_{SF,t} \\ h_{SF,t} & h_{F,t} \end{bmatrix} \tag{7.36}$$

将多元 DCC-GARCH 模型写成矩阵的形式：

$$H_t = D_t R D_t = \left(\rho_{ij}\sqrt{h_{ii,t}h_{jj,t}}\right) \tag{7.37}$$

$$D_t = \mathrm{diag}\ (\sqrt{h_{11,t}},\ \cdots,\ \sqrt{h_{kk,t}}) \tag{7.38}$$

相关系数矩阵可写为：

$$h_{ii,t} = \omega_i + \theta_i e_{i,t-1}^2 + \delta_t h_{ii,t-1} \tag{7.39}$$

$$R_t = Q_t^{*-1} Q_t Q_t^{*-1} \tag{7.40}$$

$$Q_t = (1-k_1-k_2)\ \overline{Q} + k_2 \eta_{t-1} \eta'_{t-1} + k_1 Q_{t-1} \tag{7.41}$$

$$Q_t^* = \mathrm{diag}\ (\sqrt{q_{11,t}},\ \cdots,\ \sqrt{q_{kk,t}}) \tag{7.42}$$

$$\overline{Q} = \frac{1}{T} \sum_{i=1}^{T} \eta_{t-1} \eta'_{t-1} \tag{7.43}$$

在上述模型中，H_t表示为多个市场收益率间的条件方差-协方差矩阵，$\overline{Q}$代表非条件相关系数，Q_t^*能够确保R_t是相关系数矩阵且Q_t是对称正定的协方差矩阵，其中，$q_{ii,t}$（$i=1, 2, \cdots, k$）是Q_t的对角元素，$R_t=\{\rho_{SF}\}_t$。E_t为多个市场收益率序列均值方程中的残差向量，即$E_t=(e_{1,t}, e_{2,t}, \cdots, e_{k,t})$，$\eta_t$是标准化残差序列，$\eta_t=D_t^{-1}E_t$且$D_t=\mathrm{diag}(\sqrt{h_{11,t}}, \cdots, \sqrt{h_{nn,t}},)$。估计 DCC-GARCH 模型可以使用两阶段极大似然估计法。恩格尔（Engle，2002）证明得出极大似然估计值为（其中 Y 代表所有待估计参数的集合）：

$$\mathrm{Log}L(Y)=\frac{1}{T}\sum_{t=1}^{T}\log L(Y_t)=\frac{1}{T}\sum_{t=1}^{T}\left[-\frac{1}{2}(\log|H_t|+E'_tH_t^{-1}E_t)\right] \tag{7.44}$$

其中，$\mathrm{Log}L(Y)$ 表示极大似然对数函数值，式中H_t表示多个市场收益率间的条件方差-协方差矩阵，E_t为多个收益率序列均值方程中的残差向量，即$E_t=(e_{1,t}, e_{2,t}, \cdots, e_{k,t})$，由于$H_t=D_tR_tD_t$，所以$|D_tR_tD_t|=|D_t||R_t||D_t|$，因此我们有：

$$\begin{aligned}\mathrm{Log}L(Y)&=-\frac{1}{2T}\sum_{t=1}^{T}-2\log L(Y_t)\\&=-\frac{1}{2T}\sum_{t=1}^{T}[2(\log|D_t|+\log|R_t|+E'_tD_t^{-1}D_t^{-1}R_t^{-1}E_t)]\end{aligned} \tag{7.45}$$

所以在第一步估计中可以将相关系数矩阵换成单位矩阵，这样只需考虑出现在$D_t=\mathrm{diag}(\sqrt{h_{11,t}}, \cdots, \sqrt{h_{nn,t}},)$矩阵中参数的极大化问题。在第二步中，只需要考虑估计条件方差，即：

$$\begin{aligned}\mathrm{Log}L(Y|D)&=-\frac{1}{2T}\sum_{t=1}^{T}-2\log L(Y|D)\\&=-\frac{1}{2T}\sum_{t=1}^{T}[\log|R_t|+\eta'_tR_t^{-1}\eta_t)]\end{aligned} \tag{7.46}$$

其中，$R_t=\{\rho_{SF}\}_t$为时变的条件相关系数矩阵，η_t为标准化残差，即$\eta_t=D_t^{-1}E_t$，且$E_t=(e_{1,t}, e_{2,t}, \cdots, e_{k,t})$，则最优套期保值比率可以表示为：

$$h_t^*=\frac{\hat{h}_{SF,t}}{\hat{h}_{F,t}} \tag{7.47}$$

式中，h_t^*为时变的套期保值比率，$\widehat{h}_{SF,t}$和$\widehat{h}_{F,t}$分别为$h_{SF,t}$和$h_{F,t}$的估计值。对于 VECM-DCC-GARCH 模型参数估计，同样需要对极大似然函数加以估计。其中，$H_t=(h_{ijt})_{K\times K}$，假设 Θ 是待估计参数向量，该模型有 $2K(K+1)+K^2(K+1)^2(p+q)/4$ 个参数，可以看出多元 GARCH 模型估计是一个非常复杂的优化问题。通常使用由伯恩特（Berndt，1974）等人提出的主流算法——BHHH 算法得到极大似然估计值，这种方法使用起来相对简便，主要步骤如下：

步骤 1，首先对待估计的参数向量$\widehat{\Theta}$设定估计的初始值，记为$\widehat{\Theta}^{(0)}$。

步骤 2，采用逐步估计的方法，根据第 i 步得到的$\vec{\Theta}^{(i)}$，计算第 $i+1$ 步估计值的$\vec{\Theta}^{(i+1)}$，

$$\vec{\Theta}^{(i+1)} = \vec{\Theta}^{(i)} + \lambda_i \left(\sum_{t=1}^{T} \frac{\partial l_t}{\partial \vec{\Theta}} \frac{\partial l_t}{\partial \vec{\Theta}^t} \right)^{-1} \sum_{t=1}^{T} \frac{\partial l_t}{\partial \vec{\Theta}} \tag{7.48}$$

其中，λ_i是第 i 步的搜索步长，l_t是 t 时刻的对数似然函数，且最优的可行方向是$\left(\sum_{t=1}^{T} \frac{\partial l_t}{\partial \vec{\Theta}} \frac{\partial l_t}{\partial \vec{\Theta}^t} \right)^{-1} \sum_{t=1}^{T} \frac{\partial l_t}{\partial \vec{\Theta}}$。

步骤 3，重复步骤 2，并依据终止条件得到既定的收敛条件，得到最终的估计值$\vec{\Theta}^{(*)}$。

BHHH 算法的优点在于简便，计算方法和程序简单，由于本身改进的 VECM-DCC-GARCH 模型的参数较多，估计过程较为复杂，在使用极大似然估计法对参数进行估计时，应首选较为简便的 BHHH 算法求出极大似然估计值。

7.2.2 包含情绪因素的套期保值模型（Sentiment-DCC-GARCH）

在理解 VECM-DCC-GARCH 模型原理及估计方法的基础上才能对该模型进行很好的改进。基于第 6 章给出的动态套期保值模型的改进方向，需要进一步验证投资者情绪对股指现货、期货市场波动性及动态相关性的影响，投资者情绪能够影响条件方差-协方差矩阵，优化套期保值比率。下面参考朔彭（Schopen，2012）有关外生变量引入 DCC 模型分析金融市场的文献，就基于情绪改进的 VECM-DCC-GARCH 模型的估计方法给予详细分析。具体对 VECM-DCC-GARCH 模型的改进如下。

首先利用经典 VECM-DCC-GARCH 模型分析期现货市场动态相关性，具体模型如下：

$$\Delta \ln S_t = C_S + \sum_{i=1}^{k} \alpha_{Si} \Delta \ln S_{t-i} + \sum_{i=1}^{k} \beta_{Si} \Delta \ln F_{t-i} + \gamma Z_{t-1} + \varepsilon_{St} \tag{7.49}$$

$$\Delta \ln F_t = C_S + \sum_{i=1}^{k} \alpha_{Fi} \Delta \ln S_{t-i} + \sum_{i=1}^{k} \beta_{Fi} \Delta \ln F_{t-i} + \gamma Z_{t-1} + \varepsilon_{Ft} \tag{7.50}$$

其中，$\Delta \ln S_t$和 $\Delta \ln F_t$分别表示股指现货和股指期货市场的对数价格收益率，$Z_{t-1} = \ln S_{t-1} - (a + b\ln F_{t-1})$ 是误差修正项。在改进 DCC-GARCH 模型时，所

使用的方法类似于以往学者基于基差的改进方法，即对股指期货、现货市场的条件方差-协方差矩阵（H_t）进行改进，令$\xi_t=(\varepsilon_{St},\ \varepsilon_{Ft})^{\mathrm{T}}$为残差向量，它满足$\xi_t|\Omega_{t-1}\sim N(0,\ H_t)$。

$$H_t=\begin{bmatrix} h_{S,t} & h_{SF,t} \\ h_{SF,t} & h_{F,t} \end{bmatrix}$$

式中，$h_{S,t}$、$h_{F,t}$和$h_{SF,t}$分别代表股指现货、期货的条件方差及条件协方差。投资者情绪对资本市场的影响主要体现在对期货、现货市场间的方差-协方差矩阵的影响，含有投资者情绪的 Sentiment - DCC - GARCH 模型可以写成式（7.51）、式（7.52）和式（7.53）三种形式：

$$h_{S,t}=\omega_S+\theta_S\varepsilon_{S,t-1}^2+\delta_S h_{S,t-1}+\mu_S S_t^{PLS} \tag{7.51}$$

$$h_{F,t}=\omega_F+\theta_F\varepsilon_{F,t-1}^2+\delta_F h_{F,t-1}+\mu_F S_t^{PLS} \tag{7.52}$$

$$h_{SF,t}=\rho_{SF,t}\sqrt{h_{S,t}}\sqrt{h_{F,t}} \tag{7.53}$$

$$\rho_{SF,t}=q_{SF,t}/\sqrt{q_{S,t}q_{F,t}} \tag{7.54}$$

$$q_{SF,t}=\bar{\rho}_{SF}+\kappa_1(q_{SF,t-1}-\bar{\rho}_{SF})+\kappa_2(\eta_{S,t-1}\eta_{F,t-1}-\bar{\rho}_{SF})+\psi S_t^{PLS} \tag{7.55}$$

模型 1：$\mu_{S,t}=\mu_{F,t}=\psi=0$。

模型 2：$\mu_{S,t}=\mu_{F,t}=0$。

模型 3：$\psi=0$。

模型 4：$\mu_{S,t}\mu_{F,t}\psi\neq0$。

其中，S_t^{PLS}为投资者情绪指数，κ_1，κ_2，ω_i，θ_i，δ_i和μ_i（$i=S$，F）是待估计参数，$q_{SF,t}$是式中对称正定矩阵 Q 中的元素，$\rho_{SF,t}$表示 t 时刻期现货市场条件相关系数，$\bar{\rho}_{SF}$是期现货市场无条件相关系数，$\eta_{S,t-1}$和$\eta_{F,t-1}$是标准化后的残差。式（7.49）—式（7.53）称为基于投资者情绪的 DCC-GARCH 模型，记为 Sentiment-DCC-GARCH 模型。

初始的 VECM-DCC-GARCH 模型满足条件：$\mu_{S,t}=\mu_{F,t}=\psi=0$，令该模型为模型 1，那么含有情绪因素的 Sentiment-DCC-GARCH 模型可以衍生出以下三种形式，即模型 2，模型 3 和模型 4。分别考虑投资者情绪仅对期货、现货市场条件方差的影响，仅对期货、现货市场条件相关系数的影响和对条件方差及条件相关系数的共同影响。

7.3　投资者情绪对股指期货套期保值效率影响的实证分析

7.3.1　VECM-DCC-GARCH 模型的估计结果

由于投资者情绪反映了投资者对市场未来的预期，因此情绪变化会导致投资策略的改变，进而改变资产价格、波动率以及期货、现货市场间的相关性。从套期保值理论及最优套期保值比率表达式可以看出，情绪因素对资本市场价格、波动率和期货、现货市场间的相关性的影响，会直接改变最优套期保值比率，影响套期保值效率。

实证过程中使用两阶段估计法求解模型 1，模型 2，模型 3 和模型 4，在模型估计中，使用滞后阶数 AIC 检验准则，滞后阶数取 2，首先给出期货、现货收益率序列的条件均值估计结果，如表 7. 1 所示。

表 7.1　条件均值方程估计结果

估计结果	股指现货	股指期货
协整项	−0. 098 2** [−2. 321]	0. 010 8 [0. 207]
$\Delta\ln S\ (-1)$	−0. 326 7*** [−3. 630]	−0. 173 2 [−1. 561]
$\Delta\ln F\ (-1)$	0. 369 8*** [5. 084]	0. 176 0** [1. 964]
$\Delta\ln S\ (-2)$	0. 070 4 [0. 786]	0. 322 3*** [2. 923]
$\Delta\ln F\ (-2)$	−0. 113 4 [−1. 516]	−0. 367 4*** [−3. 989]
C	0. 043 9** [2. 321]	−0. 004 9 [−0. 209]
R^2	0. 055	0. 037
F 统计量	7. 858	5. 152

注：方括号内的数值为 t 统计量，*** 、** 表示在 1%、5%水平下显著。

表 7. 1 中展示了条件均值结果，首先利用最小二乘估计法（OLS）估计条件均值得到 t 时刻的残差值（$\varepsilon_{S,t}$和$\varepsilon_{F,t}$），得到相应的条件方差和条件协方差，然后用极大似然估计法（MLE）估计 DCC-GARCH 模型中的参数，对应的极大似然函数为式（7. 44），则 t 时刻的最优套期保值比率为：

$$h^* = \frac{\mathrm{Cov}\ (\Delta\ln S_t,\ \Delta\ln F_t \mid \Omega_{t-1})}{\mathrm{Var}\ (\Delta\ln F_{t-1} \mid \Omega_{t-1})} = \rho_{SF,t}\frac{\sqrt{h_{S,t}}}{\sqrt{h_{F,t}}} \tag{7.56}$$

上式所计算的比率是理论值，$\rho_{SF,t}$表示 t 期的期现货市场条件相关系数，

$h_{S,t}$和$h_{F,t}$分别代表股指现货和股指期货市场的条件方差。虽然这里考虑了投资者情绪策略改进的因素，但也不能忽略换仓成本对套期保值比率的影响（假设只考虑固定成本，并假设固定成本占交易成本的 2%），套期保值比率设定的原则是满足效用函数 $UE(R_{h,t})-\lambda\mathrm{Var}(R_{h,t})$。其中，$E(R_{h,t})$是套期保值头寸的期望收益，$\lambda$ 是风险规避系数，在这里我们假设市场上都是同类型的套期保值者，否则他们的风险厌恶系数是不同的（杨怀东，江超凡和刘坤，2012）。$\mathrm{Var}(R_{h,t})$是套期保值的风险，假设不考虑交易成本时，$E(R_{h,t})$服从边界条件（$E(R_{h,t})=0$）并且风险规避系数为 4，那么依据下面的式子来决定是否在这一周调整套期保值比率：

$$\begin{aligned}&-TC-\lambda\left(\mathrm{Var}(R_{S,t})+h_t^2\mathrm{Var}(R_{F,t})-2h_t\mathrm{Cov}(R_{S,t},R_{F,t})\right)>\\&-\lambda\left(\mathrm{Var}(R_{S,t})+h_{t'}^2\mathrm{Var}(R_{F,t})-2h_t\mathrm{Cov}(R_{S,t},R_{F,t})\right)\end{aligned}\tag{7.57}$$

其中，h_t是 t 时刻的最优套期保值比率，$h_{t'}$是 $t+1$ 时刻的最优套期保值比率，当上式成立时，就在 $t+1$ 时刻调整头寸，反之，则不调整头寸。假设一单位多头现货需要 h 单位相应的期货合约进行套期保值，则 TC=交易手续费×单位现货对应的期货持仓变化绝对值（$|\Delta h|$）。最后根据 VECM-DCC-GARCH 模型计算得到的h_t作为动态最优套期保值策略。

如表 7.2 所示，估计结果表明 DCC-GARCH 模型是外部信息有效的，而且对外部信息影响是非常持久的。当 $\theta+\delta<1$ 时，所有的 DCC-GARCH 模型都具有均值回复性。在所有的 DCC-GARCH 模型中，参数 θ 的估计值都远远小于参数 δ 的估计值，说明价格联动具有滞后性。其中 θ 值均比较小，反映了前期的外部干扰并不能改变期货、现货市场之间的相关性。与此同时，δ 估计值都比较大，其中 δ 值全部都超过了 0.9，说明价格联动具有滞后性，期货、现货市场价格之间的动态相关系数显著受到前期较强的影响，并具有较强的持续性。从结果来看，投资者情绪可以显著影响期货、现货市场的波动率及其间的动态相关关系，同时我们发现模型 4 得出的结果是最佳的。接下来为了比较投资者情绪对套期保值效率的影响，分别将模型 1 至模型 4 的结果进行对比；同时为了得到更明显的对比结果，可以通过比较 DCC-GARCH 模型 1 和模型 4 计算的动态套期保值比率进行作图，分析投资者情绪因素对模型的优化作用。

表 7.2　DCC-GARCH 模型的估计结果

估计参数	模型 1		模型 2		模型 3		模型 4	
	$i=S$	$i=F$	$i=S$	$i=F$	$i=S$	$i=F$	$i=S$	$i=F$
ω_i	8.77E-06 [1.362]	2.11E-06 [0.240]	6.97E-06 [1.168]	1.30E-05 [0.740]	4.85E-06 [1.067]	2.78E-06 [0.407]	1.92E-08 [0.406]	8.88E-06 [1.475]

续表

估计参数	模型 1		模型 2		模型 3		模型 4	
	$i=S$	$i=F$	$i=S$	$i=F$	$i=S$	$i=F$	$i=S$	$i=F$
θ_i	0.062 8 [1.348]	0.064 0 [1.181]	0.053 9 [1.140]	0.054 2 [1.324]	0.047 8 [1.254]	0.054 9 [1.306]	0.046 3 [1.244]	0.042 6* [1.239]
δ_i	0.933 4*** [17.453]	0.933 1*** [18.232]	0.932 6*** [14.120]	0.932 5*** [16.044]	0.940 2*** [22.112]	0.935 1*** [20.905]	0.932 8*** [18.290]	0.932 9*** [19.586)
μ_i	—	—	7.90E-06* [1.795]	9.60E-06** [2.012]	—	—	5.17E-06* [1.793]	7.47E-06** [2.385]
κ_1	0.960 6*** [46.715]		0.952 8*** [40.265]		0.952 7*** [37.124]		0.956 2*** [55.929]	
κ_2	0.039 0*** [4.483]		0.032 8*** [3.814]		0.047 2*** [4.866]		0.043 6*** [4.892]	
ψ_1	—		—		-0.075 4** [-2.219]		-0.032 5* [-1.731]	

注：方括号内的数值为 t 统计量，***、**、* 表示在 1%、5%、10%水平下显著。

表 7.2 显示了 DCC-GARCH 模型的估计结果。根据 DCC-GARCH 模型的估计结果，我们可以发现投资者情绪对波动率存在显著的正向影响，而投资者情绪对沪深 300 股指现货与期货市场间的相关性存在显著的负向影响。

DCC-GARCH 模型的估计结果首先反映了投资者情绪对市场波动具有显著的正向影响，可以从参数 μ 看出来，尤其是对于股指期货市场而言，这种积极影响表现更强烈。这意味着较高的投资者情绪水平使得噪声投资者的信心过高，从而增加市场波动。此时噪声交易者会比套利者的投机行为更加积极，从而增加新信息对波动性的影响。投资者情绪对期货、现货市场波动率的正向影响表现为噪声交易者通常表现出过度自信的特征，与此同时，投资者情绪对期货市场波动率的影响较大的结论也与第 5 章相同。

根据以上 4 种模型的估计结果，我们可以发现投资者情绪对资本市场的影响方式。从参数 μ 可以捕捉到情绪对波动率的影响。同时，考虑到模型中的相关系数随投资者情绪而变化，我们可以检验参数 ψ 来衡量投资者情绪对两个市场之间相关性的影响。根据上述模型 1、模型 2、模型 3 和模型 4 的估计结果，分别讨论了情绪对沪深 300 指数和股指期货市场波动率和相关性的影响，得出的结论与前面第 5 章得出的结论相似。再一次证明了投资者情绪对股指期货、现货市场波动率的正向影响，投资者情绪对股指期货、现货市场相关性负向影响的结论。估计结果表明，模型 4 相比于模型 2 和模型 3 能够充分考虑投资者情绪对资本市场不同角度的影响。从估计参数显著性来看，模型 4 既能解释投资者情绪对市场波动率的影响，也能解释投资者情绪对股指现货与期货市场相关系数的影响。因此给出模型 1 与模型 4 两个模型下的动态相关系数图（见图 7.1）。

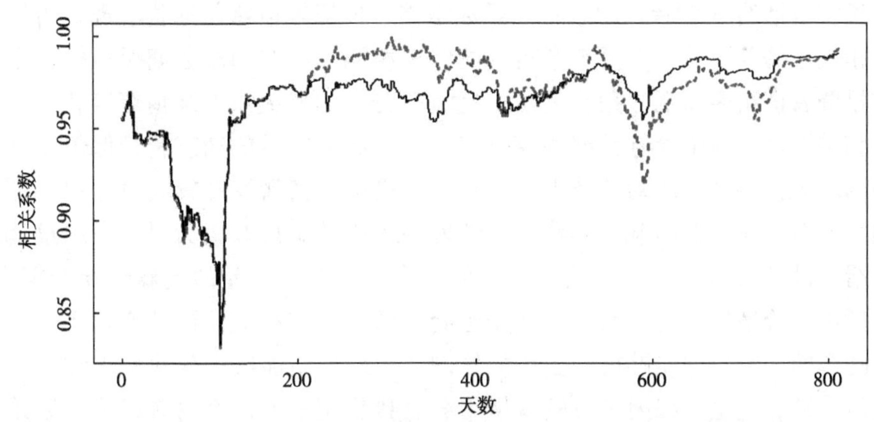

图 7.1　投资者情绪对股指期货、现货市场相关系数的影响

注：虚线代表考虑投资者情绪时 Sentiment-VECM-DCC-GARCH 模型得到的动态相关系数，实线代表不考虑投资者情绪时 VECM-DCC-GARCH 模型得到的动态相关系数。

图 7.1 展示了沪深 300 股指期货与现货之间的动态相关系数，其中，横轴代表样本时期，纵轴代表不同时期两个市场之间的相关系数，通过 VECM-DCC-GARCH 模型，能够把不同时期市场间的动态相关系数展现出来。具体而言，从图中容易看出动态相关系数呈正态分布，表明相关系数具有波动性的聚集特征。

从参数估计结果也可以得出类似的结论，从市场收益率序列的 ARCH 效应和 GARCH 效应的系数来看，即观察 ω 和 θ 的值及其显著性，发现股指期货市场和现货市场的收益率序列均存在波动性聚集效应和持久性。以模型 4 为例，κ_1 表示上一期的条件相关系数对本期相关系数的影响程度，κ_1 系数在统计上是显著的，但其值都不足 0.1，说明市场当期的条件相关系数受到前期相关系数的影响程度较弱。κ_2 系数在统计上是显著的，且其值达到 0.9 以上，说明当期条件相关系数受随机因素影响是非常大的，市场收益率以及市场间的信息传导会受到多方因素的影响，而当期信息比前一期信息对股指期货、现货市场的影响更加明显。

从动态相关系数图中容易看出，股指期货、现货市场之间的相关系数的波动区间较大，并不是在某个常数附近波动，而是呈现出时变特征，由图 7.1

可知，股指期货、现货市场呈正相关关系且相关度较高，相关系数较为稳定且在0.8到1之间波动，具有较高的正相关性。在第5章曾讨论过，股指期货与现货市场静态相关系数高达0.933 8，动态套期保值模型得到的动态相关系数在前期偏低，后期整体却偏高。从投资者情绪与动态相关系数之间的走势来看，两者呈现负相关关系，即投资者情绪上涨时，动态相关系数减小，而当投资者情绪减小后，动态相关系数增强。投资者情绪与期货、现货市场动态相关性的负向关系与第5章得到的结论相同。当在动态套期保值模型中考虑投资者情绪因素后，股指期货、现货市场间的相关系数随情绪变化，但整体相关性水平与不含有情绪的模型接近。考虑情绪后的动态套期保值模型得到的动态相关系数波动性较大，尤其是在投资者情绪波动较大时体现得更加明显。对比样本期内基差走势，能够发现当基差偏离0较大时，考虑投资者情绪的模型的动态相关系数处于较低的水平，因为基差的偏离意味着期货、现货市场价格的偏离。而基差波动也会伴随着动态相关系数的变化，基于情绪的套期保值模型能够得到更好的体现。因此情绪能够有效地修正动态套期保值模型。这主要归因于投资者情绪会直接作用于噪声交易者行为，导致股指现货市场的剧烈波动，使动态相关系数波动性降低。

投资者情绪对股指期货市场的影响主要是“创造空间效应”，可以从可观察到的交易量变化和噪声交易者的错误认知中看出，这些错误认知最终会对期货、现货市场相关性产生重大影响。由于期货、现货市场间的相关程度取决于市场的信息效率，如果市场是有效的，那么现货和期货的收益率将是完全相关的。虽然市场效率并不是在所有的时间都是有效的，“创造空间效应”会导致噪声交易者在情绪较高的市场中进行积极的交易。但是，当投资者情绪高涨时，理性投资者更倾向于在股市中减少风险敞口，因为他们知道某种资产价格过高。由于期货市场和现货市场拥有不同的投资者结构，“创造空间效应”也会对期货市场和现货市场产生不同程度的影响，当投资者情绪高涨时，机构投资者和个人投资者的非理性行为将会显著增加。由于交易量和相关性之间的关系，即交易量的增加将降低两个市场之间的相关性，当投资者情绪高涨时，噪声交易者变得比套利者更活跃，特别是在现货市场。在过度乐观和过度自信的情况下，噪声交易者忽视了外部信息的冲击并继续交易，从而降低了信息对波动率的影响并且降低了市场效率。

7.3.2 套期保值评价指标

套期保值者的策略是否能够有效规避价格风险，需要对其进行有效的评价。学者们通常最为关心的是现货资产利用期货套期保值后，能够使原来的资产减少多少风险。减少的风险越多，则代表所采用的策略越有效，即套期保值效果越好（Černý & Kallsen，2008）。我们进一步使用套期保值头寸风险减少的百分比来衡量套期保值效率，公式为：

$$RVar_x = \frac{Var(R_h^x) - Var(R_h^b)}{Var(R_h^b)} \tag{7.58}$$

其中，Var（R_h^x）是使用动态套期保值模型计算得出的最优套期保值比率（h_t和h_t^S）得到的套期保值风险头寸，Var（R_h^b）是股票指数未进行套期保值时的风险头寸。可以通过根据h_t和h_t^S分别得到的套期保值效率$RVar_x$来比较投资者情绪对套期保值的影响及对套期保值效率的提升。

除使用较广泛的套期保值衡量指标外，还应通过样本外检验来证明改进套期保值模型的有效性。使用的样本区间为：2015 年 3 月 2 日—2018 年 12 月 28 日，其中使用 2015 年 3 月 2 日—2018 年 6 月 29 日的数据来做样本内最优套期保值比率的估计，然后利用 2018 年 7 月 2 日—2018 年 12 月 28 日半年的样本数据来评价套期保值效率。

7.3.3　比较动态套期保值效率

图 7.2 基于 DCC-GARCH 模型的动态最优套期保值比率比较了含有投资者情绪和不含投资者情绪的动态套期保值比率。其中虚线代表模型 4 得到的考虑投资者情绪后的动态套期保值比率，实线是模型 1 得到的不考虑投资者情绪的动态套期保值比率。其中不考虑投资者情绪的动态套期保值效率具有较低的波动性，考虑投资者情绪的动态套期保值比率具有较高的波动性，并且这些动态套期保值效率都在 0.5 和 1 之间，这意味着投资者情绪可以增加套期保值比率的波动率。接下来我们需要进一步分析考虑投资者情绪后的动态套期保值是否可以提高套期保值效率，以解释改进后的模型是否能够得到更加优化的动态套期保值比率。

在这个部分中，我们可以用两种方式来估计动态套期保值效率，分别是h_t和h_t^S。为了简便说明，将考虑投资者情绪的套期保值模型估计得到的比率记为h_t^S。但在这里，我们需要循序渐进地引入投资者情绪因素到套期保值模型中，即分别为模型 2，模型 3 和模型 4，因此会根据这三种模型得到相应的h_t^S。我们用类似的方法同样可以得到不考虑投资者情绪的动态套期保值比率h_t，同时假设动态套期保值头寸每周调节一次。鉴于给出具体每个模型的套期保值效率是用于进一步解释与讨论的，我们从套期保值效率（同时考虑样本内和样本外），也可以再次确认模型 4 能够带来最好的套期保值效果（见表 7.3）。

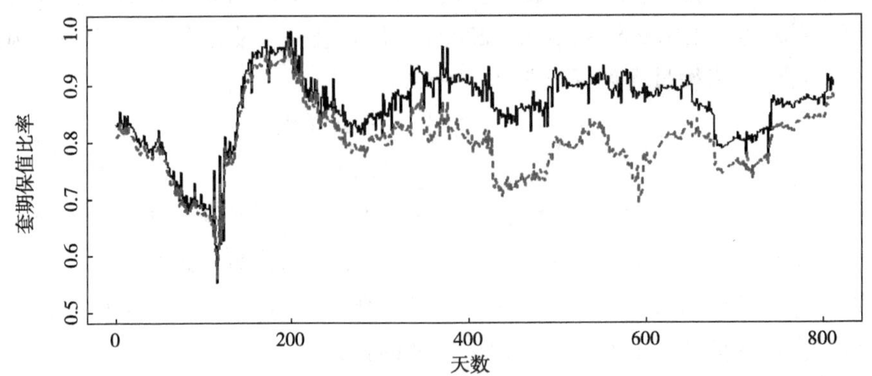

图 7.2 基于 DCC-GARCH 模型的动态最优套期保值比率

注：实线代表不考虑投资者情绪的动态套期保值比率；虚线代表考虑投资者情绪的动态套期保值比率。

表 7.3 投资者情绪对套期保值影响的效果比较（$TC=0.2\%$）

样本内	模型 2		模型 3		模型 4	
	$TC=0$	$TC\neq0$	$TC=0$	$TC\neq0$	$TC=0$	$TC\neq0$
h_t^S	83.26%	83.42%	83.34%	83.30%	83.26%	83.43%
h_t（模型 1）	83.10%	83.28%	83.10%	83.28%	83.10%	83.28%
样本外	模型 2		模型 3		模型 4	
	$TC=0$	$TC\neq0$	$TC=0$	$TC\neq0$	$TC=0$	$TC\neq0$
h_t^S	96.35%	96.64%	96.76%	97.03%	96.45%	96.72%
h_t（模型 1）	96.41%	96.69%	96.41%	96.69%	96.41%	96.69%

从以往学者的研究结果中可以得到相同的结论（Corredor et al.，2015）。通过表 7.3 我们很容易发现不同模型得到的套期效率是非常接近的，当考虑样本内包含固定交易成本时，发现套期保值效率最高为 83.26%，最低为 83.10%（不考虑投资者情绪）。考虑固定交易成本时，套期保值效率略高于不考虑交易成本的套期保值效率，说明频繁改变套期保值比率不利于套期保值最终效果。为了比较起来更加简单，将模型 1 计算套期保值的有效性全部重复显示在第二行。通过模型 2，模型 3 和模型 4 计算的套期有效性结果则列示在第一行。考虑投资者情绪的改进模型可以有效提高套期保值效率，而不考虑投资者情绪的初始模型只具有较低的套期保值效率。因此可以看出，当

投资者情绪被同时引入期货、现货市场的波动率及其相关关系研究中时，我们可以获得最高的套期保值效率，即为 83.43%（当考虑固定交易成本时）。从套期保值效率改进程度来看，投资者情绪确实能够优化套期保值模型，但是改进的空间不大。而且投资者情绪是否能够改进套期保值模型取决于投资者情绪引入模型的方式，如单纯引入方差方程或协方差方程所带来的优化效果不同。

7.4 个人（机构）投资者的理性（非理性）情绪对套期保值效率的影响

在本节中，我们进一步将投资者情绪分解为 4 个部分来检验不同部分的投资者情绪，即个人（机构）的理性（非理性）情绪对套期保值效率的影响。同时将进一步解释这些不同部分的情绪是否对 CSI 300 股指期货套期保值的作用是不同的，从而进一步解释了中国股指期货套期保值效率低的原因。

7.4.1 进一步分解投资者情绪对套期保值影响的理论依据与假设检验

正如布朗和柯利福（Brown & Cliff，2004）所指出的那样，个人和机构的投资者情绪都可能存在不同程度的错误评估。例如，当资本市场出现某个信号时，两类投资者对这个相同的信号可能会存在不同的反应。再如，人们普遍认为机构投资者情绪能够引导个人投资者情绪，因为只有机构投资者情绪才有足够的市场力量来影响价格。此外，通常假设机构投资者中存在更多理性投资者，并且其中大多数理性情绪都依赖于基本面信息。因此，个人投资者情绪与机构投资者情绪是不同的，因此有必要分别分析个人和机构投资者情绪对股指期货套期保值效率的不同影响，以进一步证明投资者结构对套期保值的影响。

拉胡尔·维玛和普利提·维玛（Rahul Verma & Priti Verma，2007）发现个人投资者情绪和机构投资者情绪均对股票收益率（波动率）具有显著的正向（负向）影响。他们也将投资者情绪分解为噪声（非理性）和基本面信息（理性）成分，非理性情绪或理性情绪对股指及股指期货市场的收益率和波动率具有不同的影响，因为理性情绪反映了对未来基本面信息的期望水平而非理性情绪则可以反映过度的情绪。他们认为，理性的机构投资者情绪的作用远高于理性的个人投资者情绪的作用，且投资者情绪的非理性部分也有类似的结果。然而，个人和机构投资者的非理性情绪的影响小于理性情绪对市场的影响。鹿坪，田甜和姚海鑫（2015）基于VAR模型、Granger因果关系检验、脉冲响应分析了个人、机构投资者情绪与沪深300股指收益间的动态关系，得出机构投资者并非是理性交易者的结论，认为他们并没有比散户起到稳定市场的作用。

中国股市和股指期货市场有很多投机因素，且中国资本市场的投资者结构中个人投资者占主体。中国股票市场机制尚不完善且发展结构失衡，在投资者有限理性的假设条件下，投资者情绪大幅波动将导致证券市场异常波动和定价偏离（孔令飞和刘轶，2016）。接下来，本节中需要将投资者分为机构投资者和个人投资者，并进一步分析个人（机构）投资者的理性情绪和非理性情绪对股指期货套期保值效率的不同影响。结合第3章DSSW模型扩展得到结论，股指期货、现货市场的波动率中包含了机构、个人的认知偏差（第3章称之为信息误差），即情绪对套期保值效率的影响取决于它对市场波动率的作用。根据理论层面的推导及以往学者的研究结论，个人投资者情绪的波动要高于机构投资者，并且非理性情绪的波动要比理性情绪高，这也符合DSSW模型的噪声交易的生存空间原则。因此非理性情绪所带来的市场波动率有较大的变化幅度，使得套期保值比率发生较大的变化，且不利于股指期货市场效率的发挥。对于个人非理性情绪而言，套期保值效率的下降幅度更大。

首先需要将投资者分为机构投资者和个人投资者，以往的研究表明，中国投资者情绪指标机制并不像国外那么健全，因此这里仍然延续前面第3章给出的投资者情绪初始指标，即使用每月新增的个人和机构投资者的开户数量作为中国的个人和机构投资者情绪的初始情绪指标（Liu & Liu，2014）。同时使用封闭式基金的折溢价率（*prem*）、股指期货市场成交量（*TV*）、股票市场市盈率（PE）、上证50ETF期权隐含波动率指数（iVIX）、主买率（*buyrate*）、融资余额占比（*MTR*）、市场换手率（*turnover*）和新增投资者账户（*num*）来构建投资者情绪指标。值得注意的是，这里需要分别使用个人和机构每月新增投资者数目和其他5个指标，利用PLS方法获得个人/机构的投资者情绪指数。这是将投资者情绪进行分解的第一步。

然后在进一步探讨理性、非理性情绪的作用时，我们将个人/机构的投资者情绪分解为非理性成分和理性成分。正如以往研究人员（Brown & Cliff，2004；Sayim & Rahman，2015）所提出的结论，投资者情绪都多少包含了基于风险因素的理性预期成分。当投资者具有看涨或看跌的情绪时，投资者情绪的理性和非理性部分将同时影响股指期货和股指现货市场的波动性及其间的相关性，进而会引起套期保值效果的变化。因此，需要将投资者情绪进行分解，并分别分析个人/机构的投资者情绪的理性/非理性情绪部分对套期保

值效果的作用。因为股指现货和股指期货的收益率和波动率会受到理性和非理性情绪的不同影响，所以，我们最终将投资者情绪分解为 4 个部分，即机构的理性和非理性情绪，个人的理性和非理性情绪，从而找出最能影响套期保值效果的情绪部分，并且以此进一步解释中国股指期货市场的套期保值低效率的主要原因。我们有必要知道哪个情绪部分对套期保值效率影响最大，以及我国股指期货市场实施套期保值策略时，是否应该更加关注投机风险。鉴于波尔和布热什钦斯基（Bohl & Brzeszczyński，2006）的研究结论，机构投资者并没有起到稳定股票价格的作用。本书将进一步分析机构投资者能否提高股指期货套期保值效率，综合以上分析，提出了第 4 个假设检验。

假设 7.4：机构投资者/个人投资者的理性情绪/非理性情绪部分对套期保值效率的影响不同。

7.4.2 个人、机构投资者的理性、非理性情绪对套期保值影响的实证分析

我们首先选择每月的个人和机构的新增投资者账户数作为这两类投资者情绪的初始指标。其次执行标准化处理以消除这两种数据较大的差异，将投资者情绪分成机构投资者情绪和个人投资者情绪。再次，根据以往学者提出的相关指标（Rahul Verma & Priti Verma，2007），即利用基本面信息指标作为投资者情绪的理性部分。最终，从中选取并使用国内生产总值（GDP）、消费者物价指数（CPI）、消费品零售总额（RSCG，retail sales of consumer goods）、采购经理指数（PMI）和货币供应量（M2）来获得投资者情绪中的机构（个人）的理性（非理性）成分。其中，国内生产总值（GDP）是当季同比数据，消费者物价指数（CPI）、消费品零售总额和货币供应量（M2）均采用当月同比数据，而采购经理指数（PMI）则是月度发布的、综合性的经济监测指标体系，其中当 PMI 指数为 50 时，成为荣枯分水线。根据特定的算法分解得到个人投资者情绪、机构投资者情绪的理性部分和非理性部分。最后我们分别将机构投资者的理性情绪、机构投资者的非理性情绪、个人投资者的理性情绪和个人投资者的非理性情绪分别引入改进后的套期保值模型中计算动态套期保值比率及效率。

具体而言，分别使用模型 1（不含投资者情绪）和模型 4（含投资者情绪）来估计动态套期保值比率，并将个人和机构的非理性（理性）情绪引入这些模型中。假设$S_{indr,t}$是个人投资者的理性情绪，$S_{indir,t}$是个人投资者的非理性情绪；机构投资者的理性情绪是$S_{insr,t}$，机构投资者的非理性情绪是$S_{insir,t}$。因此，我们利用下面的模型分别计算投资者情绪的理性成分和非理性成分：

$$S_{ind,\ t} = \lambda_{ind,\ 0} + \lambda_{ind,\ j} \sum_{j=1}^{J} Fund_{j,\ ind,\ t} + \xi_{ind,\ t} \tag{7.59}$$

$$S_{ins,\ t} = \lambda_{ins,\ 0} + \lambda_{ins,\ j} \sum_{j=1}^{J} Fund_{j,\ ins,\ t} + \xi_{ins,\ t} \tag{7.60}$$

其中，$\lambda_{ind,0}$和$\lambda_{ins,0}$均是常数，$\lambda_{inj,0}$和$\lambda_{inj,0}$是需要估计的参数，$\xi_{ind,t}$和$\xi_{ins,t}$是随机扰动项。其中$S_{ind,t}$和$S_{ins,t}$分别表示在 t 时刻的个人投资者情绪和机构投资者情绪，$Fund_{j,ind,t}$和$Fund_{j,ins,t}$分别表示对于基本面信息中风险因子成分中的理性预期，这里指使用插值法得到的基本面信息数据。方程中的拟合值$\widehat{S}_{ind,t}$和$\widehat{S}_{ins,t}$分别代表个人/机构投资者的理性情绪，那么得到的残差误差项$\widehat{\xi}_{ind,t}$和$\widehat{\xi}_{ins,t}$即为个人/机构投资者的非理性情绪。由于本书所选取的数据样本区间为 2015 年 3 月 2 日—2018 年 12 月 28 日，而个人、机构新增开户数指标是从 2015 年 5 月 8 日开始的，因此在讨论机构、个人投资者情绪对套期保值效率的影响时，选择的样本区间同样为 2015 年 5 月 8 日—2018 年 12 月 28 日。我们首先将新增个人投资者开户数及新增机构投资者开户数替换为投资者情绪中的 *num* 指标，然后将其与其他的投资者情绪指标（*TV*，iVX，*prem*，*turnover*，PE，*buyrate*，*MTR*）用 PLS 方法合成机构投资者情绪指标和个人投资者情绪指标。然后通过 OLS 回归法将机构、个人投资者情绪分解成理性成分和非理性成分，最后分析机构投资者/个人投资者的理性情绪/非理性情绪部分对套期保值效率的不同影响。表 7.4 表示对选取的数据做出的描述性统计分析，其中，除了 CPI 同比指标没有通过正态性检验以外，其余指标都通过了正态性检验。

表 7.4　宏观变量及个人、机构投资者情绪指数的描述性统计

变量	单位	均值	标准差	中位数	最小值	最大值	范围	偏度	峰度	标准误	JB 值
GDP	同比	6.767 7	0.119 7	6.8	0.148 3	6.5	7	0.5	0.089 9	0.420 2	75.32***
CPI	同比	1.821 4	0.444 3	1.8	0.444 8	0.8	2.9	2.1	0.012 6	−0.118 9	2.854
RSCG	同比	10.119 5	0.778 6	10.2	0.741 3	8.1	11.17	3.07	−0.788 8	−0.224 9	82.87***
M2	同比	10.453 9	1.970 8	10.2	2.372 2	8	14	6	0.325 6	−1.342 6	173 8***
PMI	指数	50.761 9	0.835 9	51.2	1.037 8	49	52.4	3.4	−0.139 9	−1.244 1	63.74***
numg	万户	35.020 4	19.478 8	30.76	8.969 7	8.34	164.28	155.94	4.077 2	20.907 5	188 31***
numj	万户	0.066 6	0.036 5	0.07	0.029 7	0.01	0.17	0.16	0.179 7	−0.286 6	7.753**

注：其中 "numj" 和 "numg" 分别代表新增机构投资者开户数和新增个人投资者开户数，*** 表示在 1%水平下显著。

接下来，我们分析投资者情绪成分之间的关系，机构投资者新增开户数与个人投资者新增开户数的相关系数为0.616，说明两者具有较为明显的正向关系。通过PLS法得到机构投资者情绪（*numj*）和个人投资者情绪（*numg*）走势如图7.3所示，考虑到不能用单一新增开户数来衡量个人、机构投资者情绪，但又需要体现个人、机构投资者情绪区别，因此将个人、机构新增开户数的投资者情绪指标的权重提高到30%。经过PLS法合成的机构、个人投资者情绪指数，两者之间的相关性高达0.818，并且与股市的走势能够很好地对应起来。从个人投资者情绪和机构投资者情绪的区别来看，在2015年6月的股市崩盘过程中，个人投资者情绪有很大的波动。由于投资者中个人投资者数量所占比例较大，当股市暴跌时，个人投资者新增开户数有很大的下滑。每当股市下跌，投资者情绪悲观时，个人投资者整体情绪相比机构投资者更加低落。而在结构性牛市过程中，个人投资者情绪与机构投资者情绪非常接近。这个结论是符合个人、机构投资者情绪的特征的，因为散户具有追涨杀跌的特征，只有在暴跌的过程中，个人投资者相比机构投资者更加悲观，然而在股灾的末期，机构投资者情绪下跌幅度也较大。在结构性牛市或较为平稳的行情下，机构和个人的投资者情绪较为接近。

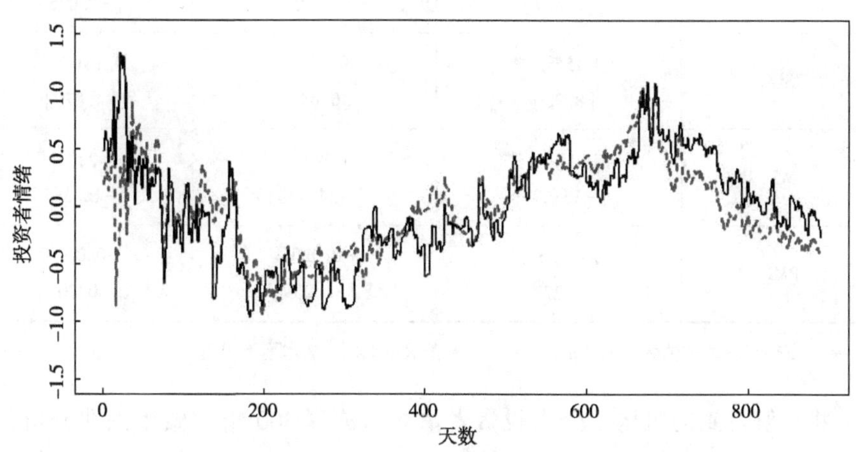

图7.3 机构（实线）、个人（虚线）投资者情绪走势

通过PLS法分别合成机构投资者情绪和个人投资者情绪后，使用式（7.59）和（7.60）进一步将机构、个人投资者情绪分别分解成理性成分和非理性成分。机构投资者情绪与个人投资者情绪对宏观经济指标的回归结果见表7.5。从回归结果来看，机构投资者情绪与个人投资者情绪受到宏观经济因素GDP、CPI和M2的显著影响，对于市场整体投资者情绪而言，这个结论仍然是成立的。个人投资者情绪还受到RSCG和PMI的显著影响，而消费品零售总额（RSCG）和采购经理指数（PMI）则对机构投资者情绪的影响并不显著。从回归结果看，投资者情绪随着 GDP、CPI 增速的增加而增加，这是因为宏观经济向好能使投资者情绪更加乐观。而 M2 与投资者情绪却呈现反向关系，主要原因有：①M2 增速向来不是影响股市涨跌的关键因素；②在股市暴涨暴跌的过程中，往往通过 M2 的调节抑制股市的暴涨与暴跌。因此，投资者情绪与宏观经济变化整体是同步的，与闵峰等（2017）的研究结论一致，说明投资者情绪能够进一步分解是合理的。

表 7.5　机构、个人投资者情绪进一步分解的回归估计结果

解释变量	S_{ind}	S_{ins}	S^{PLS}
常数项	-16.772 3*** [-14.953]	-14.123 6*** [-13.029]	-23.250 3*** [-13.277]
GDP	1.796 9*** [17.707]	2.550 9*** [26.012]	3.748 6*** [23.662]
CPI	0.070 0*** [2.827]	0.061 6** [2.575]	-0.078 7** [-2.035]
RSCG	0.155 7*** [8.356]	0.011 4 [0.631]	0.141 7*** [4.870]
M2	-0.152 0*** [-16.037]	-0.222 9*** [-24.338]	-0.227 4*** [-15.367]
PMI	0.088 5*** [5.273]	-0.020 4 [-1.259]	-0.021 0 [-0.803]

注：方括号内的数值为 t 统计量，*** 、** 表示在 1%、5%水平下显著。

将分解得到的机构、个人投资者情绪与沪深 300 指数做相关性分析，容易看出机构投资者情绪与市场形势更加吻合，机构投资者情绪与股市的走势相关性在 0.7 左右。这在一定程度上说明了机构投资者情绪更贴近宏观经济走势，投资表现为更加理性。所选取的样本区间处于机构性牛市前后，在较为平稳的市场态势下，机构投资者的表现相对于个人投资者更加理性。从理性情绪和非理性情绪分析，机构投资者的非理性情绪与沪深 300 指数的相关性为 0.654，个人投资者的非理性情绪与沪深 300 指数的相关性为 0.401。说明在市场较为平稳的状态下，个人投资者与机构投资者的非理性情绪偏差较大，理性情绪偏差较小，个人投资者的非理性情绪更容易引起股市的异常波动。

最后，可以分别分析个人/机构投资者的理性/非理性情绪对套期保值效率的影响。为简单起见，我们仅比较模型 1 和模型 4 且不考虑交易成本的套期保值模型的有效性，同时为了与前面模型 1 的模型结果形成对比，这里检验套期保值有效性使用的样本区间为：2015 年 3 月 2 日—2018 年 12 月 28 日。比较结果如表 7.6 所示，当我们在 VECM-DCC-GARCH 模型中考虑个人/机构投资者的理性/非理性情绪时，改进后的动态套期保值模型确实可以提高套期保值效率。从提升的动态套期保值效率的程度来看，整体上机构投资者情绪对其影响程度高于个人投资者情绪。当考虑非理性情绪对套期保值的作用时，通过 4 个模型的比较结果，套期保值有效性将从 83.15%提高到 83.353%或 83.345%，而当考虑理性情绪时，套期有效性将会出现从 83.15%提高到 83.368%或 83.377%。这个结论与投资者情绪分解后的特征是吻合的，机构投资者和个人投资者的理性情绪与宏观基本面、市场走势的相关性较高。用理性投资者情绪改进套期保值模型能够更有效地提高套期保值效率。从套期保值效率结果来看，当模型考虑投资者情绪因素后，均在一定程度上起到提高套期保值效率的作用，这表明投资者情绪是影响我国股指套期保值效率的因素。理性情绪能够更有效地解释股指期货、现货市场的联动性及波动特征，因此用于提高套期保值效果更佳，尤其是对于机构理性情绪而言，能够有效反映市场基本面信息。然而机构的非理性情绪对于套期保值效果的提升低于个人投资者，说明机构投资者并没有比散户起到稳定市场的作用，机构投资者非理性行为对市场的不利影响要大于散户。将投资者情绪分解后，我们不仅发现个人/机构投资者情绪对套期保值效率的不同影响，同时我们也发现，非理性情绪不仅存在于个人投资者，机构投资者也同时存在非理性情绪，并且不利于股指期货套期保值效率的提升。

表 7.6　投资者情绪的理性（非理性）成分对套期保值效率的影响

套期保值效率	个人（理性）	个人（非理性）	机构（理性）	机构（非理性）
模型 4（包含 S）	83.368%	83.353%	83.377%	83.345%
模型 1（不含 S）	83.15%	83.15%	83.15%	83.15%

7.5　小结

本章在传统套期保值方法的基础上，进一步证明了投资者情绪能够影响市场波动率及动态相关性（与第 5 章结论相同），也从投资者情绪引入套期保值模型合理性角度，再次论证了投资者情绪能够影响股指期货、现货市场条件方差-协方差矩阵，与第 6 章的内容呼应（再次证明投资者情绪可以用于改进套期保值模型）。实证分析结果表明：情绪可以影响套期保值效率，且基于情绪的套期保值效率更高，同时还给出了样本外的稳健性检验，更全面地评价基于情绪改进后套期保值模型的有效性。进一步地，将投资者群体分为机构投资者和个人投资者，并对机构投资者情绪与个人投资者情绪的理性部分和非理性部分进行分解，进一步分析机构（个人）投资者情绪中的理性情绪和非理性情绪对套期保值效率的不同影响（是第 3 章 DSSW 模型的理论延伸推导的证明），以深入解读我国股指期货市场套期保值效率较低的原因。

8　市场态势转换条件下基于情绪的套期保值比率估计与效率分析

第7章已经系统地论证了投资者情绪对股指期货、现货市场的条件方差、协方差的影响，并且表明考虑投资者情绪后的动态套期保值能够得到更好的效果。本章会在第7章研究结论的基础上进行拓展，鉴于在第6章已经证明了不同市场态势下，情绪与基差的关系会发生变化。那么当市场所处高、低波动状态发生改变时，情绪对股指期货、现货市场的波动率和相关性影响会出现差别，导致最优套期保值比率发生改变。第7章仅考虑了将情绪因素引入股指期货、现货条件方差-协方差矩阵中，用以改进动态套期保值模型，并没有考虑市场态势发生变化时，情绪对条件方差-协方差矩阵的影响是否相同。改进后的动态套期保值模型能否进一步与马尔科夫转换方法相结合，得到高、低波动市场状态下的加权套期保值比率，使之能够提高我国股指期货市场套期保值功能，是值得进一步探索的。

因此第8章将首先就市场态势转换对套期保值的影响进行分析并提出相应的研究假设；其次提出将马尔科夫转换方法与DCC-GARCH模型相结合，并给出参数估计方法；再次，使用基于情绪改进后的MRS-DCC-GARCH模型对样本期间的沪深300股指期货套期保值进行实证研究；最后通过与传统模型比较套期保值效果，证明投资者情绪会对套期保值功能产生影响，在构建套期保值策略时应合理考虑情绪因素。

8.1　市场态势转换条件下情绪对套期保值的影响及研究假设

从样本区间（2015年3月—2018年12月）的股市情况来看，我国股市前期处于高波动状态，从2017年开始呈现稳定上涨趋势。股市动荡平稳与否，与市场政策调整、投资者非理性行为及资金充足程度密不可分。总体而言，我国股市成长过程中尚有较多的不确定性影响着股市价格的走势。现进一步结合2015年到2018年的股市、期市特征具体分析（样本数据截取区间）。从2015年3月2日到2018年12月31日，中国股票市场和期货市场一共经历了两次牛市和两次熊市。从 2015 年 2 月 9 日到 2015 年 6 月中旬，中国股票市场一路持续上涨，在短短半年的时间内，沪深 300 指数从 3 850 点上涨最高达到 5 380 点，是一次全面牛市，这期间伴随着投资者情绪的一路高涨；从 2015 年 6 月中旬到 2016 年 1 月 28 日，因融资融券业务遭受管控和约束，中国股市经历了一次全面熊市，从 5 380 点狂泻到 2 839 点，跌幅近 90%。中国股市经历了断崖式下跌和千股跌停的局面，投资者情绪指数也随之下跌。2016 年 1 月 28 日到 2018 年 1 月 29 日，中国股市经历了结构性牛市，涨到 4 403点，其间沪深 300 股指的波动率很低。由于刚刚经历过 A 股暴跌，投资者也心有余悸，从情绪的波动趋势也能看出，投资者对投资股市谨小慎微。而监管层是倾向于价值投资的，蓝筹股盘子较大，不易大幅度拉升，因此中国股市经历了这两年的慢牛。从 2018 年 1 月 29 日到 2018 年 12 月 31 日，中国股市一年内又遭遇了一次熊市，从 4 403 点下跌到 3 011 点。

在第 2 章文献综述里参考了国内外学者有关投资者情绪对资本市场的研究，当市场态势变化时，投资者在不同市场环境下的心理不同，直接带来交易行为的差异（崔丽媛和洪永淼，2017）。这一点也可以从投资者行为偏差的角度加以解释，尤其是投资者受到从众心理的影响，主要原因包含以下几点：①投资者会对比其他交易者的投资行为，尤其是投资者在某种市场状态下无法对未来价格的趋势做出判断时，很容易产生从众心理；②避免独树一帜，避免与众多投资者不一致而带来损失；③盲目跟从其他投资者的交易行为，可能会投资原本自己并不看好的股票。以上三点归结起来，尤其是在市场出现大幅波动，暴涨暴跌的情形时，投资者会误以为别人掌握了更有效的市场信息，从而跟随着追涨杀跌，进一步加剧市场的波动。而期货因其具有价格发现功能，更容易带来基差的大幅波动，因此投资者情绪对股票市场、期货市场的收益率和波动率都会有不同的影响，市场所处的高、低波动状态也会经常发生改变。在情绪的作用下，投资者对股指期货、现货交易需求的不同，导致两个市场间的联动关系发生变化。无论从最优套期保值比率还是从基差风险角度而言，市场态势的变化都会对最优套期保值比率的确定产生重要的影响。

通常而言，当处于牛市态势时，投资者情绪偏乐观，投资者情绪中的非理性情绪会增加交易者的交易行为。在牛市行情中，投资者会过度重视市场未来向好的预期而容易形成过度反应，造成不同市场态势下市场行情出现波动的非对称性。尤其是在牛市、熊市较为明显的行情里，投资者更容易受到行情的影响产生心理偏差，使市场上的投资者在股市交易时出现趋同性。如果是牛市行情，也会使更多的投资者参与到资本市场交易中来，从 2014 年的

投资者新增开户数据也容易看出，投资者会跟随大部分其他交易者做出相同的交易策略。羊群效应的作用使得投资者在看到市面上投资者获取收益的同时，认为自己的交易决策也会获得同等的利益。与此同时，在第6章中的6.4部分也说明了不同市场态势下，投资者情绪对基差的影响不同，而基差又是直接决定套期保值效率的因素，基于投资者情绪改进后的套期保值效果也会随着市场态势转换而发生变化，由此给出假设8.1和假设8.2。

假设8.1：考虑市场态势转换后，投资者情绪对股指现货与股指期货市场的波动率仍存在正向影响，且对股指期货市场的影响更大。

假设8.2：考虑市场态势转换后，投资者情绪对股指期货、现货相关性存在负向影响。

然而，鲜有学者在考虑市场态势转换对动态套期保值效率影响的同时，分析投资者情绪在市场态势转换条件下对套期保值效率的影响（Wang，2017），更没有将马尔科夫转换方法与基于情绪的DCC-GARCH模型相结合改进动态套期保值模型的。马尔科夫模型更多的是应用到汇率、利率市场以及经济周期等相关研究中，与动态GARCH模型实现套期保值相关的研究要远滞后于国外，因为MRS-DCC-GARCH模型尚没有软件包可以直接得出结果，一般需要借助软件通过极大似然估计方法给出估计结果。对于我国股指期货市场具有较高波动率的特征，本书将动态套期保值与马尔科夫过程相结合，能够在一定程度上优化套期保值比率，提高套期保值效率。

因此，在第8章中，将在考虑市场态势转换条件下，将动态套期保值模型与马尔可夫状态转换方法相结合，即将情绪因素合理引入MRS-DCC-GARCH模型中，比较考虑市场态势转换条件下，投资者情绪对动态套期保值效率的影响。在前面的理论分析中，我们已经知道投资者情绪对交易行为的影响，也通过第6章分析了情绪与市场态势的关系，那么当市场状态表现不同时，情绪对套期保值产生的作用也会不同。马尔可夫状态转换方法是非线性状态转换模型，它可以根据波动特征把市场分成多个状态（两个以上），并且对于每个状态都会给出两个市场间的关系，也有学者将转换的态势扩展为三种，即考虑了期货合约因换月引起的期货价格跳跃性波动，这种情况有别于平稳、动荡市场的常规转换（Alizadeh et al.，2008）。若在DCC-GARCH模型的基础上将马尔科夫状态转换方法引入套期保值比率的计算中，不仅可以区分在不同市场态势下，投资者情绪对股指现货、股指期货市场的不同影响，也能够成为改进动态套期保值模型的新方向。由此我们提出本章的检验假设。

假设8.3：与马尔科夫转换方法相结合，能够改进动态套期保值效果。

8.2 基于马尔科夫状态转换的套期保值模型改进

8.2.1 基于马尔科夫状态转换的DCC-GARCH模型及参数估计

依据比利奥和卡波林（Billio & Caporin，2005）提出的马尔科夫转换方法可以使非条件系数水平处于两个或更多的状态。比利奥和卡波林认为标准的DCC-GARCH模型可以写成如下方程：

$$Q_t=[1-\alpha(s_t)-\beta(s_t)]\overline{Q}(s_t)+\alpha(s_t)\eta_{t-1}\eta'_{t-1}+\beta(s_t)Q_{t-1} \tag{8.1}$$

其中，$\overline{Q}$代表非条件相关系数，Q_t是对称正定的协方差矩阵，其中$q_{ii,t}$（$i=1$，2，…，k）是Q_t的对角元素，E_t为多个收益率序列均值方程中的残差向量，即$E_t=$（$e_{1,t}$，$e_{2,t}$，…，$e_{k,t}$），η_t是标准化残差序列，$\eta_t=D_t^{-1}E_t$且$D_t=\text{diag}(\sqrt{h_{11,t}},\cdots,\sqrt{h_{nn,t}},)$，参数$\alpha$（$s_t$）和$\beta$（$s_t$）因市场态势$s_t$的不同而发生变化。实际上，由于马尔科夫转换模型含有较多的待估计参数，因此该模型的稳定性较差，将马尔科夫转换方法与动态相关系数相结合是非常困难的一件事情。考虑到矩阵Q_t是未知的，方程可以转化为：

$$Q_t^{ij}=[1-\alpha_j-\beta_j]\overline{Q}_j+\alpha_j(s_t)\eta_{t-1}\eta'_{t-1}+\beta_jQ_{t-1}^{di} \tag{8.2}$$

这里的上标j，i和d指的是时期t，$t-1$和$t-2$市场所处的状态，$\overline{Q}_j=\overline{Q}(s_t=j)$。当期市场态势下的动态相关系数$Q_t$与过去时刻的状态无关（马尔科夫链性质）。假设马尔科夫链定义为以下矩阵：

$$P=\{p_{ji}\}\quad i,\ j=1,\ 2,\ \cdots,\ S \tag{8.3}$$

其中，S是市场状态的数量，当增加新的时刻时，联合概率转移矩阵也会增加多样性，将方程放在一个改进后的汉密尔顿转换器后，我们对其进行渐近估计。

（1）假定转换概率$\Pr(s_{t-1}=i\mid I^{t-1})$是给定的，$I^{t-1}$是$t-1$时刻的信息集，$s_{t-1}=i$表示市场在$t-1$时刻处于$i$状态，$s_t=j$表示市场在$t$时刻处于$j$状态，那么联合转移概率为：

$$\Pr(s_t=j,\ s_{t-1}=i\mid I^{t-1})=\Pr(s_t=j\mid s_{t-1}=i)\Pr(s_{t-1}=i\mid I^{t-1}) \tag{8.4}$$

其中，i，$j=1$，2，…，S。

（2）状态变量的似然值可以写成：

$$\begin{aligned}
&Q_t^{ij}=[1-\alpha_j-\beta_j]\overline{Q}_j+\alpha_j\eta_{t-1}\eta'_{t-1}+\beta_jQ_{t-1}^{ij}\quad i,\ j=1,\ 2,\ \cdots,\ S\\
&\widetilde{Q}_t^{ij}=\text{diag}\left(\sqrt{q_{11,t}^{ij}},\ \sqrt{q_{22,t}^{ij}},\ \cdots\sqrt{q_{kk,t}^{ij}}\right)\\
&R_t^{ij}=(\widetilde{Q}_t^{ij})^{-1}Q_t^{ij}(\widetilde{Q}_t^{ij})^{-1}\\
&\text{Log}L_t(Y_t\mid D_t,\ s_t=j,\ s_{t-1}=i,\ I^{t-1})=-\frac{1}{2T}(\text{Log}\mid R_t^{ij}\mid+\eta'_t(R_t^{ij})^{-1}\eta_t)
\end{aligned} \tag{8.5}$$

其中，Q_t^{ij}表示 t 时刻市场处于 j 状态，$t-1$ 时刻处于 i 状态下的正定协方差矩阵，$q_{mm,t}^{ij}$（$m=1$，2，…，k）表示 t 时刻市场处于 j 状态，$t-1$ 时刻处于 i 状态下的Q_t的对角元素，R_t^{ij}表示 t 时刻市场处于 j 状态，$t-1$ 时刻处于 i 状态下的条件相关系数矩阵，I^{t-1}为 $t-1$ 时刻的信息集。

（3）对时刻 t 的似然值进行估计求解：

$$\begin{aligned}\mathrm{Log}L_t(Y_t \mid D_t, I^{t-1}) = &\sum_{j=1}^{S}\sum_{i=1}^{S}\mathrm{Log}L_t(\mathrm{Log}L_t(Y_t \mid D_t, s_t=j, s_{t-1}=i, I^{t-1}))\times \\ &\Pr(s_t=j, s_{t-1}=i \mid I^{t-1})\end{aligned} \tag{8.6}$$

其中，$\mathrm{Log}\ L_t=\mathrm{Log}\ L_{t-1}+\mathrm{Log}\ L_t$（$Y_t \mid D_t$，$I^{t-1}$）。

（4）联合概率可以重新可以写成：

$$\Pr(s_t=j, s_{t-1}=i \mid I^t)=\frac{\mathrm{Log}L_t(Y_t \mid D_t, s_t=j, s_{t-1}=i, I^{t-1})\Pr(s_t=j, s_{t-1}=i \mid I^{t-1})}{\mathrm{Log}L_t(Y_t \mid D_t, I^{t-1})} \tag{8.7}$$

其中，i，$j=1$，2，…，S。

（5）根据联合概率计算转移概率：

$$\Pr(s_t=j \mid I^t)=\sum_{i=1}^{S}\Pr(s_t=j, s_{t-1}=i \mid I^t) \tag{8.8}$$

其中，$j=1$，2，…，S。

（6）在市场状态 j 条件下的相关系数矩阵可以用下面的式子替代：

$$Q_t^j=\frac{\sum_{i=1}^{S}\Pr(s_t=j, s_{t-1}=i \mid I^t)\,Q_t^{ij}}{\Pr(s_t=j \mid I^t)} \tag{8.9}$$

对所有的样本重复以上 6 个步骤，可以得到 MRS-DCC-GARCH 的动态相关系数及其方差-协方差矩阵。

8.2.2 基于两种市态的 MRS-DCC-GARCH 模型下最优套期保值比率

本章所构建的 MRS-DCC-GARCH 模型是将 MRS-VECM 与 DCC-GARCH 模型相结合，参考严和李（Yan & Li，2017）MRS-VECM 与 BEKK-GARCH 相结合的思路，给出基于投资者情绪的 Sentiment-MRS-DCC-GARCH 模型，类似第 7 章的做法，同样将投资者情绪指数引入动态套期保值模型的方差-协方差中。其中，根据股指期货、现货收益率序列可以得到时变的基于市场态势的协方差矩阵H_{t,s_t}。

$$\begin{aligned}\Delta\ln S_t &= C_{S,s_t}+b_{S,s_t}Z_{t-1}+\varepsilon_{St.s_t}\\ \Delta\ln F_t &= C_{F,s_t}+b_{F,s_t}Z_{t-1}+\varepsilon_{Ft,s_t}\end{aligned} \tag{8.10}$$

其中，$\Delta\ln S_t$和$\Delta\ln F_t$分别表示股指现货和股指期货市场的对数价格收益率，$Z_{t-1}=\ln S_{t-1}-(a+b\ln F_t)$是误差修正项，根据资本市场状态特征，假设$s_t=\{1, 2\}$表示股市处于平稳或动荡的态势，$\varepsilon_{St,s_t}$和$\varepsilon_{Ft,s_t}$分别为$s_t$市场态势下现货市场和期货市场条件均值方程的残差，则H_{t,s_t}为两种市场态势下的方差-协方差矩阵且满足：

$$\varepsilon_{t,s_t}=\begin{pmatrix}\varepsilon_{St,s_t}\\ \varepsilon_{Ft,s_t}\end{pmatrix}\mid\Omega_{t-1}\sim IN(0, H_{t,s_t}) \tag{8.11}$$

$$H_{t,S_t}=\begin{bmatrix}h_{S,t,s_t} & h_{SF,t,s_t}\\ h_{SF,t,s_t} & h_{F,t,s_t}\end{bmatrix} \tag{8.12}$$

其中，Ω_{t-1}是$t-1$期的信息集，由于预期市场态势的不可观测性，通常假设其状态转换服从一个马尔科夫过程，即状态转换概率$P_{ij,t}$（i，$j=1$，2）表示$t-1$时刻处于i状态，而t时刻处于j状态的概率。由于马尔科夫过程的无记忆性，股市下一刻所处状态与现在所处状态有关，跟过去时刻的状态无关。状态转换概率矩阵可以表示为：

$$P=\begin{pmatrix}P_{11,t} & P_{12,t}\\ P_{21,t} & P_{22,t}\end{pmatrix}\text{且满足}\quad P_{i1,t}+P_{i2,t}=1 \tag{8.13}$$

P为状态转移概率矩阵，状态转换概率$P_{ij,t}$（i，$j=1$，2）表示$t-1$时刻处于i状态，而t时刻处于j状态的概率。为计算得到转移概率，建立以下模型得到参数估计值：

$$\begin{aligned}P_{1t}=\Pr(s_t=1\mid I^{t-1})&=P_{11,t}\left[\frac{g_{1,t-1}P_{1.t-1}}{g_{1,t-1}P_{1.t-1}+g_{2,t-1}(1-P_{1.t-1})}\right]+\\ &(1-P_{22,t})\left[\frac{g_{2,t-1}P_{1.t-1}}{g_{1,t-1}P_{1.t-1}+g_{2,t-1}(1-P_{1.t-1})}\right]\end{aligned} \tag{8.14}$$

其中，P_{1t}为t时刻处于状态1的概率，$P_{11,t}$，$P_{22,t}$和$g_{i,t}$分别为：

$$P_{11,t}=\Pr[s_t=1\mid s_{t-1}=1],\quad P_{22,t}=\Pr[s_t=2\mid s_{t-1}=2] \tag{8.15}$$

$$g_{i,t}=f(R_t\mid s_t=i, I^{t-1})=\frac{1}{\sqrt{2\pi}}\left|H_{t,i}\right|^{-\frac{1}{2}}\exp\left\{-\frac{1}{2}\varepsilon'_{t,i}H_{t,i}^{-1}\varepsilon_{t,i}\right\} \tag{8.16}$$

其中，$i=1$，2，$R_t=[\Delta\ln S_t, \Delta\ln F_t]'$是股指现货和期货在时刻$t$的收益率。模型假设状态概率服从分布如式（8.14）所示，对于稳定市场态势（$s_t=1$）设定其初始转移概率为：

$$\Pr[s_1=1 \mid I^0]=\frac{1-P_{22}}{2-P_{22}-P_{11}} \tag{8.17}$$

其中，$P_{11}=\Pr(s_t=1 \mid s_{t-1}=1)$，$P_{22}=\Pr(s_t=2 \mid s_{t-1}=2)$，为了解决路径依赖问题（条件方差和协方差存在路径依赖性），这是由于状态变量的马尔科夫性质所引起的，我们还需要同时处理现货和期货收益的条件协方差。因此需要利用 Gray 重组的方法将其扩展到协方差。定义：

$$\begin{aligned} h_{SF,t} &= \mathrm{Cov}(\Delta \ln S_t,\ \Delta \ln F_t \mid I^{t-1}) \\ &= \mathrm{E}(\Delta \ln S_t,\ \Delta \ln F_t \mid I^{t-1})-\mathrm{E}(\Delta \ln S_t \mid I^{t-1})\mathrm{E}(\Delta \ln F_t \mid I^{t-1}) \end{aligned} \tag{8.18}$$

根据所需要估计的参数对上式中的条件期望 $\mathrm{E}(\Delta \ln S_t,\ \Delta \ln F_t \mid I^{t-1})$，$\mathrm{E}(\Delta \ln S_t \mid I^{t-1})$，$\mathrm{E}(\Delta \ln F_t \mid I^{t-1})$ 给出定义：

$$\mathrm{E}(\Delta \ln S_t,\ \Delta \ln F_t \mid I^{t-1})=P_{1t}(\mu_{St,1}\mu_{Ft,1}+h_{SF,t,1})+(1-P_{1t})(\mu_{St,2}\mu_{Ft,2}+h_{SF,t,2}) \tag{8.19}$$

$$\mathrm{E}(\Delta \ln S_t \mid I^{t-1})=P_{1t}\mu_{St,1}+(1-P_{1t})\mu_{St,2} \tag{8.20}$$

$$\mathrm{E}(\Delta \ln F_t \mid I^{t-1})=P_{1t}\mu_{Ft,1}+(1-P_{1t})\mu_{Ft,2} \tag{8.21}$$

其中，μ_{St,s_t}和μ_{Ft,s_t}分别为条件均值方程除去残差的部分，即$\mu_{St,s_t}=C_{S,s_t}+b_{S,s_t}Z_{t-1}$，$\mu_{Ft,s_t}=C_{F,s_t}+b_{F,s_t}Z_{t-1}$。$h_{i,t,1}$和$h_{i,t,2}$为两个市场态势下股指现货和期货的条件方差（$i=S$，$F$）：

$$h_{i,t}=P_{1,t}(\mu_{it,1}^2+h_{i,t,1})+(1-P_{1,t})(\mu_{it,2}^2+h_{i,t,2})-[P_{1t}\mu_{it,1}+(1-P_{1t})\mu_{it,2}]^2 \tag{8.22}$$

$$\varepsilon_{i,t}=\Delta \ln i_t-\mathrm{E}[\Delta \ln i_t \mid I^{t-1}]=\Delta \ln i_t-[P_{1t}\mu_{it,1}+(1-P_{1t}\mu_{it,2})] \qquad i=\{S,\ F\} \tag{8.23}$$

经过以上定义，条件协方差矩阵仅仅独立于当期的市场态势，且与以往历史所处市场态势无关并适用于大样本数据。结合 DCC-GARCH 模型，基于不同市场态势下的条件方差-协方差（$h_{i,t,1}$，$h_{i,t,2}$，$h_{SF,,t,1}$和$h_{SF,,t,2}$）可以具体表示为：

$$h_{S,t,s_t}=\omega_{S,t,s_t}+\theta_{S,t,s_t}\varepsilon_{S,t-1,s_t}^2+\delta_{S,t,s_t}h_{S,t-1,s_t} \tag{8.24}$$

$$h_{F,t,s_t}=\omega_{F,t,s_t}+\theta_{F.t,s_t}\varepsilon_{F,t-1,s_t}^2+\delta_{F.t,s_t}h_{F,t-1,s_t} \tag{8.25}$$

$$h_{SF,t,s_t}=\rho_{SF,t,s_t}\sqrt{h_{S,t,s_t}}\sqrt{h_{F,t,s_t}} \tag{8.26}$$

$$\rho_{SF,t,s_t}=q_{SF,t,s_t}/\sqrt{q_{S,t,s_t}q_{F,t,s_t}} \tag{8.27}$$

$$q_{SF,t,s_t}=\bar{\rho}_{SF,s_t}+\kappa_{1,s_t}(q_{SF,t-1,s_t}-\bar{\rho}_{SF,s_t})+\kappa_{2,s_t}(\eta_{S,t-1,s_t}\eta_{F,t-1,s_t}-\bar{\rho}_{SF,s_t}) \tag{8.28}$$

通过以上对 MRS-DCC-GARCH 模型的条件方差-协方差的结构描述，其中，$h_{i,t,1}$和$h_{i,t,2}$为两个市场态势下股指现货和期货的条件方差（$i=S$，F），ρ_{SF,t,s_t}表示 t 时刻市场处于s_t状态下的期现货市场条件相关系数，$\bar{\rho}_{SF,s_t}$是市场处于s_t状态下的期现货市场无条件相关系数，$\eta_{S,t-1,s_t}$和$\eta_{F,t-1,s_t}$是标准化后的残差。可知该模型所需要估计的未知参数集合为 $\{\kappa_{1,s_t}$，κ_{2,s_t}，ω_{S,s_t}，ω_{F,s_t}，θ_{S,s_t}，θ_{F,s_t}，δ_{S,s_t}，$\delta_{F,s_t}\}$，其中$s_t=\{1, 2\}$。同时假设不同市场态势下的残差服从均值为0的标准正态分布，且不同市场态势下的协方差矩阵可以通过极大似然函数来估计这些参数（使用R语言对极大似然函数优化得到）：

$$LL = \sum_{t=1}^{T} \log[P_{1t}g_{1,t} + (1 - P_{1t})g_{2,t}] \tag{8.29}$$

其中，$g_{i,t}$（$i=1, 2$）是式（8.16）给出的定义，时变的最优套期保值比率可以写成：

$$h_t^* = \frac{h_{SF,t}}{h_{F,t}} \tag{8.30}$$

其中，$h_{SF,t}$和$h_{F,t}$由式（8.18）—式（8.22）得到，对于基于投资者情绪因素改进后的MRS-DCC-GARCH模型可以记为Sentiment-MRS-DCC-GARCH，其中，对基于不同市场态势下的条件方差-协方差（$h_{i,t,1}$，$h_{i,t,2}$，$h_{SF,t,1}$和$h_{SF,t,2}$）加以改进，即将投资者情绪因素S_t引入，如式（8.31）—式（8. 35）所示。进一步根据极大似然函数估计参数集合 $\{\mu_{S,s_t}$，μ_{F,s_t}，ω_{S,s_t}，ω_{F,s_t}，θ_{S,s_t}，θ_{F,s_t}，δ_{S,s_t}，δ_{F,s_t}，μ_{S,t,s_t}，μ_{S,t,s_t}，$\psi_{s_t}\}$，得到套期保值比率h_t^*：

$$h_{S,t,s_t}=\omega_{S,t,s_t}+\theta_{S,t,s_t}\varepsilon^2_{S,t-1,s_t}+\delta_{S,t,s_t}h_{S,t-1,s_t}+\mu_{S,t,s_t}S_t^{PLS} \tag{8.31}$$

$$h_{F,t,s_t}=\omega_{F,t,s_t}+\theta_{F.t,s_t}\varepsilon^2_{F,t-1,s_t}+\delta_{F,t,s_t}h_{F,t-1,s_t}+\mu_{F,t,s_t}S_t^{PLS} \tag{8.32}$$

$$h_{SF,t,s_t}=\rho_{SF,t,s_t}\sqrt{h_{S,t,s_t}}\sqrt{h_{F,t,s_t}} \tag{8.33}$$

$$\rho_{SF,t,s_t}=q_{SF,t,s_t}/\sqrt{q_{S,t,s_t}q_{F,t,s_t}} \tag{8.34}$$

$$q_{SF,t,s_t}=\bar{\rho}_{SF,s_t}+\kappa_{1,s_t}(q_{SF,t-1,s_t}-\bar{\rho}_{SF,s_t})+\kappa_{2,s_t}(\eta_{S,t-1,s_t}\eta_{F,t-1,s_t}-\bar{\rho}_{SF,s_t})+\psi_{s_t}S_t^{PLS} \tag{8.35}$$

其中，$h_{i,t,1}$和$h_{i,t,2}$为两个市场态势下股指现货和期货的条件方差（$i=S, F$），q_{SF,t,s_t}是s_t市场状态下对称正定矩阵Q中的元素，ρ_{SF,t,s_t}表示t时刻市场处于s_t状态下的期现货市场条件相关系数，$\bar{\rho}_{SF,s_t}$是市场处于s_t状态下的期现货市场无条件相关系数，$\eta_{S,t-1,s_t}$和$\eta_{F,t-1,s_t}$是标准化后的残差，S_t^{PLS}为投资者情绪。

8.3 改进Sentiment-MRS-DCC-GARCH的套期保值效率的实证分析

8.3.1 数据描述与统计分析

本章延续使用沪深300股指现货及期货作为研究对象，使用的样本区间为：2015 年 3 月 2 日—2018 年 12 月 28 日，其中使用 2015 年 3 月 2 日—2018 年 6 月 29 日的数据来做样本内最优套期保值比率的估计，然后利用 2018 年 7 月 2 日—2018 年 12 月 28 日半年的样本数据来评价套期保值效率。所使用的投资者情绪也是由第 4 章 PLS 法所构造的投资者情绪指数，这里不再重复列示。

8.3.2　状态转换下的套期保值实证分析

考虑到将马尔可夫转换模型与 DCC-GARCH 模型结合的复杂性，这里假设相应的状态转移概率矩阵是常转换概率，即转换概率是不变的，但由 MRS-DCC-GARCH 模型得到的套期保值比率仍然是动态的。表 8.1 为 MRS-DCC-GARCH 模型的估计结果。

表 8.1　Sentiment-MRS-DCC-GARCH 模型的估计结果

参数	不包含情绪		包含情绪	
	$i=S$	$i=F$	$i=S$	$i=F$
均值方程				
b_{i,s_1}	−0.139 1** [−2.463]	−0.232 7*** [−3.334]	−0.139 1** [−2.463]	−0.232 7*** [−3.334]
b_{i,s_2}	−0.538 8*** [−6.961]	−0.381 3*** [−4.363]	−0.538 8*** [−6.961]	−0.381 3*** [−4.363]
方差方程				
ω_{i,s_1}	1.38E−05 [0.622]	1.38E−05 [0.163]	1.88E−06 [0.487]	8.42E−06 [1.570]
ω_{i,s_2}	4.69E−06 [1.053]	4.86E−06 [0.791]	1.29E−06 [0.327]	1.72E−06 [0.321]
θ_{i,s_1}	0.060 9 [1.211]	0.062 8 [1.284]	0.047 7 [1.145]	0.042 6 [1.069]
θ_{i,s_2}	0.061 4 [1.238]	0.062 3 [1.281]	0.047 8 [1.156]	0.041 7 [1.052]
δ_{i,s_1}	0.932 4*** [15.095]	0.933 6*** [16.679]	0.932 5*** [14.802]	0.932 6*** [17.495]

续表

参数	不包含情绪		包含情绪	
	$i=S$	$i=F$	$i=S$	$i=F$
δ_{i,s_2}	0.932 4*** [15.136]	0.933 5*** [15.527]	0.932 4*** [14.695]	0.936 2*** [15.358]
$\theta_{i,s_1}+\delta_{i,s_1}$	0.993 3	0.996 4	0.980 2	0.981 2
$\theta_{i,s_2}+\delta_{i,s_2}$	0.993 8	0.995 8	0.980 2	0.977 9
μ_{i,s_t}	—	—	1.04E（-06）** [2.419]	1.14E（-06）*** [4.071]
ψ_{i,s_t}	—	—	-0.026 2* [1.814]	
α_{DCC,s_1}	0.961 8*** [61.635]		0.962 5*** [59.394]	
α_{DCC,s_2}	0.961 8*** [51.078]		0.961 9*** [56.327]	
β_{DCC,s_1}	0.036 6*** [3.284]		0.025 0*** [2.828]	
β_{DCC,s_2}	0.037 0** [2.463]		0.036 9*** [3.019]	
转移概率	区制 1		区制 2	
区制 1	0.975 6		0.024 4	
区制 2	0.056 0		0.944 0	
Log$L$	414.47		756.53	

注：方括号内的数值为 t 统计量，***、** 表示在 1%、5%水平下显著。

从市场的波动性来看，两种情况下的ω_{S,s_1}和 ω_{S,s_2}均不显著，但θ_{i,s_1}，θ_{i,s_2}，δ_{i,s_1}和δ_{i,s_2}均显著大于零，且在不同的市场态势下，θ_{i,s_1}与θ_{i,s_2}，δ_{i,s_1}与δ_{i,s_2}不完全相同。从转换平滑概率来看，状态s_2时市场处于平稳状态，状态s_1时市场处于动荡状态。两种状态下的市场存在较大差异，从ω_{S,s_1}和 ω_{S,s_2}的数值来看，无论是现货市场还是期货市场，动荡市场状态下的波动率比平稳市场状态下的波动率要大。从市场动荡状态向平稳状态转换的概率较大，为 0.056 0；而从平稳市场状态向动荡状态转换的概率较低，为 0.024 4。发现P_{12}是大于P_{21}的，说明我国股市更多的时间是处于平稳的状态。无论考虑情绪与否，市场处于两种市场态势的概率是非常接近的。从时变转换概率图 8.1 可以看出，其中平滑曲线代表平滑转移概率，而不平滑曲线代表滤波概率。样本中期比样本前后期处于高波动状态的概率较低，样本中期处于低波动状态的概率较高，这与我国市场状态走势基本吻合。从 2015 年 3 月到 2018 年 12 月 31 日，中国股票市场和期货市场一共经历了两次牛市和两次熊市。从 2015 年 2 月 9 日到 2015 年 6 月中旬，中国股票市场一路持续上涨，在短短半年的时间内，从 3 850 点上涨最高达到 5 380 点，是一次全面牛市；从 2015 年 6 月中旬到 2016 年 1 月 28 日，因融资融券业务遭受管控和约束，中国股市经历了一次全面熊市，从 5 380 点狂泻到 2 839 点，跌幅近 90%。中国股市经历了断崖式下跌和千股跌停的局面，2016 年 1 月 28 日到 2018 年 1 月 29 日，经历了结构性牛市，涨到 4 403 点，其间沪深 300 股指的波动率很低，经历两年的慢牛。从 2018 年 1 月 29 日到 2018 年 12 月 31 日，我国又遭遇了一次熊市，从 4 403 点下跌到 3 011 点。通过与实际市场走势对比，我们容易发现区制 1（Regime1）表示高波动状态概率，区制 2（Regime2）表示低波动状态概率。不仅如此，当考虑市场态势以后，套期保值比率的波动较大，波动区间为 0.6~1。另外还值得注意的是，当将投资者情绪引入 MRS-DCC-GARCH 模型并考虑情绪以后，平均套期保值比率的波动没有明显的变化，但平均套期保值比率的差别较大。考虑投资者情绪的平均套期保值比率为 0.809 8，而不考虑投资者情绪的平均套期保值比率为 0.827 1（见图 8.2）。这就意味着当考虑投资者情绪后，在套期保值时我们实际选取的套期保值比率是偏低的。通过模型估计参数μ，这里的μ代表投资者情绪对期货、现货市场波动率的影响。从具体估计值来看，投资者情绪对期货市场波动率的影响更大，这与第 5 章实证结论及附表的结论一致，也表明了模型的稳健性。通过估计模型参数ψ，还能发现在考虑市场态势转换的动态套期保值模型中，投资者情绪对股指期货、现货相关性的影响，从具体估计值来看，ψ前的系数显著为负，这与第 5 章给出的结论一致。因此当市场不稳定性增强时，投资者情绪是套期保值者不可忽视的关键因素，此时考虑投资者情绪因素与否对套期保值效率影响较大。为了证明投资者情绪可以用于改进套期保值模型，本章还给出进一步的讨论和比较。

8.4 不同估计模型套期保值效率综合对比

基于上述 MRS-DCC-GARCH 模型，我们分别对包含情绪因素和不包含情

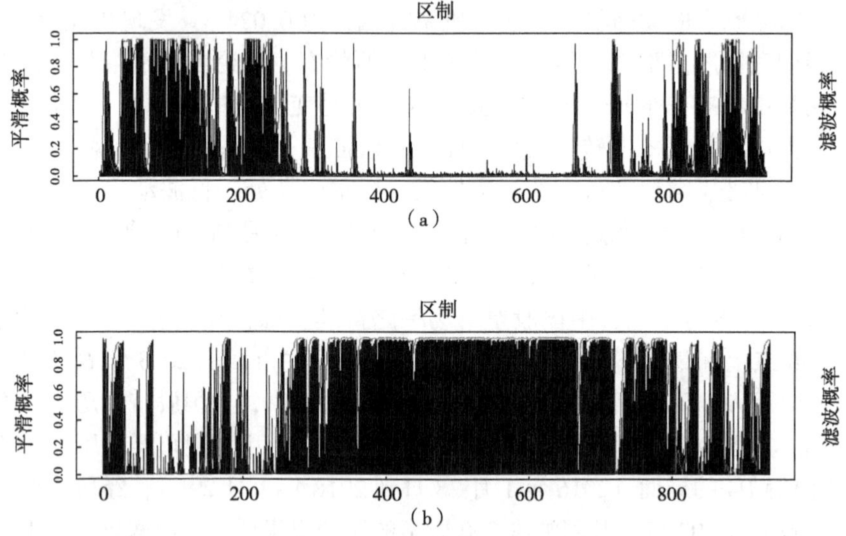

图 8.1　高、低波动状态转移平滑概率动态变化

注：(a) 图是高波动市场状态下，时变转换的平滑概率；(b) 图是低波动市场状态下，时变转换的平滑概率。

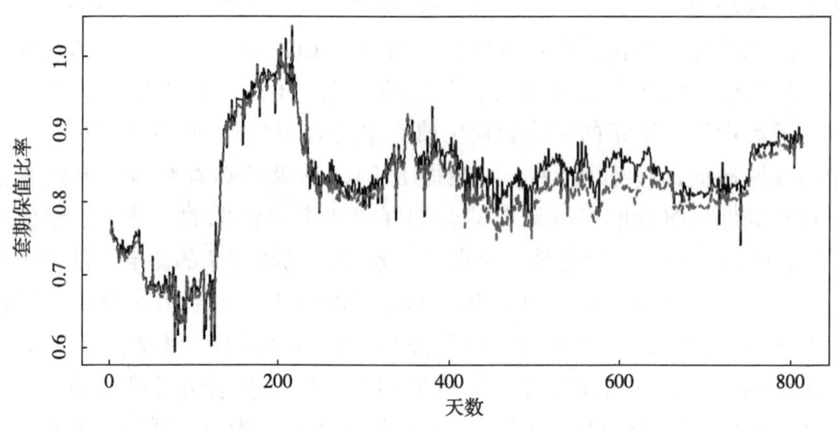

图 8.2　MRS-DCC-GARCH 模型下动态套期保值比率

注：实线代表不考虑投资者情绪时利用 MRS-DCC-GARCH 模型估计得到的动态套期保值比率，虚线曲线代表考虑投资者情绪时利用 Sentiment-MRS-DCC-GARCH 模型估计得到的动态套期保值比率。

绪因素的两个模型进行了参数估计，得到了两种不同的套期保值策略，即(不) 包含情绪的 MRS-DCC-GARCH 模型下得到的动态套期保值比率。为了说明 MRS-DCC-GARCH 模型的有效性，对第 7 章所介绍的基本套期保值模型进行最优套期保值比率和套期保值效率的计算。

8.4.1　OLS 模型估计的最优套期保值比率

以股指现货收益率 $\ln\Delta S$ 作为被解释变量，股指期货收益率 $\ln\Delta F$ 作为解释变量，得到回归结果为：$\ln\Delta S=0.00186+0.74782\ln\Delta F+e_t$。简单 OLS 回归结果以及 t 统计量和 P 值表明，解释变量 $\ln\Delta F$ 的 t 值为 63.27，$\ln\Delta F$ 的系数显著。从回归参数的结果可以看出，当建立一单位的现货多头后，需要同时建立 0.747 8（β）单位的空头寸的期货用于对冲，得到的 0.747 8 是最优套期保值比率，OLS 得到的套期保值比率是静态的。

8.4.2　VECM 模型估计的最优套期保值比率

在第 5 章我们已经验证了股指期货对数价格 $\ln F$ 和股指现货对数价格 $\ln S$ 存在协整关系，并对沪深指数期货和现货的价格序列进行 ADF 单位根检验。在第 4 章已对两个市场之间的关系做了基本的分析，这里不再详述。由于两个市场存在协整关系，可以用收益率序列建立误差修正模型（VECM），根据 AIC 和 SC 准则，建立滞后 2 期的 VECM 模型。

表 8.2 给出了模型的估计结果，并根据残差的方差与协方差计算出最优套期保值比率为 0.799 9。VECM 模型属于静态套期保值，得到的最优套期保值比率是静态的。

表 8.2　VECM 模型估计结果

估计结果	股指现货	股指期货
协整项	−0.098 2** [−2.321]	0.010 8 [0.207]
$\ln S$（−1）	−0.326 7*** [−3.630]	−0.173 2 [−1.561]
$\ln F$（−1）	0.369 8*** [5.084]	0.176 0** [1.964]
$\ln S$（−2）	0.070 4 [0.786]	0.322 3*** [2.923]
$\ln F$（−2）	−0.113 4 [−1.516]	−0.367 4*** [−3.989]

续表

估计结果	股指现货	股指期货
C	0. 043 9** [2. 321]	-0. 004 9 [-0. 209]
R^2	0. 055	0. 037
F 统计量	7. 858	5. 152
Var（ε_t^2）	0. 000 331	0. 000 458
Cov（ε_{St}，ε_{Ft}）	0. 000 367	
最优套期保值比率	0. 799 9	

注：方括号内的数值为 t 统计量，*** 、** 表示在 1%、5%水平下显著。

8. 4. 3　CCC-GARCH 模型与 DCC-GARCH 模型估计的最优套期保值比率

计算 CCC-GARCH 模型中的常相关系数为 0. 942 6，而 DCC-GARCH 模型估计得到的是动态的相关系数。在使用 CCC-GARCH 或 DCC-GARCH 模型估计套期保值最优比率前，应先对残差序列进行 ARCH 效应检验，这部分在第 4 章有详细的描述，此处不再补充。对于 CCC-GARCH 和 DCC-GARCH 模型的估计结果见表 8. 3：

表 8. 3　CCC-GARCH 和 DCC-GARCH 的估计结果

参数	CCC-GARCH	DCC-GARCH
ω_1	1E-06 [0. 111]	1E-06 [0. 196]
α_1	0. 135 3*** [13. 174]	0. 063 2 [1. 171]
β_1	0. 845 8** [2. 285]	0. 934 7*** [19. 262]
$\alpha_1+\beta_1$	0. 981 1	0. 997 9
ω_2	0. 000 0 [0. 158]	1E-06 [1. 329]

续表

参数	CCC-GARCH	DCC-GARCH
α_2	0.123 2*** [8.924]	0.058 1 [1.605]
β_2	0.857 6** [2.461]	0.937 4*** [27.919]
$\alpha_2+\beta_2$	0.981 8	0.995 5
α_{DCC}	—	0.952 4*** [50.494]
β_{DCC}	—	0.035 1*** [2.904]

注：方括号内的数值为 t 统计量，***、** 表示在 1%、5%水平下显著。

虽然 CCC-GARCH 模型中相关系数为常数，经过计算，相关系数值为 0.956 9，但方差σ_{S_t}和σ_{F_t}都是随着时间 t 而不断变化的，因而通过计算得到的仍是一个动态套期保值比率，而 DCC-GARCH 模型的动态相关系数和方差σ_{S_t}、σ_{F_t}都是随着时间 t 而不断变化的。我们发现这种动态套保模型得到的比率均是动态的，且大小是随着两个市场所处市场态势的不同而相应的改变。与静态模型相比优势在于，当市场处于大幅度波动、基差风险较高时，CCC-GARCH 模型能够有效规避价格风险带来的影响。

8.4.4　套期保值模型的有效性对比

为了说明 MRS-DCC-GARCH 模型的有效性，通过已经计算得到的套期保值比率对套期保值效率加以比较，套期保值组合的方差越小，说明套期保值效果越好。

首先进行样本内比较，从表 8.4 可以看出，考虑情绪的套期保值效率明显优于不考虑情绪的套期保值效率（VECM-DCC-GARCH），即动态套期保值模型虽然优于静态套期保值模型，但是仍然可以进一步利用情绪因素对其加以优化。而当把动态套期保值模型与马尔科夫随机过程相结合，利用马尔科夫转移概率方法在考虑市场态势的前提下，进一步改进套期保值模型后，会发现 Sentiment-MRS-DCC-GARCH 模型更能够提高动态套期保值效率，优于 VECM-DCC-GARCH 模型。而利用情绪改进后的 Sentiment-MRS-DCC-GARCH 模型相比于 Sentiment-VECM-DCC-GARCH 模型也更能提高套期保值效率。这表明由于投资者非理性行为的存在，我国股指期货套期保值效率整体较低，鉴于情绪对套期保值效率的影响，有必要利用情绪因素优化套期保值策略以获得更高的效率。

表 8.4 不同模型策略下套期保值绩效比较

模型	套期保值效率（%）（样本内）		套期保值效率（%）（样本外）	
	$TC=0$	$TC=0.2\%$	$TC=0$	$TC=0.2\%$
OLS	83.17	83.17	94.46	94.46
VECM	82.75	82.75	96.07	96.07
CCC-GARCH	81.94	81.99	95.56	95.77
DCC-GARCH	83.01	82.40	96.48	96.68
VECM-DCC-GARCH	83.10	83.28	96.41	96.69
Sentiment-VECM-DCC-GARCH	83.26	83.43	96.45	96.72
MRS-DCC-GARCH	83.45	83.79	95.57	95.89
Sentiment-MRS-DCC-GARCH	83.60	83.77	95.97	96.25

注：样本内数据区间：2015 年 3 月 2 日至 2018 年 6 月 29 日；样本外数据区间：2018 年 7 月 6 日至 2018 年 12 月 28 日。

当进行样本外套期保值效率的比较时，由于所使用的是 DCC-GARCH 模型做出的动态套期保值比率，所以在进行样本外套期保值绩效比较的时候需要对套期保值比值进行预测。通常的做法是采用一步预测的方式（赵华，2013），即利用 DCC-GARCH 的方差方程及当期一周的价格及情绪信息预测下一周的套期保值比率，以滚动预测的方式利用预测的套期保值比率计算套期保值效率，以此作为样本外的套期保值绩效值。这种方法对 Sentiment-DCC-GARCH 模型是有效的，其中情绪信息使用的是历史投资者情绪的均值。而对于 Sentiment-MRS-DCC-GARCH 模型，我们在 t 时刻还需知道 $t+1$ 期的市场所处两种不同态势的概率。具体而言，使用一步预测法，即需使用 t 时刻平滑概率及状态转换概率矩阵得到，假设所选取的样本有 N 个，那么样本外一期 $N+1$ 时刻市场所处态势为：

$$\Pr(s_{N+1}=1)=\Pr(s_N=1|I^t)\times P_{11,t}+\Pr(s_N=2|I^t)\times P_{21,t}$$

$$\Pr(s_{N+1}=2)=\Pr(s_N=1|I^t)\times P_{12,t}+\Pr(s_N=2|I^t)\times P_{22,t}$$

其中，$P_{11,t}=\Pr(s_t=1|s_{t-1}=1)$，$P_{22,t}=\Pr(s_t=2|s_{t-1}=2)$，则在样本外一期 $N+1$ 时刻预测的套期保值比率为：$h_{N+1}^{*}=\widehat{\beta}_1\times\Pr(s_{N+1}=1)+\widehat{\beta}_2\times\Pr(s_{N+1}=2)$

从计算的结果来看，对比样本内、外的套期保值效率，发现样本外套期保值效率比样本内套期保值效率高。这是因为样本外数据区间在 2018 年 7 月 2 日—2018 年 12 月 28 日，一方面，样本区间较短，另一方面，样本外数据处于市场态势较为平稳的阶段，但这个差别并不会影响整体结论。从以往学者经常使用的套期保值模型（OLS，VECM，CCC-GARCH 和 DCC-GARCH）来看，很多动态套期保值模型的套期保值效率都不如简单 OLS 模型。这也是动态套期保值在提高套期保值效率的研究中受到争议的地方，很多学者发现使用复杂套期保值方法未必比 OLS 有效（付剑茹和张宗成，2010；Lien，2010）。MRS-DCC-GARCH 模型要优于 VECM-DCC-GARCH 模型，将状态转换的马尔科夫模型与 DCC-GARCH 相结合后能够有效提高套期保值效果。通过对比优化后的套期保值模型发现改进后的 Sentiment-MRS-DCC-GARCH 模型同样优于 Sentiment-DCC-GARCH 模型，状态转换下的 DCC-GARCH 是现有模型中最有效的，并且其有效性的发挥依赖于投资者情绪因素对模型的改进。

8.5 小结

第 8 章是基于市场态势变化，对引入投资者情绪的动态套期保值模型做进一步的优化和改进。根据第 5 章的结论，不同市场态势下，投资者情绪与基差的关系发生变化，那么当市场态势作为调节变量时，投资者情绪对期货、现货市场相关性和波动率的影响也会出现差别，因此将投资者情绪引入套期保值模型时需从两方面入手：其一是将投资者情绪引入 VECM-DCC-GARCH 模型的波动率方程和方差-协方差矩阵中；其二是同时考虑市场态势转换对套期保值绩效的影响，即将 VECM-DCC-GARCH 模型做进一步扩展与创新。前者较简单，后者则需将市场态势分为两个基本态势，即平稳态势和动荡态势，利用 MRS-DCC-GARCH 模型分别估计出市场平稳与动荡时，基于投资者情绪的最优套期保值比率，再运用适当的方法得到加权最优套期保值比率。通过样本外的稳健性检验及传统套期保值模型给出的套期保值绩效对比，充分说明情绪对套期保值效率的影响，证明基于情绪改进后的动态套期保值模型（Sentiment-MRS-DCC-GARCH 和 Sentiment-DCC-GARCH）均优于传统套期保值模型。这也说明了情绪是导致我国套期保值效果不佳的原因之一，在制定套期保值策略时应合理考虑情绪因素的影响。

9 结论与展望

9.1 结论

本书系统地整理了国内外相关研究文献，从股指期货套期保值理论、模型发展着手，并尝试将行为金融学与动态套期保值模型相结合。本书从投资者情绪能否提高套期保值效率这一角度出发，层层递进地分析。

第一，从行为金融学视角对投资者情绪进行阐释，并构建投资者情绪指数。第4章参考国内外学者对源指标的选取及构建方法，选取适合我国资本市场现状的指标作为投资者情绪的源指标。利用合适的方法对投资者情绪源指标进行复合，并检验所构建的投资者情绪指数的稳健性和有效性。

第二，从理论模型DSSW出发，通过改变对原假设条件的设定，从理论角度给出投资者情绪对期货、现货市场波动率及动态相关性的影响，并进一步通过实证分析证明投资者情绪对股指现货和股指期货市场的影响。具体而言，第3章是对理论模型DSSW的梳理和扩展，第4章构建情绪指数，第5章从实证角度分析投资者情绪对市场收益、波动以及收益-波动关系及期货、现货市场动态相关性的影响和作用机制。这些证据表明投资者情绪对股指现货和股指期货市场的条件方差-协方差矩阵存在的影响，会影响股指期货最优套期保值比率。

第三，为了证明基于投资者情绪的套期保值模型的合理性，从以往学者对动态套期保值模型的改进方式出发（基差和市场态势角度），分析利用投资者情绪改进套期保值模型的合理性，并借鉴以往学者对动态套期保值模型改进的方式。第6章通过Granger因果检验、向量自回归模型（VAR）、分位数回归、分位自回归模型，分析投资者情绪、基差与市场态势之间的相互影响和传导关系。从而证明投资者情绪能够起到和基差、市场态势相同的作用，即影响期货、现货市场间的条件方差及协方差，起到优化套期保值模型的作用。根据投资者情绪、基差及市场态势之间的关系，以及基于基差、市场态势的动态套期保值模型，设定基于投资者情绪的动态套期保值模型。进一步地考虑当市场态势发生变化时，投资者情绪对基差的非对称影响，形成基于投资者情绪的套期保值模型的初步构想。

第四，对以往常见的套期保值模型加以梳理，并将其与基于投资者情绪的动态套期保值模型得到的结果加以对比，从多角度定性、定量分析投资者情绪对套期保值效率的影响机制。具体而言，第 7 章的内容是将投资者情绪因素同时引入方差方程及条件方差-协方差矩阵的条件相关系数中，补充证明投资者情绪能够影响期货、现货市场间的条件方差及协方差。在分析投资者情绪对套期保值效率影响的同时，将投资者群体分为机构投资者和个人投资者，并进一步分析机构（个人）投资者情绪中的理性情绪和非理性情绪对套期保值效率的不同影响，以深入解读我国股指期货市场套期保值效率较低的原因。这一部分是对 DCC-GARCH 模型进行扩展延伸，证明得出基于投资者情绪的套期保值效率会得到提升和优化。

第五，考察基于投资者情绪的套期保值模型是否得到进一步的改进。这是将马尔科夫转换方法与基于投资者情绪的套期保值模型相结合的初步构想，即在 MRS-DCC-GARCH 模型的基础上引入投资者情绪因素，作为动态套期保值模型改进的新方向。第 8 章证明了使用 Sentiment-DCC-GARCH 模型（基于情绪改进后的模型）实施动态套期保值更适合我国股指期货市场，利用情绪因素改进套期保值模型是有效的。随着套期保值模型的深入发展，应同时考虑市场态势转换对套期保值效率的影响，将马尔科夫状态转移模型与 Sentiment-DCC-GARCH 模型相结合，充分考虑投资者由于市场环境变化而产生的心理、行为偏差，并提高套期保值效率，进而得到更稳定的套期保值比率。

本书的主要研究成果主要有以下几点：

第一，结合中国股指现货及股指期货市场的特点，归纳总结适合中国资本市场特色的投资者情绪指标体系。并根据常见的主成分分析方法及较为前沿的 PLS 方法利用投资者情绪源指标构建投资者情绪指数，通过指标时效性及宏观经济效应手段对本书的投资者情绪指标进行稳健性检验，采用最佳方式构建投资者情绪指数并进行进一步的分析。

第二，通过理论推演（DSSW 模型）和实证方法，分析投资者情绪对股指现货、股指期货市场收益、波动率及股指期货、现货市场间动态相关性的影响。证明投资者情绪会影响股指期货市场表现，对套期保值比率产生影响。

第三，根据以往学者对动态套期保值模型的改进方式，证明基于投资者情绪改进套期保值的合理性，并给出基于投资者情绪的套期保值模型设定，以及对进一步改进基于投资者情绪的套期保值模型方向进行构想。同时根据基于投资者情绪的动态套期保值模型与传统套期保值模型的套期保值效果对比，说明基于投资者情绪的动态套期保值模型的有效性。

第四，为了进一步检验在市场态势转换条件下，情绪对套期保值效率产生不同的影响，实现对基于情绪的套期保值模型进一步改进的构想，尝试将马尔科夫转换方法与基于投资者情绪的动态套期保值模型相结合，并给出考虑市场态势转换下，基于投资者情绪的动态套期保值模型更加有效的结论，为动态套期保值模型提供进一步的改进方向。

与发达国家市场相比，我国资本市场尚不成熟，投资者结构中散户占绝大多数，而机构也存在散户化现象，投资者情绪因素对市场的作用很大。如果直接照搬国外模型不一定会得到最优的套期保值比率。经过实证分析，与发达国家相比，我国投资者情绪是影响套期保值效率的关键因素，也是我国股指期货市场运行效率低、套期保值效果不佳的原因之一。合理利用情绪因素控制套期保值的基差风险，优化套期保值策略，能够提高避险效率，更有效地发挥股指期货套期保值功能。

第五，本研究具有一定的学术价值，多次使用较为前沿的计量模型。例如，通过对主成分分析法与偏最小二乘法（PLS）的对比分析，指出偏最小二乘回归法相比于主成分分析法的优点，对于自变量“降维”的方法应用做出进一步的推广。将分位数回归与向量自回归模型结合（QVAR 模型），马尔科夫模型与 DCC-GARCH 模型相结合，并在 MRS-DCC-GARCH 模型基础上引入外生情绪变量，以上对计量模型的灵活应用与创新具有一定的学术价值。

9.2 未来的研究展望

基于投资者情绪的套期保值模型改进是一个理论与实践相结合的检验过程。虽然利用理论推导及实证检验的方式对基于投资者情绪的套期保值模型给出了一系列较为严谨的分析，但由于投资者情绪对套期保值影响研究不仅涉及对波动率的影响研究，还需同时对股指期货、现货市场间联动性进行分析。为了证明论点，需要做很多的检验假设并进行一一验证，在层层递进推演的过程中，尽可能使理论模型推导与实证数据检验理论相互印证，从结构和内容上增加情绪影响套期保值比率及效率的说服力。实证过程也是本着由易到难、由浅入深的推演原则，重复验证，最后做到结论的统一，富有逻辑性和严谨性地解释了我国股指期货市场效率不高的原因，也提出了动态套期保值模型改进的新方向。

在全书的研究结论基础上，未来还有很多方面值得研究：

第一，将情绪指数整体引入套期保值模型，并将其与传统静态、动态套期保值模型进行综合的研究对比，发现最优套期保值比率和效率之间的差别，从而肯定了情绪对套期保值的作用。本书研究了情绪对市场波动率、动态相关性的影响，未来可以进一步从情绪对投资者行为的影响角度深入研究。市场上投资者类型的不同，风险偏好的不同，规避风险看重的结果不同，都会影响套期保值策略的构建。有些投资者看重的是风险的规避程度，有些投资者还想获取一定的超额收益，等等，那么情绪对套期保值的影响也可以从异质性投资者角度进一步加以分析。

第二，动态套期保值模型不仅仅只有 DCC-GARCH，马尔科夫转换方法与其他动态套期保值模型结合的效果是否会更优，还需要进一步的探讨。此外，由于 MRS-DCC-GARCH 模型的复杂性，需使用两步法对其参数进行估计，并假设市场态势间概率转移矩阵是一定的，而非时变的。未来可以在优化估计方法的同时将其拓展为基于情绪的时变概率转移矩阵的 MRS-DCC-GARCH 模型，研究动态套期保值模型能否得到进一步优化。此外，在第 8 章的研究中，我们发现传统静态套期保值效率比动态模型要高，未来应尝试将马尔科夫转换方法同时与动态和静态模型相结合，并深入对比分析，从而进一步探索学术界对于套期保值的争议——即静态策略还是动态更优的问题。

第三，情绪所带来的股指期货套期保值效率不佳是由非理性行为产生的基差风险造成的，尤其是我国期货市场尚不成熟，投资者结构失衡。那么对于发达国家而言，情绪是否也会影响套期保值效率是一个值得研究的问题。只有在对比中，才能找到我国提高股指期货功能发挥的有效途径。

第四，本书仅仅只研究了投资者情绪对套期保值效率的影响。而价格发现和套期保值是期货市场最基本的两大功能，也是市场效率的重要表现。未来也可尝试从行为金融学角度分析情绪对股指期货市场效率的影响，包括价格发现和套期保值效率两个方面，以补充和完善期货市场运行效率的相关研究，为投资者和监管者提供相应的投资建议和政策建议。

由于动态套期保值模型的改进空间以及数据的获取、样本量规模的局限性，基于投资者情绪的套期保值模型尚有很多值得进一步完善的地方。

首先，投资者情绪指标体系构建时的局限性，不同的研究者有不同的思路和方法。为确保样本量大小选择使用日度投资者情绪指标，有些研究者会舍弃较好衡量投资者情绪指标的周度数据。但为了力求投资者情绪指标的稳健性，采用了主成分分析和 PLS 方法来构建，并从多个角度检验投资者情绪指标的稳健性，对整体结论不会带来较大的偏差。行为金融学得到越来越多国内外学者的重视，投资者情绪指标体系的构建成为值得继续研究的重要问题。

其次，为力求引入投资者情绪指标中不可忽视的源指标之一——中国期权波指（iVIX），结合2019年股市一季度的一波“闪电牛市”，再加之中美贸易摩擦也会给投资者情绪带来一定的冲击，因此本书的样本区间只能选择从2015年3月2日到2018年12月31日。虽然只有三年多的数据，但对于研究套期保值效率也是足够的。因为我国资本市场波动较大，市场态势的频繁变化会导致套期保值最优比率频繁变化，过大的样本区间无法确切反映套期保值模型的有效性。只是样本外数据量只有半年的时间，相对较少，未来如果使用更多的数据加以研究，则会使研究结果更有说服力。

再次，限于篇幅只能深入挖掘动态套期保值模型之DCC-GARCH模型，而尚有很多动态模型没有基于情绪因素加以改进，从而未得到更多的论证。但是因为DCC-GARCH模型本身的复杂性，再加上改进后模型具有较高的估计难度，所以使用该模型工作量较大。MRS与GARCH模型的结合方式还有很多，如MRS-GARCH模型、MRS-DCC-GARCH模型等。在众多的套期保值模型中能否找到最佳的适合于我国股指期货市场所有的样本，是否具有普适性，还需要进一步的探索。在此基础上如果同时考虑多种动态模型，且基于影响因素（如投资者情绪）对其进行改进，也是未来进一步值得研究的内容。

最后，从研究对象的角度看，因使用多种较为前沿的计量方法，并对其加以改进，因此没有足够的篇幅对其他股指期货品种面面俱到。另一方面，我国沪深300股指期货推出时间较早，也较为成熟。中证500指数及上证50指数期货均上市较晚，运行效率受到更多因素的影响，未来随着新品种的不断涌现以及旧品种的不断成熟发展，应将更多的品种囊括进来共同研究，以进一步验证所得结论。

参考文献

［1］ALIZADEH A H，NOMIKOS N K，POULIASIS P K. A Markov Regime Switching approach for hedging energy commodities［J］. Journal of Banking and Finance，2008，32（9）：1970-1983.

［2］ALMGREN R，THUM N，HAUPTMANN E. Direct estimation of equity market impact［J］. Risk，2005，18（7）：57-62.

［3］AMIHUD Y. Illiquidity and stock returns：cross-section and time-series effects［J］. Journal of Financial Markets，2002，5（1）：31-56.

［4］ANDANI A，LAFUENTE J A，NOVALES A. Liquidity and hedging effectiveness under futures misprcing：international evidence［J］. Journal of Futures Markets，2009，29（11）：1050-1066.

［5］AROURI M E H，JOUINI J，DUC KHUONG N. On the impacts of oil price fluctuations on European equity markets：volatility spillover and hedging effectiveness［J］. Energy Economics，2012，34（2）：611-617.

［6］AROURI M E H，LAHIANI A，NGUYEN D K. World gold prices and stock returns in China：insights for hedging and diversification strategies［J］. Economic Modelling，2015，44：273-282.

［7］BAKER M，RUBACK R S，WURGLER J. Behavioral corporate finance：a survey［J］. National Bureau of Economic Research，2004.

［8］BAKER M，STEIN J C. Market liquidity as a sentiment indicator［J］. Journal of Financial Markets，2004，7（3）：271-299.

［9］BAKER M，WURGLER J，YUAN Y. Global，local，and contagious investor sentiment［J］. Journal of Financial Economics，2012，104（2）：272-287.

［10］BAKER M，WURGLER J. Investor sentiment and the cross—section of stock returns［J］. The Journal of Finance，2006，61（4）：1645-1680.

［11］BAKER M，WURGLER J. Investor sentiment in the stock market［J］. Journal of Economic Perspectives，2007，21（2）：129-151.

［12］BASHER S A，SADORSKY P. Hedging emerging market stock prices with oil，gold，VIX，andbonds：a comparison between DCC，ADCC and GO-GARCH［J］. Energy Economics，2016，54：235-247.

［13］BERNDT. Estimation and inference in nonliner structural models［J］.

Annals of Economic and Social Measurement, 1974, 4 (3): 653-665.

[14] BESSLER W, LEONHARDT A, WOLFF D. Analyzing hedging strategies for fixed income portfolios: a Bayesian approach for model selection [J]. International Review of Finance Analysis, 2016, 46: 239-256.

[15] BILLIO M, CAPORIN M. Multivariate Markov switching dynamic conditional correlation GARCH representations for contagion analysis [J]. Statistical Methods and Applications, 2005, 14 (2): 145-161.

[16] BLACK F. Noise [J]. The Journal of Finance, 1986, 41 (3): 528-543.

[17] BOHL M T, BRZESZCZYŃSKI J. Do institutional investors destabilize stock prices? Evidence from an emerging market [J]. Journal of International Financial Markets, Institutions and Money, 2006, 16 (4): 370-383.

[18] BOLLERSLEV T, ENGLE R F, WOOLDRIDGE J M. A capital-asset pricing model with time-varing covariances [J]. Journal of Political Economy, 1988, 96 (1): 116-131.

[19] BROWN G W, CLIFF M T. Investor sentiment and asset valuation [J]. The Journal of Business, 2005, 78 (2): 405-440.

[20] BROWN G W, CLIFF M T. Investor sentiment and the near-term stock market [J]. Journal of Empirical Finance, 2004, 11 (1): 1-27.

[21] CASTELINO M G. Hedge effectiveness: basis risk and minimum-variance hedging [J]. Journal of Futures Markets, 2000, 20 (1): 89-103.

[22] ČERNÝ A, KALLSEN J. Mean - variance hedging and optimal investment in Heston's model with correlation [J]. Mathematical Finance, 2008, 18 (3): 473-492.

[23] CHEN Y F, LEUNG K S, POON K K, et al. Statistical study of the impact of the basis effect on futures hedging: evidence from China [J]. Applied Mathematical Sciences, 2016, 10 (25): 1219-1249.

[24] CORREDOR P, FERRER E, SANTAMARIA R. Sentiment-prone investors and volatility dynamics between spot and futures markets [J]. International Review of Economics and Finance, 2015, 35: 180-196.

[25] COTTER J, HANLY J. Performance of utility based hedges [J]. Energy Economics, 2015, 49: 718-726.

[26] DE LONG J B, SHLEIFER A, SUMMERS L H, et al. Noise trader risk in financial markets [J]. Journal of Political Economy, 1990, 98 (4):

703-738.

[27] DRAPER P, FUNG J K W. Discretionary government intervention and the mispricing of index futures [J] . Journal of Futures Markets, 2003, 23 (12): 1159-1189.

[28] EDERINGTON L H. The hedging performance of the new futures markets [J] . The Journal of Finance, 1979, 34 (1): 157-170.

[29] ENGLE R F, KRONER K F. Multivariate simultaneous generalized arch [J] . Econometric Theory, 1995, 11 (1): 122-150.

[30] ENGLE R. Dynamic conditional correlation: a simple class of multivariate generalized autoregressive conditional heteroskedasticity models [J] . Journal of Business and Economic Stastics, 2002, 20 (3): 339-350.

[31] FAMA E F. Efficient capital markets: A review of theory and empirical work [J] . The Journal of Finance, 1970, 25 (2): 383-417.

[32] FAMA E F. The behavior of stock market price [J] . Journal of Business, 1965, 38 (1): 34-105.

[33] FAN R, LI H, PARK S Y. Estimation and hedging effectiveness of time—varying hedge ratio: nonparametric approaches [J] . Journal of Futures Markets, 2016, 36 (10): 968-991.

[34] FUNG J K W, YU P L H. Order imbalance and the dynamics of index and futures prices [J] . Journal of Futures Markets, 2007, 27 (12): 1129-1157.

[35] FUNG J K W. Order imbalance and the pricing of index futures [J] . Journal of Futures Markets, 2007, 27 (7): 697-717.

[36] GHOSH A. Hedging with stock index futures—estimation and forecasting with error-correction model [J] . Journal of Futures Markets, 1993, 13 (7): 743-752.

[37] GROSSMAN S J, STIGLITZ J E. On the impossibility of informationally efficient markets [J] . The American Economic Review, 1980, 70 (3): 393-408.

[38] GUPTA K, KAUR M. Impact of financial crisis on hedging effectiveness of futures contracts: evidence from the National Stock Exchange of India [J] . South East European Journal of Economics and Business, 2015, 10 (2): 69-88.

[39] HAN B. Investor sentiment and option prices [J] . Review of Financial Studies, 2008, 21 (1): 387-414.

［40］ HARRIS L E. Liquidity, trading rules, and electronic trading systems ［J］. Papers, 1990.

［41］ HASBROUCK J. The Summary informativeness of stock trades: an econometric analysis ［J］. Review of Financial Studies, 1991, 4 (3): 571-595.

［42］ HERBST A F, KARE D D, CAPLES S C. Hedging effectiveness and minimum risk hedge ratios in the presence of autocorrelation: foreign currency futures ［J］. Journal of Futures Markets, 1989, 9 (3): 185-197.

［43］ HIRSHLEIFER D. Behavioral finance ［J］. Annual Review of Financial Economics, 2015, 7: 133-159.

［44］ HOWARD C T, DANTONIO L J. A risk-return measure of hedging effectiveness-a reply ［J］. Journal of Financial and Quantitative Analysis, 1987, 22 (3): 377-381.

［45］ HSU Y, CHEN A. A clustering time series model for the optimal hedge ratio decision making ［J］. Neurocomputing, 2014, 138: 358-370.

［46］ HUANG D, JIANG F, TU J, et al. Investor sentiment aligned: a powerful predictor of stock returns ［J］. Review of Financial Studies, 2015, 28 (3): 791-837.

［47］ IN F, KIM S. The hedge ratio and the empirical relationship between the stock and futures markets: a new approach using wavelet analysis ［J］. Journal of Business, 2006, 79 (2): 799-820.

［48］ ISHIHARA T. Estimation of generalized realized stochastic volatility model: an application to calendar effect of Nikkei 225 ［J］. Economic Review, 2015, 66 (1): 1-18.

［49］ JOHNSON L L. The theory of hedging and speculation in commodity futures ［M］ //The Economics of Futures Trading. London: Palgrave Macmillan, 1976: 83-99.

［50］ KENOURGIOS D, SAMITAS A, DROSOS P. Hedge ratio estimation and hedging effectiveness: the case of the S & P 500 stock index futures contract ［J］. International Journal of Risk Assessment and Management, 2008, 9 (1/2): 121-134.

［51］ KHALFAOUI R, BOUTAHAR M, BOUBAKER H. Analyzing volatility spillovers and hedging between oil and stock markets: evidence from wavelet analysis ［J］. Energy Economics, 2015, 49: 540-549.

[52] KLING G, GAO L. Chinese institutional investors' sentiment [J]. Journal of InternationalFinancial Markets Institutions and Money, 2008, 18 (4): 374-387.

[53] KOENKER R W, D'OREY V. Algorithm AS 229: computing regression quantiles [J]. Journal of the Royal Statistical Society, 1987, 36 (3): 383-393.

[54] KRONER K F, SULTAN J. Time-varying distributions and dynamic hedging with foreign currency futures [J]. Journal of Financial and Quantitative Analysis, 1993, 28 (4): 535-551.

[55] KUMAR A, LEE C M C. Retail investor sentiment and return comovements [J]. Journal of Finance, 2006, 61 (5): 2451-2486.

[56] KUROV A. Investor sentiment, trading behavior and informational efficiency in index futures markets [J]. Financial Review, 2008, 43 (1): 107-127.

[57] LAI Y S. Dynamic hedging with futures: a copula-based GARCH model with high-frequency data [J]. Review of Derivatives Research, 2018 (4): 1-23.

[58] LAWRENCE R G, LAWRENCE E H. Estimating components of bid-ask spread [J]. Journal of Financial Economics, 1988, 21 (1): 123-142.

[59] LEE C L, STEVENSON S, LEE M. Futures trading, spot price volatility and market efficiency: evidence from European real estate securities futures [J]. The Journal of Real Estate Finance and Economics, 2014, 48 (2): 299-322.

[60] LEE C M C, SHLEIFER A, THALER R H. Investor sentiment and the closed-end fund puzzle [J]. Journal of Finance, 1991, 46 (1): 75-109.

[61] LEE H, YODER J K, MITTELHAMMER R C, et al. A random coefficient autoregressive Markov Regime Switching model for dynamic futures hedging [J]. Journal of Futures Markets, 2006, 26 (2): 103-129.

[62] LEE H. A copula-based regime-switching GARCH model for optimal futures hedging [J]. Journal of Futures Markets, 2009, 29 (10): 946-972.

[63] LEE W Y, JIANG C X, INDRO D C. Stock market volatility, excess returns, and the role of investor sentiment [J]. Journal of Banking and Finance, 2002, 26 (12): 2277-2299.

[64] LI J, WU C. Daily return volatility, bid—ask spreads, and information flow: analyzing the information content of volume [J]. Journal of Business,

2006, 79 (5): 2697-2739.

[65] LINETSKY. Time-changed Ornstein-Uhlenbeck processes and their applications in commodity derivative models [J]. Mathematical Finance, 2014, 24 (2): 289-330.

[66] LIEN D H D. Optimal hedging and spreading in cointegrated markets [J]. Economics Letters, 1992, 40 (1): 91-95.

[67] LIEN D, LIM G, YANG L, et al. Dynamic dependence between liquidity and the S & P 500 index futures-cash basis [J]. Journal of Futures Markets, 2013, 33 (4): 327-342.

[68] LIEN D, WANG Z. Quantile information share [J]. Journal of Futures Markets, 2019, 39 (1): 38-55.

[69] LIEN D, YANG L. Asymmetric effect of basis on dynamic futures hedging: empirical evidence from commodity markets [J]. Journal of Banking and Finance, 2008, 32 (2): 187-198.

[70] LIEN D. A further note on the optimality of the OLS hedge strategy [J]. Journal of Futures Markets, 2010, 28 (3): 308-311.

[71] LIEN D. The use and abuse of the hedging effectiveness measure [J]. International Review of Financial Analysis, 2005, 14 (2): 277-282.

[72] LINDAL E, STEFANSSON J G. The frequency of depressive symptoms in a general population with reference to DSM-III. [J]. The International Journal of Social Psychiatry, 1991, 37 (4): 233-241.

[73] LIU C, AN Y. Investor sentiment and the basis of CSI 300 stock index futures: an empirical study based on QVAR model and quantile regression [J]. Discrete Dynamics in Nature and Society, 2018.

[74] LIU WEIQI, LIU XINXIN. Individual/institutional investor sentiment and stock returns: study based on Shanghai A-share market [J]. Journal of Management Sciences in China, 2014, 17 (3): 70-87.

[75] MARKOWITZ H. Portfolio selection [J]. Journal of Finance, 1952, 7 (1): 77-91.

[76] MEHRA R, SAH R. Mood fluctuations, projection bias, and volatility of equity prices [J]. Journal of Economic Dynamics and Control, 2002, 26 (5): 869-887.

[77] MERO G. Measuring hedge fund performance: a Markov regime-switching with false discoveries approach [J]. Social Science Electronic

Publishing, 2016.

[78] MEYER T O. Calculation and comparison of delta-neutral and multiple-Greek dynamic hedge returns inclusive of market frictions [J]. International Review of Economics and Finance, 2003, 12 (2): 207-235.

[79] MIFFRE J. Conditional OLS minimum variance hedge ratios [J]. Journal of Futures Markets, 2010, 24 (10): 945-964.

[80] MILONAS N T. Price variability and the maturity effect in futures markets [J]. Journal of Futures Markets, 2010, 6 (3): 443-460.

[81] MONOYIOS M, SARNO L. Mean reversion in stock index futures markets: a nonlinear analysis [J]. Journal of Futures Markets, 2002, 22 (4): 285-314.

[82] MONOYIOS M. Performance of utility-based strategies for hedging basis risk [J]. Quantitative Finance, 2004, 4 (3): 245-255.

[83] OLSON E, VIVIAN A, WOHAR M E. The relationship between energy and equity markets: evidence from volatility impulse response functions [J]. Energy Economics, 2014, 43: 297-305.

[84] PAGAN A R, SOSSOUNOV K A. A simple framework for analysing bull and bear markets [J]. Journal of Applied Econometrics, 2003, 18 (1): 23-46.

[85] PARK T H, SWITZER L N. Bivariate GARCH estimation of the optimal hedge ratios for stock index futures: a note [J]. Journal of Futures Markets, 1995, 15 (1): 61-67.

[86] PEROLD A F. The capital asset pricing model [J]. Journal of Economic Perspectives, 2004, 18 (3): 3-24.

[87] PHILIP D, SHI Y. Optimal hedging in carbon emission markets using Markov Regime Switching models [J]. Journal of International Financial Markets Institutions and Money, 2016, 43: 1-15.

[88] QU H, WANG T, ZHANG Y, et al. Dynamic hedging performance of the CSI 300 index futures-The realized minimum-variance hedge ratio approach [J]. Social Science Electronic Publishing, 2018.

[89] REJEB A B, ARFAOUI M. Financial market interdependencies: a quantile regression analysis of volatility spillover [J]. Research in International Business and Finance, 2016, 36: 140-157.

[90] RICHIE N, DAIGLER R T, GLEASON K C. The limits to stock index

arbitrage: examining S & P 500 futures and SPDRS [J]. Journal of Futures Markets, 2008, 28 (12): 1182-1205.

[91] ROGERS L C G, SINGH S. The cost of illiquidity and its effects on hedging [J]. Mathematical Finance, 2010, 20 (4): 597-615.

[92] ROLL R, SCHWARTZ E, SUBRAHMANYAM A. Liquidity and the law of one price: the case of the futures-cash basis [J]. Journal of Finance, 2007, 62 (5): 2201-2234.

[93] SADORSKY P. Modeling volatility and correlations between emerging market stock prices and the prices of copper, oil and wheat [J]. Energy Economics, 2014, 43: 72-81.

[94] SALVADOR E, ARAGÓ V. Measuring hedging effectiveness of index futures contracts: Do dynamic models outperform static models? A regime-switching approach [J]. Journal of Futures Markets, 2014, 34 (4): 374-398.

[95] SAYIM M, RAHMAN H. The relationship between individual investor sentiment, stock return and volatility: evidence from the Turkish market [J]. International Journal of Emerging Markets, 2015, 10 (3): 504-520.

[96] SCHWARTZ E, SMITH J E. Short—term variations and long-term dynamics in commodity prices [J]. Management Science, 2000, 46 (7): 893-911.

[97] SHEU H, LEE H. Optimal futures hedging under multichain markov regime switching [J]. Journal of Futures Markets, 2014, 34 (2): 173-202.

[98] SHLEIFER A, VISHNY R W. The limits of arbitrage [J]. The Journal of Finance, 1997, 52 (1): 35-55.

[99] SHU H. Investor mood and financial markets [J]. Journal of Economic Behavior and Organization, 2010, 76 (2): 267-282.

[100] SIMON D P, WIGGINS R A. S & P futures returns and contrary sentiment indicators [J]. Journal of Futures Markets, 2001, 21 (5): 447-462.

[101] SIMON H A. A behavioral model of rational choice [J]. The Quarterly Journal of Economics, 1955, 69 (1): 99-118.

[102] STAMBAUGH R F, YU J, YUAN Y. The short of it: investor sentiment and anomalies [J]. Journal of Financial Economics, 2012, 104 (2): 288-302.

[103] STEIN J L. The simultaneous determination of spot and futures prices

[J] . The American Economic Review, 1961, 51 (5): 1012-1025.

[104] TERZA J V, BASU A, RATHOUZ P J. Two-stage residual inclusion estimation: addressing endogeneity in health econometric modeling [J] . Journal of Health Economics, 2008, 27 (3): 531-543.

[105] TETLOCK P C. Giving content to investor sentiment: the role of media in the stock market [J] . Journal of Finance, 2007, 62 (3): 1139-1168.

[106] THEOBALD M, YALLUP P. Mean reversion and basis dynamics [J] . Journal of Futures Markets, 2001, 21 (9): 797-818.

[107] UMOETOK E. The effectiveness of index futures hedging in emerging markets during the crisis period of 2008-2010: evidence from South Africa [J] . Applied Economics, 2016, 48 (42): 3999-4018.

[108] VERMA R, VERMA P. Noise trading and stock market volatility [J] . Journal of Multinational Financial Management, 2007, 17 (3): 231-243.

[109] VON NEUMANN J, MORGENSTERN O. Theory of games and economic behavior, 2nd rev [M] . Princeton: Princeton University Press, 1947.

[110] WAHAB M, LASHGARI M. Price dynamic and error-correction in stock index and stock index futures—a cointegration approach [J] . Journal of Futures Markets, 1993, 13 (7): 711-742.

[111] WANG C Y. Investor sentiment and return predictability in agricultural futures markets [J] . Journal of Futures Markets, 2001, 21 (10): 929-952.

[112] WANG Y F. Dynamic hedging based on markov regime-switching dynamic correlation multivariate stochastic volatility model [J] . Journal of Donghua University (English Edition), 2017, 34 (3): 475-478.

[113] WILLMAN P, FENTON-O'CREEVY M, NICHOLSON N, et al. Noise trading and the management of operational risk; firms, traders and irrationality in financial markets [J] . Journal of Management studies, 2006, 43 (6): 1357-1374.

[114] WORKING H. Hedging reconsidered [J] . Journal of Farm Economics, 1953, 35 (4): 544-561.

[115] WORKING H. New concepts concerning futures markets and prices [J] . The American Economic Review, 1962, 52 (3): 431-459.

[116] YAN Z, LI S. Hedge ratio on Markov Regime-Switching Diagonal Bekk-Garch model [J] . Finance Research Letters, 2017, 24. 49-55.

[117] YANG C, JHANG L, CHANG C. Do investor sentiment, weather and

catastrophe effects improve hedging performance? Evidence from the Taiwan options market [J]. Pacific-Basin Finance Journal, 2016, 37: 35-51.

[118] YANG C, LI J. Investor sentiment, information and asset pricing model [J]. EconomicModelling, 2013, 35: 436-442.

[119] YANG W, ALLEN D E. Multivariate GARCH hedge ratios and hedging effectiveness in Australian futures markets [J]. Accounting and Finance, 2005, 45 (2): 301-321.

[120] YUE Y, LIU D, SHAN X U. Price linkage between Chinese and international nonferrous metals commodity markets based on VAR-DCC-GARCH models [J]. Transactions of Nonferrous Metals Society of China, 2015, 25 (3): 1020-1026.

[121] 巴曙松，朱虹. 融资融券、投资者情绪与市场波动 [J]. 国际金融研究，2016，352 (8)：82-96.

[122] 曾燕，康俊卿，陈树敏. 基于异质性投资者的动态情绪资产定价 [J]. 管理科学学报，2016 (6)：87-97.

[123] 陈冲，刘向丽，徐山鹰，等. 基于基差角度的中国铜期货动态套保策略研究 [J]. 管理科学学报，2012 (6)：49-58.

[124] 陈晓红，朱霞. 基于神经网络的期货套期保值决策支持系统 [J]. 管理科学学报，2001 (6)：18-23.

[125] 崔丽媛，洪永淼. 投资者对经济基本面的认知偏差会影响证券价格吗？中美证券市场对比分析 [J]. 经济研究，2017，52 (8)：94-109.

[126] 戴晓凤，梁巨方. 基于时变 Copula 函数的下偏矩最优套期保值效率测度方法研究 [J]. 中国管理科学，2010 (6)：26-32.

[127] 付剑茹，张宗成. 时变最优套期保值比估计及比较研究：基于卡尔曼滤波在状态空间模型中的应用 [J]. 管理科学学报，2010，13 (12)：23-33.

[128] 高辉，赵进文. 沪深 300 股指套期保值及投资组合实证研究 [J]. 管理科学，2007 (2)：80-90.

[129] 郭宁. VIX 指数与有色金属期货价格关系的实证分析 [J]. 中国金属通报，2011 (13)：43.

[130] 韩立岩，伍燕然. 投资者情绪与 IPOs 之谜：抑价或者溢价 [J]. 管理世界，2007 (3)：51-61.

[131] 贺鹏，杨招军. 恒生指数和沪深 300 股指期货套期保值效果对比研究 [J]. 投资研究，2012 (4)：123-133.

[132] 胡明柱，王苏生，许桐桐．iVIX 指数与上证 50ETF 收益率的相关性实证研究［J］．运筹与管理，2018，27（10）：154-163.

[133] 孔令飞，刘轶．个人，机构投资者情绪与证券分析师的乐观偏差：来自中国 A 股市场的证据［J］．南方经济，2016（6）：66-81.

[134] 李凤羽．投资者情绪能够解释 ETF 的折溢价吗？——来自 A 股市场的经验证据［J］．金融研究，2014（2）：180-192.

[135] 李昊洋，程小可，郑立东．投资者情绪对股价崩盘风险的影响研究［J］．软科学，2017，31（7）：98-102.

[136] 李涛，朱俊兵，伏霖．聪明人更愿意创业吗？——来自中国的经验发现［J］．经济研究，2017，52（3）：91-105.

[137] 郦金梁，雷曜，李树憬．市场深度、流动性和波动率：沪深 300 股票指数期货启动对现货市场的影响［J］．金融研究，2012（6）：124-138.

[138] 刘晨，安毅．动态套期保值模型的改进路径及其有效性：一个研究述评［J］．南方金融，2018，1（9）：33-42.

[139] 刘晨，安毅．分级基金 A 类份额期权价值影响因素及度量［J］．华南理工大学学报（社会科学版），2016（4）：29-35.

[140] 刘晨，张锐，王宝森．中美玉米期货市场功能效率比较［J］．中国流通经济，2020，34（4）：56-66.

[141] 刘丽文，王镇．投资者情绪对不同类型股票收益影响的实证研究［J］．金融理论与实践，2016（2）：90-97.

[142] 刘莉亚，丁剑平，陈振瑜，等．投资者情绪对资本市场稳定性的实证研究：来自截面效应的分析［J］．财经研究，2010（3）：133-143.

[143] 刘新新．个人和机构投资者情绪与股票收益［D］．太原：山西大学，2013.

[144] 龙瑞，谢赤，曾志坚，等．高频环境下沪深 300 股指期货波动测度：基于已实现波动及其改进方法［J］．系统工程理论与实践，2011（5）：813-822.

[145] 陆江川，陈军．极端投资者情绪对股价指数影响的非对称研究［J］．系统工程，2013（2）：17-26.

[146] 鹿坪，田甜，姚海鑫．个人投资者情绪，机构投资者情绪与证券市场指数收益：基于 VAR 模型的实证分析［J］．上海金融，2015（1）：65-70.

[147] 罗进辉，向元高，金思静．中国资本市场低价股的溢价之谜［J］．金融研究，2018，439（1）：191-206.

［148］闵峰，黄创霞，文凤华，等．宏观经济，投资者情绪和股票市场收益［J］．系统科学与数学，2017，37（2）：370-382.

［149］裴勇，刘晓雪．我国大豆贸易企业国内外套期保值研究：基于引入基差影响因素分析［J］．价格理论与实践，2015（12）：142-144.

［150］乔高秀，刘强．沪深 300 股指期货定价偏差影响因素及非线性调整特征［J］．投资研究，2013（10）：83-97.

［151］邵永同，战雪丽．中美大豆期货市场套期保值效率比较研究［J］．价格理论与实践，2014（8）：93-95.

［152］苏显方．基于分位回归的金融风险溢出效应度量模型及应用研究［D］．长沙：湖南大学，2017.

［153］王继莹．我国股指期货市场效率的实证研究［D］．长春：吉林大学，2014.

［154］王骏，张宗成．中国期货市场套期保值绩效实证研究［J］．证券市场导报，2005（11）：21-26.

［155］王美今，孙建军．中国股市收益、收益波动与投资者情绪［J］．经济研究，2004（10）：75-83.

［156］王宜峰，王燕鸣．投资者情绪在资产定价中的作用研究［J］．管理评论，2014（6）：42-55.

［157］魏洁．现货、股指期货与股指期权套期保值组合的 Delta 中性动态模拟［J］．金融理论与实践，2011（12）：36-41.

［158］魏平，梁晨．股指期货冲击成本测算与实证研究［J］．数理统计与管理，2013，32（4）：727-739.

［159］伍燕然，韩立岩．不完全理性、投资者情绪与封闭式基金之谜［J］．经济研究，2007（3）：117-129.

［160］肖观福．中国波动率指数的功能有效性研究［D］．广州：广东财经大学，2017.

［161］徐国祥，刘新姬．沪深 300 股指期货定价模型的改进及实证研究［J］．统计与信息论坛，2012（2）：54-61.

［162］许自坚，史本山．沪深 300 股指期货定价误差及影响因素分析［J］．证券市场导报，2011（7）：51-55.

［163］杨春鹏，闫伟．单向与双向情绪下风险资产的认知价格及其投资策略［J］．管理科学，2012（3）：78-90.

［164］杨怀东，江超凡，刘坤．嵌入前景理论的动态风险厌恶套期保值比率模型研究［J］．管理工程学报，2012（2）：101-105.

［165］杨墨竹．ETF 资金流、市场收益与投资者情绪：来自 A 股市场的经验证据［J］．金融研究，2013（4）：156-169.

［166］杨阳，万迪昉．不同市态下投资者情绪与股市收益、收益波动的异化现象：基于上证股市的实证分析［J］．系统工程，2010（1）：19-23.

［167］易蓉，张文，陈冲，等．基于预期理论框架的农产品期货基差行为［J］．系统工程理论与实践，2010，30（11）：1954-1959.

［168］俞红海，李心丹，耿子扬．投资者情绪，意见分歧与中国股市 IPO 之谜［J］．管理科学学报，2015，18（3）：78-89.

［169］张本照，姚刚，郑岚．沪深 300 股指期货市场定价偏差的信息含量：基于风险报酬与投资者预期的视角［J］．南方金融，2016（5）：65-72.

［170］张江涛．VIX 指数与黄金期货价格关系实证分析［J］．中国物价，2016（10）：49-51.

［171］张龙斌，王春峰，房振明．考虑基差影响非对称效应的股指期货对冲策略［J］．系统工程，2008（5）：55-60.

［172］张龙斌，王春峰，房振明．考虑收益偏度的最优对冲比率模型［J］．系统工程理论与实践，2009（9）：1-6.

［173］张龙斌，王春峰，房振明．考虑条件高阶矩风险的动态对冲模型研究［J］．管理工程学报，2009（4）：64-68.

［174］张强，杨淑娥，杨红．中国股市投资者情绪与股票收益的实证研究［J］．系统工程，2007，25（7）：13-17.

［175］张强，杨淑娥．噪音交易、投资者情绪波动与股票收益［J］．系统工程理论与实践，2009（3）：40-47.

［176］张宗新，王海亮．投资者情绪、主观信念调整与市场波动［J］．金融研究，2013（4）：142-155.

［177］赵华，王一鸣，王汨泉．基于马尔可夫状态转换方法的套期保值［J］．系统工程理论与实践，2013（7）：1743-1752.

［178］赵华，王一鸣，王汨泉．基于马尔可夫状态转换方法的套期保值［J］．系统工程理论与实践，2013，33（7）：1743-1752.

［179］郑浩．指数期权的套期保值策略模拟分析［J］．广西财政高等专科学校学报，2003（3）：43-50.

［180］郑振龙，林璟．沪深 300 股指期货定价偏差与投资者情绪［J］．数理统计与管理，2015（6）：1129-1140.

［181］周亮．基于基差和价格预测的套期保值思路初探［J］．经贸实践，2016（9）：52.

附　录

附录A　（3.22）式推导

式（3.22）的具体推导为：

因为$\rho^{*}=\mathrm{E}(\rho)=(1-\varphi)\rho_{\xi}^{*}+\varphi\rho_{\varepsilon}^{*}$

所以：

$$
\begin{aligned}
\sigma_{\rho}^{2}&=\mathrm{E}\,(\rho-\mathrm{E}\,(\rho)\,)^{2}=\mathrm{E}\,[\varphi\rho_{1}+(1-\varphi)\rho_{2}-\varphi\rho_{1}^{*}-(1-\varphi)\,\rho_{2}^{*}]^{2}\\
&=\mathrm{E}\,[\varphi(\rho_{1}-\rho_{1}^{*})+(1-\varphi)\,(\rho_{2}-\rho_{2}^{*})]^{2}\\
&=\mathrm{E}\,[\varphi^{2}(\rho_{1}-\rho_{1}^{*})+(1-\varphi)^{2}(\rho_{2}-\rho_{2}^{*})^{2}+2\varphi\,(1-\varphi)\,(\rho_{1}-\rho_{1}^{*})\,(\rho_{2}-\rho_{2}^{*})]\\
&=\varphi^{2}\mathrm{E}(\rho_{1}-\rho_{1}^{*})^{2}+(1-\varphi)^{2}(\rho_{2}-\rho_{2}^{*})^{2}+2\varphi\,(1-\varphi)\,(\rho_{1}-\rho_{1}^{*})\,(\rho_{2}-\rho_{2}^{*})\\
&=\varphi^{2}\mathrm{E}(\rho_{1}-\rho_{1}^{*})^{2}+(1-\varphi)^{2}\mathrm{E}\,(\rho_{2}-\rho_{2}^{*})^{2}+2\varphi(1-\varphi)\mathrm{E}\,[(\rho_{1}-\rho_{1}^{*})(\rho_{2}-\rho_{2}^{*})]\\
&=\varphi^{2}\sigma_{\rho_{1}}^{2}+(1-\varphi)^{2}\sigma_{\rho_{2}}^{2}+2\varphi(1-\varphi)\mathrm{E}\,[(\rho_{1}-\rho_{1}^{*})(\rho_{2}-\rho_{2}^{*})]\\
&=\varphi^{2}\sigma_{\rho_{\varepsilon}}^{2}+(1-\varphi)^{2}\sigma_{\rho_{\xi}}^{2}+2\varphi(1-\varphi)\mathrm{Cov}\,(\rho_{\xi},\ \rho_{\varepsilon})
\end{aligned}
$$

附录B QVAR参数估计方法

为了估计QVAR模型中的参数B_i（τ）和c（τ），将分位数回归模型简化为：

$$y_i = X_i\alpha(\tau) + e_i\ (\tau)$$

其中，X_t是一个$n\times$（n^2p+n）维的解释变量矩阵，$\alpha_i(\tau_i) =$（$c_i(\tau_i)$，$\beta'_{1i}(\tau_i)$，$\beta'_{2i}(\tau_i)$，…，$\beta'_{pi}(\tau_i)$）$'$是一个（n^2p+n）$\times 1$维的参数向量，可以通过求解联合优化问题来得到相应的参数估计结果：

$$\widehat{\alpha}_i(\tau_i) = \arg\min_{\alpha_i} \sum_{t=1}^{T} \rho_{\tau_i}(y_{it} - x_i\, \alpha_i(\tau_i))$$

其中，$\rho_\tau(y_{it} - x_i\alpha_i(\tau_i)) =$（$\tau - I_{y_{it} - x_i\alpha_i(\tau_i) < 1}$）$x_i$是一个损失函数，且$I_{(.)}$是一个示性函数，当（·）为真时，$I_{(\cdot)} = 1$。考虑到损失函数图像是一阶不可导的，不能使用对可导函数求极值的方法来对上述优化问题进行求解。通过假设分位数回归模型中e_t（τ）在τ处的条件分布是连续的，上述优化问题的一阶条件可以写成：

$$T^{-1}\sum_{t=1}^{T}(\tau_i - I_{y_i < x_i\alpha_i(\tau_i)})\, x_i = 0$$

令$g_i(\alpha_1(\tau_1), \alpha_2(\tau_2), \cdots, \alpha_n(\tau_n)) =$（$\tau_i - I_{y_i < x_i\alpha_i(\tau_i)}$）$x_i$，一阶条件可以写成：

$$T^{-1}\sum_{t=1}^{T} g_i(\alpha_1(\tau_1), \alpha_2(\tau_2), \cdots, \alpha_n(\tau_n)) = 0$$

在正则性条件下，可以得到E $[g_t(\alpha_1(\tau_1), \alpha_2(\tau_2), \cdots, \alpha_n(\tau_n))] = 0$，基于广义矩（GMM）框架下，进一步假设矩函数E［$g_t(.)$］的一阶微分为Ψ_0可以写成：

$$\Psi_0 = \frac{\partial \mathrm{E}\left[g_t(\alpha_1(\tau_1), \alpha_2(\tau_2), \cdots, \alpha_n(\tau_n))\right]}{\partial\ (\alpha'_1, \alpha'_2, \cdots, \alpha'_n)}$$

另外假设Ψ_1表示矩条件的渐近方差，其表达式为：

$$\Psi_1 = \lim_{T\to\infty}\left(T^{-\frac{1}{2}}\sum_{t=1}^{T} g_i(\alpha_1(\tau_1), \alpha_2(\tau_2), \cdots \alpha_n(\tau_n))\right)\left(T^{-\frac{1}{2}}\sum_{t=1}^{T} g_i(\alpha_1(\tau_1), \alpha_2(\tau_2), \cdots, \alpha_n(\tau_n))\right)'$$

$(\widehat{\alpha}_1(\tau_1), \widehat{\alpha}_2(\tau_2), \cdots, \widehat{\alpha}_n(\tau_n))$的联合渐进分布为：

$$\sqrt{T}\begin{pmatrix}\widehat{\alpha_1}(\tau_1)-\alpha_1(\tau_1)\\ \widehat{\alpha_2}(\tau_2)-\alpha_2(\tau_2)\\ \vdots \\ \widehat{\alpha_n}(\tau_n)-\alpha_n(\tau_n)\end{pmatrix}\sim N\left(0,\ \Psi_0^{-1}\Psi_1\Psi_0^{-1}\right)$$

最后可以根据上述协方差矩阵进行 Barlett 核密度估计法以得到优化问题的参数估计。核密度作为非参数检验方法之一，最早是由罗森布拉特（Rosenblatt，1955）和伊曼纽尔·帕岑（Emanuel Parzen，1962）提出的，可用来估计未知的密度函数。

附录 C 中国波指（iVIX）编制方法及程序

中国波指是根据方差互换原理基于上证 50ETF 期权的相关数据计算而成的，首先从期权合约当中选取近月和次月合约并按照如下公式计算近月和次月合约的波动率：

$$\sigma_i^2 = \frac{2}{T}\sum \frac{\Delta K_i}{K_i^2} e^{RT} p(K_i) - \frac{1}{T}\left(\frac{F}{K_0} - 1\right)^2$$

其中，σ_i^2是近月或次月合约的波动率，N_t为近月合约或次近月合约的剩余到期时间（以分钟计），$T = N_T/N_{365}$，R 为上交所采用的无风险利率；S 是认购期权价格和认沽期权价格相差最小的执行价，$F = S +$(认购价格-认沽价格)×e^{RT}；K_0是小于且最接近于 F 的执行价，K_i是所有期权的执行价，ΔK_i是第 1 个执行价所对应的执行价间隔，p（K_i）取值取决于K_0和K_i，若K_i小于K_0，p（K_i）为K_i对应的认沽期权价；若K_i大于K_0，p（K_i）为K_i对应的认购期权价；若K_i等于K_0，为对应的认沽期权价和认购期权价的均值。

根据上述公式分别求出近月合约的波动率σ_1^2和次月合约波动率σ_2^2，并根据如下公式得出中国波指：

$$\text{iVIX} = 100 \times \sqrt{\left\{T_1\sigma_1^2\left[\frac{N_{T_2} - N_{30}}{N_{T_2} - N_{T_1}}\right] + T_2\sigma_2^2\left[\frac{N_{30} - N_{T_1}}{N_{T_1} - N_{T_2}}\right]\right\}\frac{N_{365}}{N_{30}}}$$

如果近月合约的到期日天数大于等于 30 天，则把 100%的权重全部赋予近月合约，换句话说中国波指的结果为σ_1^2乘以 100。

因中证指数有限公司暂停发布中国波指，根据 BS 模型基于上证 50ETF 期权的相关数据计算出隐含波动率作为中国波指的代理变量。

首先指定当期近月合约的月份，基于当期的 50ETF 收盘价筛选执行价格最为接近的看涨期权合约与看跌期权合约作为两个平值期权，并且采用 BS 模型反推出当月平值看涨期权的隐含波动率σ_1^2和当月平值看跌期权的隐含波动率σ_2^2，并以两个合约的波动率做简单平均的方式来得出最终中国波指的代理变量。

中国波指（iVIX）Matlab 代码：

```
function sdk = OptionImpvVolatilityCalc
sdk = MyOptionSimulator_ Test（1000000，0，0）;
sdk. SubscribeQuotes（）;
sdk. GetStartTradeDate（'20150301'）;
sdk. GetEndTradeDate（'20181231'）;
```

```
sdk. Run (@ Strategy);
end

function Strategy (sdk)
StrickPriceStep=0. 05;

OptionList=sdk. GetOptionList ();
OptionName=sdk. GetOptionName ();

OptionTradeMonth=str2num (OptionName (:, 8: 11) );
OptionTradeMonthSet=intersect (OptionTradeMonth, OptionTradeMonth);
OptionStrikePrice=str2num (OptionName (:, end-4: end) ) /1000;
OptionDirection=OptionName (:, 7);

Quote=sdk. GetQuotes ('510050', 41);

CallStrickTargetPrice = ceil ( Quote. Close ( end, 1 ) /StrickPriceStep ) *
StrickPriceStep;
PutStrickTargetPrice = floor ( Quote. Close ( end, 1 ) /StrickPriceStep ) *
StrickPriceStep;
CallStrickTargetPriceSite=abs (OptionStrikePrice-CallStrickTargetPrice) <10e-8;
PutStrickTargetPriceSite=abs (OptionStrikePrice-PutStrickTargetPrice) <10e-8;

CallSite=OptionDirection=='C';
PutSite=OptionDirection=='P';

TradeDate=sdk. GetNowDate ();
TradeMonth=floor (mod (TradeDate, 1000000) /100);
if mod (TradeMonth, 100) ==12
    TradeMonth=TradeMonth+89;
else
    TradeMonth=TradeMonth+1;
end
```

```
Site=find (abs (OptionTradeMonthSet-TradeMonth) <10e-8);
if isempty (Site)
    return
end
MonthSite=abs (OptionTradeMonth-OptionTradeMonthSet (Site) ) <10e-8;
ChangeSite=OptionName (:, 12) = ='M';
CallCode=OptionList (CallStrickTargetPriceSite+CallSite+MonthSite+ChangeSite =
=4,:);
PutCode = OptionList (PutStrickTargetPriceSite + PutSite + MonthSite + ChangeSite =
=4,:);

try
    CallQuote=sdk. GetLatestQuotes (CallCode);
    PutQuote=sdk. GetLatestQuotes (PutCode);
catch
end

if isempty (CallCode) || isempty (PutCode) || isnan (CallQuote. Close) || isnan
(PutQuote. Close)
    ChangeSite=OptionName (:, 12) = ='A';

CallCode=OptionList (CallStrickTargetPriceSite+CallSite+MonthSite+ChangeSite =
=4,:);

PutCode = OptionList (PutStrickTargetPriceSite + PutSite + MonthSite + ChangeSite =
=4,:);
end

try
    CallQuote=sdk. GetLatestQuotes (CallCode);
    PutQuote=sdk. GetLatestQuotes (PutCode);
catch
end
```

```
if isempty (CallCode) ‖isempty (PutCode) ‖isnan (CallQuote. Close) ‖isnan
(PutQuote. Close)
    return
end

if isnan (CallQuote. Close) ‖ isnan (PutQuote. Close)
    return
end

IV _ Call = blsimpv ( Quote. Close ( end, 1 ), CallStrickTargetPrice, 0,
CallQuote. OptionRemainingDate/250, CallQuote. Close, [], [], [], {'call'} );
IV _ Put = blsimpv ( Quote. Close ( end, 1 ), PutStrickTargetPrice, 0,
PutQuote. OptionRemainingDate/250, PutQuote. Close, [], [], [], {'put'} );
IV= (IV_ Call+IV_ Put) /2;

if isnan (sdk. GetGlobal ('IV_ ALL') )
    IV_ ALL= [];
    IV_ ALL= [IV_ ALL; IV];
    sdk. SetGlobal ('IV_ ALL', IV_ ALL)
else
    IV_ ALL=sdk. GetGlobal ('IV_ ALL');
    IV_ ALL= [IV_ ALL; IV];
    sdk. SetGlobal ('IV_ ALL', IV_ ALL)
end

end
```

附录 D 投资者情绪对股指期货、现货波动率的影响

附表 1 投资者情绪与股指现货、期货波动率的回归结果

股指现货市场波动率（σ_w^2）	情形一	情形二	情形三
S_t	0.001 8 ***	0.008 8 ***	0.010 5 ***
S_{t-5}		−0.006 7 ***	−0.002 4 *
S_{t-20}			−0.006 0 ***
股指期货市场波动率（σ_w^2）	情形一	情形二	情形三
S_t	0.003 4 ***	0.014 2 ***	0.017 4 ***
S_{t-5}		−0.010 3 ***	−0.003 4
S_{t-20}			−0.009 8 ***
股指现货市场波动率（σ_v^2）	情形一	情形二	情形三
S_t	0.000 2	0.000 4	0.000 5
S_{t-5}		−0.000 3	−0.000 1
S_{t-20}			−0.000 4
股指期货市场波动率（σ_v^2）	情形一	情形二	情形三
S_t	0.000 3	0.000 7	0.000 7
S_{t-5}		0.000 5	0.000 0
S_{t-20}			−0.000 5

注：*** 、* 表示在 1%、10%水平下显著。

附录 E　投资者情绪对基差非对称影响的稳健性检验

附表 1 至附表 7 是用五个单一投资者情绪指标分别代替投资者情绪指数，利用分位数回归模型重新拟合的结果；附表 8 和附表 9 为期货市场预期交易量和信息交易量代替投资者情绪指标，利用分位数回归模型重新拟合的结果。

附表 1　期末新增 A 股参与交易的投资者数量对基差的影响

解释变量	第一阶段（股市平稳）			第二阶段（股市动荡）		
	25%	50%	75%	25%	50%	75%
Intercept	-1.485 97 [-1.178 53]	4.850 64** [2.573 82]	9.421 39*** [4.180 59]	-0.231 79*** [-2.534 48]	-0.112 64 [-0.950 90]	0.118 01 [2.055 24]
num	0.000 23 [0.345 27]	0.000 5 [0.676 75]	0.001 02 [1.063 59]	-0.003 96*** [-2.699 31]	-0.003 92*** [-3.074 45]	-0.004 84*** [-3.874 11]
r	-0.018 66* [-1.742 86]	-0.019 47* [-1.726 91]	-0.026 77* [-1.947 45]	0.022 99 [1.115 69]	0.076 6** [2.357 45]	0.101 73** [1.858 77]
frsigma	2.023 99 [0.983 29]	12.379 66*** [4.319 04]	21.461 37*** [6.647 51]	0.442 5*** [4.214 13]	0.457 47*** [4.466 66]	0.560 28*** [5.798 87]
rsigma	3.103 15* [-1.687 29]	-12.518 99*** [-4.859 60]	-21.107 9*** [-7.342 24]	-0.086 86 [-0.194 16]	-0.036 33 [-0.467 23]	-0.042 21 [-0.704 38]
Impact-F	16.319 [1.018 25]	96.257 34*** [4.331 13]	165.303 6*** [6.582 82]	-0.280 08 [-1.309 67]	-0.513 65** [-2.272 99]	-0.183 06 [-0.966 07]
Impact-S	-18.438 5 [-1.563 19]	-78.604 53*** [-4.788 63]	-133.015*** [-7.235 03]	0.130 8 [0.753 74]	0.445 02** [2.380 37]	0.197 09 [1.275 11]
reversion	-0.451 26*** [-16.984 06]	-0.384 47*** [-17.180 90]	-0.300 58*** [-21.040 74]	-0.907 59*** [-16.149 49]	-0.964 43*** [-15.652 12]	-0.935 65*** [-13.845 73]

注：方括号内的数值为 t 统计量，***、**、* 表示在 1%、5%、10%水平下显著。

附表 2　封闭式基金折溢价率对基差的影响

解释变量	第一阶段（股市平稳）			第二阶段（股市动荡）		
	25%	50%	75%	25%	50%	75%
Intercept	-1.348 26 [-0.952 12]	5.468 03*** [2.987 84]	8.822 58*** [3.721 04]	-0.424 02*** [-5.279 81]	-0.310 82*** [-3.361 63]	-0.108 46 [-1.110 60]

续表

解释变量	第一阶段（股市平稳）			第二阶段（股市动荡）		
	25%	50%	75%	25%	50%	75%
prem	0.002 09 [0.595 71]	0.012 13*** [3.165 13]	0.017 07*** [2.843 46]	−0.010 2 [−0.708 48]	−0.012 2 [−0.485 25]	−0.001 17 [−0.839 55]
r	−0.013 31 [−0.780 90]	0.022 76 [1.362 30]	0.031 04 [1.311 14]	0.039 46* [1.602 90]	0.094 99** [2.989 00]	0.102 79** [2.534 37]
frsigma	1.955 27 [1.053 42]	12.379 28*** [4.666 39]	20.004 57*** [6.069 88]	0.485 49*** [5.770 68]	0.439 97*** [4.522 19]	0.589 11*** [5.147 83]
rsigma	−2.973 17 [−1.722 83]	−12.286 3*** [−5.175 97]	−19.688 7*** [−6.754 57]	−0.105 [−1.559 98]	−0.025 17 [−0.446 98]	−0.083 12 [−1.098 51]
Impact−F	15.761 23 [1.091 45]	96.507 76*** [4.688 06]	154.927 4*** [6.061 07]	−0.258 1 [−1.124 58]	−0.290 76 [−1.101 05]	−0.087 27 [−0.128 20]
Impact−S	−17.569 9 [−1.601 33]	−77.345 8*** [−5.113 22]	−124.84*** [−6.734 27]	0.033 97 [0.197 21]	0.177 3 [0.680 92]	0.068 65 [0.024 63]
reversion	−0.450 53*** [−17.620 11]	−0.382 4*** [−18.100 26]	−0.299 13*** [−24.491 43]	−0.985 94*** [−13.642 27]	−1.047 61*** [−15.167 87]	−0.992 02*** [−15.097 73]

注：方括号内的数值为 t 统计量，***、**、* 表示在 1%、5%、10%水平下显著。

附表 3 市盈率对基差的影响

	第一阶段（股市平稳）			第二阶段（股市动荡）		
解释变量	25%	50%	75%	25%	50%	75%
Intercept	−1.259 52 [−0.910 66]	3.976 97 [1.609 22]	7.772 55*** [3.304 15]	0.249 89 [0.718 38]	0.538 47* [1.683 75]	1.268 23*** [4.306 45]
PE	−0.012 86 [−1.328 78]	−0.011 01 [−0.837 53]	−0.045*** [−2.915 06]	−0.049 73** [−2.062 39]	−0.065 61*** [−2.828 89]	−0.102 41*** [−4.633 65]
r	−0.015 98 [−1.482 72]	−0.011 12 [−0.585 10]	−0.011 6*** [−0.761 51]	0.024 16 [0.301 08]	0.073 72** [2.462 34]	0.060 28 [1.184 46]
frsigma	2.851 92 [1.332 52]	11.642 47*** [3.419 02]	20.377 96*** [5.773 24]	0.549 46*** [6.090 22]	0.516 22*** [5.341 74]	0.646 72*** [5.543 29]
rsigma	−4.044 23** [−2.077 93]	−12.071 1*** [−3.961 32]	−20.757 8*** [−6.414 84]	−0.143 34** [−2.077 82]	−0.095 02 [−1.371 13]	−0.122 5 [−1.752 49]

续表

	第一阶段（股市平稳）			第二阶段（股市动荡）		
解释变量	25%	50%	75%	25%	50%	75%
Impact-F	22.665 75 [1.359 76]	90.200 44*** [3.416 90]	156.674 1*** [5.725 47]	−0.342 86 [−1.400 76]	−0.559 66*** [−2.945 69]	−0.303 88 [−1.557 08]
Impact-S	−24.371 9** [−1.959 51]	−75.488 1*** [−3.891 12]	−130.67*** [−6.336 37]	0.175 9 [0.760 99]	0.520 32*** [2.957 31]	0.359 58* [1.979 39]
reversion	−0.444 17*** [−17.572 21]	−0.374 96*** [−16.166 65]	−0.290 15*** [−18.617 08]	−0.895 28*** [−16.016 15]	−1.007 17*** [−17.028 26]	−0.887 63*** [−13.214 06]

注：方括号内的数值为 *t* 统计量，***、**、* 表示在 1%、5%、10%水平下显著。

附表 4　市场换手率对基差的影响

	第一阶段（股市平稳）			第二阶段（股市动荡）		
解释变量	25%	50%	75%	25%	50%	75%
Intercept	−1.485 44 [−1.193 35]	4.582 63* [1.928 51]	9.729 62*** [4.181 55]	−0.351 88*** [−9.625 30]	−0.176 45** [−5.594 58]	−0.105 63 [−0.832 58]
turnover	0.005 47 [0.232 91]	−0.042 67 [−0.750 61]	−0.126 61** [−2.581 76]	−0.096 87 [−1.213 27]	−0.167 32** [−2.452 76]	−0.254 22*** [−4.139 17]
r	−0.020 15* [−1.758 41]	−0.019 44* [−1.641 29]	−0.032 83** [−2.380 62]	0.042 51** [1.954 16]	0.086 36*** [2.652 06]	0.127 72*** [2.692 94]
frsigma	2.039 22 [0.905 91]	12.193 01*** [3.577 68]	22.137 36*** [6.771 42]	0.550 93*** [6.222 82]	0.455 51*** [4.507 43]	0.612 77*** [6.787 31]
rsigma	−3.123 86 [−1.572 31]	−12.429 9*** [−4.085 90]	−21.812 2*** [−7.487 28]	−0.135 67* [−1.858 59]	−0.003 88 [−0.068 00]	−0.080 9 [−1.471 09]
Impact-F	16.451 01 [0.943 32]	94.854 08*** [3.588 66]	170.613 4*** [6.713 38]	−0.321 22 [−1.213 45]	−0.433 19** [−2.054 72]	−0.218 79 [−1.306 09]
Impact-S	−18.576 4 [−1.457 96]	−78.036 8*** [−4.022 33]	−137.512*** [−7.387 42]	0.112 87 [0.457 78]	0.374 92* [1.913 43]	0.257 35* [1.766 90]
reversion	−0.452 54*** [−16.922 73]	−0.380 75*** [−15.691 75]	−0.303 42*** [−23.136 14]	−0.934 19*** [−15.249 17]	−0.978 01*** [−15.299 68]	−0.951 43*** [−15.437 71]

注：方括号内的数值为 *t* 统计量，***、**、* 表示在 1%、5%、10%水平下显著。

附表 5 主买率对基差的影响

	第一阶段（股市平稳）			第二阶段（股市动荡）		
解释变量	25%	50%	75%	25%	50%	75%
Intercept	-1.430 8 [-1.047 36]	4.550 65** [2.005 66]	9.035 69*** [3.907 59]	-0.451 72*** [-10.684 20]	-0.355 71*** [-7.723 17]	-0.107 43** [-2.195 58]
buyrate	-0.006 42 [-0.248 56]	-0.027 79 [-0.942 90]	-0.058 81* [-1.736 43]	0.013 66 [0.182 84]	-0.034 21 [-0.421 24]	-0.056 [-0.980 47]
r	-0.019 75* [-1.740 07]	-0.019 96* [-1.718 27]	-0.027 93** [-1.920 87]	0.043 66** [2.121 54]	0.098 76*** [3.087 87]	0.098 19** [2.513 23]
frsigma	2.020 85 [0.993 57]	11.754 92*** [3.620 77]	20.947 2*** [6.345 05]	0.510 29*** [5.695 90]	0.480 29*** [5.216 28]	0.592 16*** [6.470 20]
rsigma	-3.081 55* [-1.654 26]	-11.917 1*** [-4.136 69]	-20.680 3*** [-7.034 98]	-0.119 96* [-1.613 54]	-0.045 07 [-0.662 22]	-0.083 5 [-1.671 83]
Impact-F	16.302 43 [1.031 02]	91.221 38*** [3.626 00]	161.351 4*** [6.288 55]	-0.328 94 [-1.259 86]	-0.388 53* [-1.772 05]	-0.079 97 [-0.500 79]
Impact-S	-18.294 4 [-1.539 23]	-74.589 4*** [-4.063 40]	-130.29*** [-6.936 03]	0.102 1 [0.398 32]	0.281 25 [1.376 73]	0.060 14 [0.436 85]
reversion	-0.454 44*** [-17.142 10]	-0.383 84*** [-17.159 66]	-0.303 2*** [-23.311 69]	-0.985 11*** [-14.286 18]	-1.058 67*** [-16.435 49]	-0.980 3*** [-15.129 74]

注：方括号内的数值 *t* 为统计量， ***、 ** 、 * 表示在 1%、5%、10%水平下显著。

附表 6 中国期权波动率指数对基差的影响

	第一阶段（股市平稳）			第二阶段（股市动荡）		
解释变量	25%	50%	75%	25%	50%	75%
Intercept	-1.324 06 [-0.982 62]	4.585 01* [2.010 53]	9.249 94*** [4.014 50]	-0.279 01*** [-10.199 97]	-0.060 56*** [-6.820 11]	0.163 3** [-2.542 65]
iVIX	-0.057 24 [-0.402 34]	-0.003 57 [-0.026 79]	-0.090 81 [-0.376 93]	-0.472 87 [-1.565 22]	-1.002 51*** [-3.248 35]	-1.177 53*** [-5.201 47]
r	-0.018 93 [-1.747 80]	-0.020 48* [-1.533 43]	-0.033 76** [-2.272 09]	0.014 87 [0.711 46]	0.074 47** [2.455 00]	0.099 42** [2.236 63]
frsigma	2.190 97 [1.064 54]	11.964 88*** [3.630 23]	21.438 73*** [6.497 96]	0.495 72*** [5.044 41]	0.450 78*** [4.354 11]	0.627 28*** [6.894 30]

续表

	第一阶段（股市平稳）			第二阶段（股市动荡）		
解释变量	25%	50%	75%	25%	50%	75%
rsigma	-3.236 18* [-1.720 37]	-12.153 5*** [-4.155 52]	-21.162 4*** [-7.191 64]	-0.084 86 [-0.996 18]	0.041 05 [0.486 81]	-0.010 07 [-0.181 78]
Impact-F	17.554 37 [1.097 01]	92.911 12*** [3.637 87]	165.147 8*** [6.438 59]	-0.349 18 [-1.485 25]	-0.294 21 [-1.289 96]	-0.362 6** [-2.258 40]
Impact-S	-19.241 6 [-1.598 52]	-76.126 6*** [-4.082 59]	-133.452*** [-7.092 22]	0.149 85 [0.746 69]	0.234 77 [1.193 18]	0.349 83** [2.478 87]
reversion	-0.450 6*** [-17.542 57]	-0.385 24*** [-16.799 35]	-0.300 67*** [-20.111 20]	-0.911 2*** [-15.129 56]	-1.009 66*** [-17.273 70]	-0.987 8*** [-17.537 91]

注：方括号内的数值为 t 统计量，***、**、* 表示在 1%、5%、10%水平下显著。

附表 7　融资占比指标对基差的影响

	第一阶段（股市平稳）			第二阶段（股市动荡）		
解释变量	25%	50%	75%	25%	50%	75%
Intercept	-1.248 32 [-0.903 92]	4.286 5* [1.810 32]	10.386 66*** [4.343 58]	-0.452 54*** [-10.061 45]	-0.329*** [-6.449 08]	-0.016 42 [-0.284 89]
MTR	-0.004 3 [-0.646 29]	0.010 72 [1.175 49]	0.024 18** [2.152 56]	0.002 21 [0.073 21]	0.036 73 [1.063 31]	0.147 29*** [2.921 81]
r	-0.018 83* [-1.660 27]	-0.023 04** [-2.086 02]	-0.042 96*** [-2.700 42]	0.042 73** [2.100 86]	0.102 82*** [3.291 84]	0.108 04** [2.556 60]
frsigma	2.285 13 [1.119 16]	11.773 33*** [3.531 19]	22.947 4*** [6.809 81]	0.512 66*** [5.754 04]	0.478 33*** [5.124 26]	0.667 93*** [6.307 61]
rsigma	-3.318 02* [-1.774 77]	-12.052 00*** [-4.074 74]	-22.477 2*** [-7.499 76]	-0.118 7 [-1.618 37]	-0.055 41 [-0.821 66]	-0.168 66** [-2.175 41]
Impact-F	18.364 41 [1.157 95]	91.464 13*** [3.538 58]	176.812*** [6.751 68]	-0.296 74 [-1.180 41]	-0.401 75* [-1.861 12]	-0.105 62 [-0.670 92]
Impact-S	-19.796 9* [-1.661 58]	-75.512 4*** [-4.005 09]	-141.57*** [-7.398 76]	0.074 16 [0.326 55]	0.308 02 [1.530 02]	0.119 01 [0.846 13]
reversion	-0.451 52*** [-18.039 67]	-0.385 32*** [-18.024 14]	-0.305 5*** [-23.050 96]	-0.982 83*** [-14.449 20]	-1.074 08*** [-17.228 85]	-1.019 24*** [-15.235 19]

注：方括号内的数值为 t 统计量，***、**、* 表示在 1%、5%、10%水平下显著。

附表 8 预期交易量对基差的影响

	第一阶段（股市平稳）			第二阶段（股市动荡）		
解释变量	25%	50%	75%	25%	50%	75%
Intercept	-0.783 59 [-0.555 13]	4.861 60** [2.233 42]	9.910 92*** [4.017 38]	-0.337 15*** [-7.730 41]	-0.265 71*** [-4.657 23]	-0.021 30 [-0.314 89]
*volf*1	-1.013 82 [-1.224 03]	-0.670 21 [-0.903 51]	1.248 43 [1.460 62]	-0.115 25 [-0.732 69]	-0.228 18*** [-3.821 14]	-0.223 34** [-2.492 25]
r	-0.016 32 [-1.361 72]	-0.014 38 [-1.194 63]	-0.038 83** [-2.439 40]	0.071 36** [2.383 41]	0.088 61*** [4.156 01]	0.158 38** [2.055 21]
frsigma	2.310 16 [1.112 96]	11.787 86*** [3.695 38]	22.697 83*** [6.472 07]	0.499 35*** [5.207 76]	0.189 25** [3.511 17]	0.519 03*** [5.597 03]
rsigma	-2.998 79 [-1.527 87]	-11.747 51*** [-4.029 09]	-22.557 8*** [-7.122 58]	-0.112 27 [-1.521 95]	0.148 42 [0.186 54]	-0.011 91 [-0.168 76]
Impact-F	18.471 66 [1.144 45]	91.827 39*** [3.708 56]	174.650 68*** [6.414 69]	-0.341 16 [-1.413 93]	-0.372 91* [-1.754 67]	-0.273 66 [-1.292 36]
Impact-S	-17.652 30** [-1.407 32]	-73.692 82 [-3.960 31]	-142.030 8*** [-7.031 52]	0.166 24 [0.748 12]	0.513 53** [0.542 67]	0.584 99** [1.759 88]
reversion	-0.446 16*** [-17.569 12]	-0.383 78** [-17.794 16]	-0.299 78*** [-23.080 57]	-0.953 28*** [-13.995 97]	-0.991 42*** [-15.257 86]	-0.945 86*** [-14.748 75]

注："*volf*1"代表预期成交量，方括号内的数值为 *t* 统计量，***、**、* 表示在 1%、5%、10%水平下显著。

附表 9 信息交易量对基差的影响

	第一阶段（股市平稳）			第二阶段（股市动荡）		
解释变量	25%	50%	75%	25%	50%	75%
Intercept	-2.568 8 [-1.072 90]	5.133 89** [2.280 91]	9.100 19*** [3.993 55]	-0.428 18*** [-10.118 88]	-0.334 17*** [-7.851 51]	-0.100 81** [-2.421 04]
*volf*2	-0.166 53 [-0.572 00]	-0.186 88 [-1.274 08]	-0.188 94 [-0.851 83]	-0.010 38 [-0.323 24]	-0.014 56* [-1.842 35]	-0.026 92*** [-2.833 31]
r	-0.017 55* [-1.702 24]	-0.020 18* [-1.829 82]	-0.030 68** [-2.059 82]	0.081 18** [2.179 33]	0.094 83*** [3.379 24]	0.115 36** [2.492 52]

续表

	第一阶段（股市平稳）			第二阶段（股市动荡）		
解释变量	25%	50%	75%	25%	50%	75%
frsigma	2. 105 54 [1. 046 69]	12. 883 45 *** [4. 025 46]	21. 266 88 *** [6. 484 05]	0. 238 1 *** [5. 775 92]	0. 209 76 *** [5. 191 55]	0. 265 27 *** [6. 386 67]
rsigma	−3. 169 12 * [−1. 729 40]	−13. 001 44 *** [−4. 577 25]	−21. 033 7 *** [−7. 179 17]	−0. 119 47 [−1. 632 33]	−0. 039 86 [−0. 583 55]	−0. 091 11 [−1. 482 24]
Impact−F	16. 968 48 [1. 084 48]	100. 166 24 [4. 034 62]	167. 537 59 *** [6. 430 78]	−0. 32739 [−1. 309 19]	−0. 374 52 [−1. 727 44]	−0. 082 35 [−0. 556 25]
Impact−S	−18. 996 55 [−1. 613 77]	−81. 639 92 *** [−4. 506 54]	−132. 659 7 *** [−6. 081 78]	0. 095 98 [0. 425 55]	0. 270 80 [1. 349 48]	0. 060 98 [0. 468 75]
reversion	−0. 459 27 *** [−17. 542 08]	−0. 390 45 *** [−17. 872 40]	−0. 326 34 *** [−22. 844 42]	−0. 973 21 *** [−13. 860 16]	−1. 073 66 *** [−16. 646 86]	−1. 065 4 *** [−15. 310 44]

注：“*volf2*”代表信息成交量，方括号内的数值为 *t* 统计量，***、**、* 表示在 1%、5%、10%水平下显著。

附录 F 股指期货套期保值的操作流程

股指期货的存在可以帮助投资者建立空头头寸，当预计未来股票价格存在下跌趋势时，可以利用股指期货规避股票市场的系统性风险。对于利用股指期货进行套期保值，从具体的操作流程中，也可分析出情绪对套期保值效率的影响。

第一，根据所持股票未来的市场走势做出理性分析与判断。通常对于股票持有者而言，尤其是机构投资者，所持有的是一揽子股票组合。需要对这一揽子股票未来的走势做出专业的判断，从而决定是否进行套期保值。通常而言，套期保值的目的在于“保”，而非投机的情况下，就需要对持有的一揽子股票实施套期保值。在这一步中，对于所持股票的系统性风险也应做出理性分析与判断，这是股指期货套期保值策略制定的前提条件。

第二，确定套期保值方向和对象。套期保值方向分为多头套期保值和空头套期保值，对于持有股票现货的投资者，需要卖出套期保值以防止股票价格的下跌风险。卖空套期保值者会在期货市场上卖出与持有股票价值相当的沪深 300 股指期货。而多头套期保值者则是没有持有股票现货组合，而在未来计划买入一组股票，为了防止价格上升而买入套期保值。此时投资者需要买入相当数量的沪深 300 股指期货，为了股票价格的上涨，可以通过期货市场的盈利抵消实际买入股票增加的成本。通常利用股指期货进行空头套期保值，即具有股票多头，为了防止股票价格未来下跌，卖空股指期货进行套期保值。在这一步骤中，需对持有的投资组合进行细致分析，是对整个投资组合还是部分进行套期保值取决于投资组合中哪些股票能够复制指数成分。若投资组合中的所有股票都具有系统性风险，且刚好复制股票指数成分，就将投资组合中的全体股票作为套期保值对象，否则就选取部分实施套期保值。

第三，确定套期保值合约及套期保值期限。由于存在多个期货合约，合约的选择是实际套期保值过程中必须考虑的问题，一般选取与套期保值对象具有较高动态相关性的合约，但也会受到套期保值期限和期货到期日效应的影响。比如在临近到期日时，由于在最后交割时会有大量资金流入股票市场，成交量放大的同时股市的波动率增加，这会降低套期保值效果。此外，投资者所选择的套期保值期限也会影响期货合约的选择。如果套期保值期限较短，则可以选择近月主力合约；如果想增加套期保值期限，就需要使用远月合约做套期保值。尽管如此，远月合约的不活跃、流动性差等情况也会降低套期保值效率，因而需要延长套期保值期限时可以采用展期套期保值策略，展期套期保值原理是通过不断使用高流动性的短期合约代替流动性较差的长期合约进行套期保值。展期套期保值在实际应用时需使用较为复杂的套期保值最优比率和风险度量方法，这也是未来可以进一步研究的扩展内容。

第四，最优套期保值比率的确定。本书中已使用较多的方法来度量最优套期保值比率（OLS，VECM，GARCH族模型等），并尝试将情绪对套期保值比率的影响考虑在内加以创新改进。其最终的目的是对套期保值比率进行优化，达到提高套期保值效率的目的，这里不再赘述。值得注意的是，正文部分从理论层面计算套期保值效率时，直接采用优化后的套期保值比率。而在实际应用时，需计算套期保值所需的具体合约数量，根据最优套期保值比率得到的合约数量不一定是整数，那么在实际套期保值实施过程中，套期保值效率会与理论值有所偏差。根据套期保值比率得到所需合约数量的公式为：

$$N=h^{*}\frac{P}{F\times C}$$

其中，F是所选择的股指期货合约的价格，C是合约乘数，h^{*}是最优套期保值比率，P是所需套期保值的股票现货资产组合的总价值。这里所计算的N是所需要的期货合约数量，通过公式可以看出，h^{*}越大，所需要的期货合约数量越多。实际套期保值所需要的合约数量与模型计算出的最优套期保值比率成正比。

第五，交易策略实施及套期保值效率的计算。根据最优套期保值比率所计算的合约数量完成套期保值组合的构建，最后依据风险最小化原则衡量套期保值效率。

第六，动态套期保值策略调整及风险控制。动态套期保值模型的发展是以市场状态调整作为驱动依据的，套期保值实施过程中，最优套期保值比率也在不断发生变化，所需要的合约数量也随之变动。因此在具体套期保值实施过程中需要时刻调整合约头寸，时刻关注保证金变化风险。

附录G　书中出现的变量符号意义说明

附表1　变量符号说明表

符　号	说　明	符　号	说　明
num	期末新增A股参与交易的投资者数量	S	投资者情绪
$prem$	封闭式基金折溢价率	PCO	看涨看跌比率
$turnover$	市场换手率	h_t^*	t 时刻最优套期保值比率
PE	A股平均市盈率	v	无风险资产
$buyrate$	现货市场主买率	u	风险资产
iVIX	中国波指	r	风险资产派发的相同的红利
TV	期货市场成交量	P_t	风险资产在第 t 期的价格
MTR	融资融券余额占比	s	理性交易者
n	噪声交易者	φ	噪声交易者所占的比例
ρ_t	信息误差	ρ^*	噪声交易者情绪的期望值
σ_ρ^2	信息误差的一个标准差	ω	投资者第一期时的财富
γ	投资者风险厌恶系数	$\overline{\omega}$	投资者在期末时财富的期望值
σ_ω^2	投资者期末财富的方差	λ_t^s	风险资产 u 的持有比例
c_0	第一期的劳动收入函数	${}_t\sigma_{P,t+1}^2$	第 t+1 期时信息误差的标准差
${}_tP_{t+1}^e$	投资者 t 期的预期价格	ΔR_{n-s}	噪声交易者与理性投资者之间的获利差别
Cov（ρ_ξ，ρ_ε）	个人和机构投资者情绪之间的协方差	S_t	股票指数在第 t 期的价格
F_t	股指期货在第 t 期的价格	ω_S	投资组合中股指现货占比
ω_F	投资组合中股指期货的占比	r_S	股票指数价格的收益率
r_F	股指期货价格的收益率	ω_S^r	理性投资者持有股指现货比例
ω_F^r	理性投资者持有股指期货比例	$\rho_{\xi,t}$	t 期的理性投资者情绪

续表

符号	说明	符号	说明
$\rho_{\varepsilon,t}$	t 期的噪声交易者情绪	$\mathrm{Corr}(r_S, r_F)$	股指期货、现货间的相关系数
σ_S	股指现货市场波动率	σ_F	股指期货市场波动率
$\Delta\rho_\varepsilon$	噪声交易者对未来行情的预期波动	$\Delta\rho_\xi$	理性投资者对未来行情的预期波动
μ_S	股票指数价格收益率的期望值	μ_F	股指期货价格收益率的期望值
δ	期货市场与现货市场间的协整系数	$\lvert\Delta u_S\rvert$	股指现货市场波动率
$\lvert\Delta u_F\rvert$	股指期货市场波动率	λ_s	理性投资者中个人交易者占比
λ_n	噪声投资者中个人交易者占比	$\rho_{\xi1}$	个人投资者理性情绪
$\rho_{\varepsilon1}$	个人投资者非理性情绪	$\rho_{\xi2}$	机构投资者的理性情绪
$\rho_{\varepsilon2}$	机构投资者非理性情绪	$\mathrm{Corr}(\rho_{\xi1}, \rho_{\varepsilon1})$	个人投资者的理性和非理性情绪间相关系数
$\mathrm{Corr}(\rho_{\xi2}, \rho_{\varepsilon2})$	机构投资者的理性和非理性情绪间相关系数	AAII	美国个人投资者协会指数
ICS	密歇根消费者信心指数	CCTVBSI	央视看盘指数
I_T	T 维单位矩阵	τ_T	1 的 T 维向量
S^{PC}	主成分分析法下的投资者情绪指数	S^{PLS}	PLS 法构建的投资者情绪指数
σ_v^2	方差波动率	σ_w^2	已实现波动率
$r_{t,d}$	第 t 个月股指现货指数在第 d 个交易日的收益率	D_t	示性函数
$R_{S,t}$	股指现货市场的价格收益率	$R_{F,t}$	股指期货市场的价格收益率
$\overline{Q}$	非条件相关系数	R_t	相关系数矩阵
Spot	沪深 300 股指指数价格	*Future*	沪深 300 股指期货价格
B_{t-1}	股指期货基差	B_{t-1}^+	股指期货正基差
B_{t-1}^-	股指期货负基差	$\Delta\ln S_t$	股指现货价格的对数收益率
$\Delta\ln F$	股指期货价格的对数收益率	Ω_{t-1}	$t-1$ 时刻的市场信息集
$\sigma_{SS,t}$	股指现货市场的条件方差	$\sigma_{FF,t}$	股指期货市场的条件方差

续表

符 号	说 明	符 号	说 明
$\rho_{SF,t}$	t 时刻期现货市场相关系数	$\bar{\rho}_{SF}$	期现货市场无条件相关系数
X_t	市场态势变量	H_{tj}	两种市场态势下的方差-协方差矩阵
P_{ij}	t-1 时刻市场处于 i 状态，而 t 时刻处于 j 状态的概率	$\Pi_{1,t}$	t 时刻市场处于状态 1 概率
$\Pi_{2,t}$	t 时刻市场处于状态 2 概率	φ_T	可观测到基差的信息集
$Basis_t$	t 时刻股指期货日基差	$Status_t$	t 时刻市场所处状态
$Control_t$	t 时刻的控制变量	$impact-F$	股指期货市场的冲击成本
$impact-S$	股指现货市场的冲击成本	$rsigma$	股指现货市场的等待成本
$frsigma$	股指期货市场的等待成本	IC_t	t 时刻市场的冲击成本
I	市场的永久冲击成本	$J-I/2$	市场的短暂冲击成本
X	某个股票的单一交易量	N	标准化的每日市场交易量
NT	时间t_0到时间t_N的平均交易量	$reversion$	均值回复特征
Var（R_h^x）	套期保值资产组合风险头寸	Var（R_h^b）	股票头寸未进行套期保值时的风险头寸
h_t	t 时刻传统模型下的最优套期保值比率	h_t^{sent}	考虑情绪影响的最优套期保值比率
TC	套期保值固定成本	GDP	国内生产总值
CPI	消费者物价指数	RSCG	消费品零售总额
PMI	采购经理指数	M2	货币供应量
$S_{indr,t}$	个人投资者的理性情绪	$S_{indir,t}$	个人投资者的非理性情绪
$S_{insr,t}$	机构投资者的理性情绪	$S_{insir,t}$	机构投资者的非理性情绪
$Fund_{j,ind,t}$	个人投资者对基本面信息中风险因子成分中的理性预期	$Fund_{j,ins,t}$	机构投资者对于基本面信息中风险因子成分中的理性预期
$\widehat{S}_{ind,t}$	个人投资者的理性情绪	$\widehat{S}_{ins,t}$	机构投资者的理性情绪
$\widehat{\xi}_{ind,t}$	个人投资者的非理性情绪	$\widehat{\xi}_{ins,t}$	机构投资者的非理性情绪

续表

符　号	说　明	符　号	说　明
numj	机构投资者情绪	*numg*	个人投资者情绪
Q_t	t期某种市场态势下的动态相关系数	H_{t,s_t}	s_t市场态势下期现货市场的方差-协方差矩阵
$h_{i,t,1}$	第一种市场状态下的条件方差	$h_{i,t,2}$	第二种市场状态下的条件方差

后　记

这本书是在博士论文的基础上进行了扩充和整理，其核心观点来自于博士期间的积累与学习，至此书稿完成之际，借此机会表达我心中深深的谢意。首先，我要感谢的是我的博士导师安毅教授，读博期间，安老师对我倾注了大量心血，对我的悉心教导，使我受益匪浅。在科研过程中，安老师给了我极大的关怀与帮助，为我创造了宽松、良好的学术环境，让我在科研的道路上不断探索前进，接触到更多的金融学前沿理论、模型。安老师以自己的经历和经验，告诉我尚需努力的方向，给予我信心与鼓励。每每遭受挫折时，安老师就会成为我精神上的明灯，让我充满前行的动力。

其次，我还要感谢曾经教过我的每一位老师，同门师弟师妹和同窗好友，感谢老师传授的专业知识，这些知识都是我完成本书的基础。感谢师弟师妹们的陪伴和鼓励，我们互相分享学术资料，一起探讨问题，他们带给了我很多灵感。

再次，我也要感谢我的家人，感谢他们无怨无悔的付出，为了让我安心于学业与工作而承担了家里的一切琐碎事务，他们给了我无私的爱和支持。感谢我的爱人朴长龙，不仅承担了家庭的经济重担，同时也在书稿的数据处理及模型实现方面给予我很大的帮助。

最后，再次感谢在我读博期间、工作期间曾帮助过我、鼓励过我、陪伴过我的人们，愿你们永远开心，永远幸福！

作　者